西方保守主义经典译丛
丛书主编 冯克利

自由·平等·博爱

【英】詹姆斯·斯蒂芬 著 冯克利 杨日鹏 译

Liberty, Equality, Fraternity

江西人民出版社
Jiangxi People's Publishing House
全国百佳出版社

图书在版编目(CIP)数据

自由·平等·博爱/(英)詹姆斯·斯蒂芬著;冯克利,杨日鹏译. ——南昌:江西人民出版社,2016.8(2023.9重印)

(西方保守主义经典译丛/冯克利主编)

ISBN 978-7-210-08591-1

Ⅰ.①自… Ⅱ.①詹… ②冯… ③杨… Ⅲ.①自由主义-研究 Ⅳ.①D091

中国版本图书馆CIP数据核字(2016)第153457号

自由·平等·博爱

(英)詹姆斯·斯蒂芬著 冯克利,杨日鹏译

江西人民出版社出版发行

长沙超峰印刷有限公司印刷 新华书店经销

2016年9月第1版 2023年9月第4次印刷

开本:660毫米×960毫米 1/16 印张:22.5 字数:260千字

ISBN 978-7-210-08591-1 定价:58.00元

赣版权登字-01-2016-553

江西人民出版社 地址:南昌市三经路47号附1号

邮编:330006 **学术出版中心电话:**0791-86898143

网址:www.jxpph.com

E-mail:jxpph@tom.com web@jxpph.com

总　　序

冯克利❶

在中国介绍西方保守主义，于今未必是一件能讨好人的事。首先是因为它引起的联想不佳。对于深受进步主义观念影响的读者来说，一提“保守”二字，往往会想到有碍“进步”的旧道统，想到特权和等级秩序，更直白地说，想到抵制变革的“反动势力”。

其次，还有一个更现实的原因。对于结构已然相对稳固、运转顺畅的社会来说，或许有很多东西值得保守。但是一个亟待转型的国家，如果好的旧事物留存下来的不多，体制依然尚无定式，这时人们便更愿意用变革来换取改进。倡导保守者于此不免自作多情，徒言往圣先贤而无“活着的”旧制可以依傍，会因缺乏所谓“建设性”和“前瞻性”而为人所诟病。与西方不同，中国人大多并不以保守主义者自居。

❶冯克利，山东大学政治学与公共管理学院教授、博士生导师，国内著名翻译家。主要译著有《民主新论》《乌合之众——大众心理研究》《致命的自负》《论公民》《宪政经济学》《哈耶克文选》《邓小平时代》等；发表论文有《柏克保守主义思想的法学来源》《政治学的史学转向——马基雅维里的现代意义刍议》等三十余篇；著有《尤利西斯的自缚：政治思想笔记》和《虽败犹荣的先知》。

这种理解可能没有错，但也忽略了保守主义的另一些特点。

首先，保守主义虽然尚古，但它本身并不是古董。就像社会主义、自由主义和民主主义一样，保守主义也是一种典型的现代思想。人们或许能从近代以前的思想家中找到类似保守主义的言论，如柏克之前的胡克（Richard Hooker，1554—1600）和巴特勒（Joseph Butler，1692—1752），但不能据此认为18世纪末之前便已有保守主义，因为那时人们并没有保守主义的自觉。保守主义是与现代世界同步发生的。1789年的法国大革命这一旷世巨变，才使保守主义真正成了一股强大的思想和政治势力。它所面对的不但是一个变化的世界，而且支持变化的观念和推动变化的技术手段，与民族国家的力量相结合，也使其规模与强度与往昔不可同日而语。它既清除陈旧的束缚与压迫，也能斩断一切凝聚社会的纽带。保守主义自觉与之对抗的便是“现代性”充满危险的一面，但它本身也是现代思想体系重要的一环。

其次，另一个常见的误解是，保守主义是一种专属于权贵或既得利益的意识形态。其实，保守主义自其诞生之日起，在西方便有着广泛的社会基础，支持保守主义政治势力的普通民众在欧美遍布各地，可见它并没有特定的阶层归属。厌恶频繁的变化乃人类的天性之一，大变革可以为英雄带来快感，但也能给生活的各个方面造成严重的不适。多数人并不希望自己的生活成为政客施展革新大业的舞台。保守主义所要维护的不是任何特定的利益，而是一种稳定的社会秩序模式。在保守主义看来，这种秩序的存在既是人的基本需求之一，也是文明成长的要件。

再次，保守主义多被喻为政治列车的刹车器，讽其抱残守缺，不知进取，缺少“行动能力”。在很多情况下确实如此。然而，姑不论阻止变革也需勇气和社会动员，即使从革除时弊的角度看，远有英国保守党首相罗伯特·皮尔（Robert Peel）和丘吉尔，近有美国总统里根和英国首相撒切尔夫人，皆表现出强大的行动力，其厉行鼎革的勇气丝毫不让于对手。可见在重新为社会定向的问题上，保守主义思想同样可以提供强大的动力来源。在国际关系领域更不待言，欧美的保守主义者通常比其他政党持更强硬的立场，更加倾向于“行动主义”。

不过，以上所述只涉及保守主义的形式特点。如果观察保守主义的思想内容，则会发现它并不是一个条理清晰的体系，而是有着十分复杂的成分。即以保守主义鼻祖柏克来说，他向不以理论家自居，其思想缺乏严谨一致的外表，法国的迈斯特与他相比，基督教宿命主义的倾向就要清晰得多。英美保守主义因柏克的缘故而与古典自由主义和法治传统结下不解之缘，同样受柏克影响的德国保守主义，则呈现出浪漫主义和民族主义的激情。在19世纪，黑格尔是普鲁士国家主义的辩护士，法国的贡斯当和托克维尔则为现代商业文明和民主趋势提供了理论支持。此后的保守主义思想同样成分复杂，有些甚至相互冲突。例如，同为德语文化圈的哈耶克和卡尔·施米特，大概除了可以共享保守主义之名外，两人的思想甚少相似之处。在英国的保守主义思想家中，奥克肖特的思想很世俗化，克里斯托弗·道森（Christopher Dawson）却是虔诚的天主教信徒。保守主义者在美国通常是小政府和地方主义的支持者，在法国则多是中央集权派。在经济学领域，政治光谱中偏保守的人多为市场至上派，但很多文化保守主义者对经济自由带来的物质主义有很大保留。施特劳斯对现代资本主义嗤之以鼻，可是在安·兰德看来，它是西方文明最珍贵的成果。有些保守主义者常常表现出民族主义甚至种族主义倾向，但也有不少保守主义者依然信守由基督教传统中演化出的普世主义。

所有这些难免给人一种印象，保守主义是一个混乱的概念。就如同哈耶克和亨廷顿所说，对于应当保守者为何，保守主义者并无统一的目标。它缺少清晰稳定的政治取向，因此不能提供一种实质性的理想。但是换一个角度看，思想色彩各不相同的人都愿意用“保守主义”自我或互相标榜，至少说明了它具有强大的工具性价值。保守主义本身可能无力提供一种完备的替代方案，但对于维护社会中某些既有的结构性成分，或避免某些政治方案的恶果，它却能发挥不可替代的作用。从这种工具角度来理解保守主义，使它与其他政治学说相比，拥有更多守护原则的实践技艺。所谓“道不自器，与之圆方”，它可以为变革与连续性之间的平衡提供一定的规范。从这个意义上说，保守主义不是政治哲学，而是一种古典意义上的“政策”理论；它不是无视现实的传统主义或文化原教旨主义，而是现实政治和伦理生活的有机组成部分。

保守主义虽然谈不上是一种严整的思想体系，勉强给出清晰的定义可能是费力不讨好的事，但还是可以为它归纳出一些基本特征。作为一个复杂的思想群体，这些特征不是表现在他们的共同主张上，而更多的是反映在他们的共同反对上。

第一，大体而言，保守主义者对于以现代技术理性为基础的进步主义持怀疑态度，他们不相信进步有无可争议的正面价值，认为眼前的经验并不足以为人的正确行为提供足够信息。无论观念还是技术革新给生活方式造成的改变，其长远后果不是立刻就能看清楚的，所以保守主义者都反对激进变革，对历史和信仰的传统持虔诚的敬畏态度。

第二，在保守主义者看来，社会不是外在于人类活动的客观事实，可以由人对其任意加以改造。社会最可贵之处，是通过特定群体长时间的实践活动而形成的内生秩序，它类似于一个复杂的有机体，其最好的、最自然的变化是演化与生长，这个过程不排除理性的作用，但由于人性天生并不完美，所以理性在引领变革中最重要的作用是审慎。

第三，社会的稳定性在很大程度上是由家庭伦理、风俗习惯和宗教信仰来维系，它们使人们在生活中感到惬意，形成真正的权威认同。如果这些因素受到破坏，恢复起来将极为困难。因此培育和守护这些因素，乃是维持社会健康的必要条件。

第四，保守主义者对政府权力一向保持戒备，不信任基于权利平等的现代民主政体具有至上价值。他们认为贤能政治（meritocracy）更有益于社会整合和道德风气的培养；肯定基于自然原因的不平等的正面意义。

第五，保守主义还有一个并非无关紧要的特点：它严重依靠历史和传统叙事，认为所谓科学思维提供的各种原理不具有道德和社会优势，因此排斥超越时空的理性批判。这使保守主义文献在话语风格上文学叙述多于逻辑分析，引经据典和释义成分多于体系建构，这也是保守主义缺乏系统性理论的一个重要原因。

自保守主义诞生二百多年来，相关文献汗牛充栋，由于产生的时代和区域背景不同，各派思想杂陈，良莠不齐，即或择其一支加以系统介绍，亦恐难以办到。编辑出版这样一套丛书，仅仅是着眼于过去西方保守主义在中国相对而言译介不多，如今反思百年革命者众，而对革命回应最有力的西方保守主义传统，却缺乏足够的文献可资借鉴，不免是一件憾事。在就民族未来亟须重建共识的时代，编者愿借这套丛书的出版，为中国读者提供一个机会，掬他山之水，浇灌我们的智慧。

是为序。

2015 年 8 月 20 日于济南历山雀巢居

译　　序[1]

一

我于做学问事，一向是没有太大用心的，因为天资无多，并不敢动做个学问家的念头。所幸年少时养成乱翻书的习惯，随着马齿渐长，阅读量也日增，却时常困于无书可读。年届弱冠之时，为了开拓阅读面，便硬着头皮啃了几本许国璋《英语》。这种学习的目的很单纯、很实用，对每篇范文也只是掰着字典搞明白意思为止，对发音语法之类，至今大体上仍然不甚了了，唯能看懂洋文耳。

不过，以当时的情形论，即使英文能大体看明白了，读品的来源依然相当有限。四十年前读过而今仍有深刻印象的，仅《格列弗游记》等几本小说。当时挑中这本游记，是因为儿时看过小人书，记得那里边的

[1]此译序是由《善善相争，无法不行》和《译后缀语》两篇文字改写而成，前者原刊于《读书》2008 年第 2 期，后者原附于《自由·平等·博爱》广西师范大学出版社 2007 年版书后。此次这本译著收入“西方保守主义经典译丛”，《译后缀语》内容稍作修改作为这个新的译序的最后一节，原文仍附于书后。

故事特别有趣，但彼时无缘读到奥威尔的《1984》或《动物庄园》，自然悟不出斯威夫特并非安徒生一路的童话作家，而是后现代的鼻祖，他那本游记里的不少虚构故事，实可堪称“黑色乌托邦”（anti－utopia）的先河。再往后又遇上波考克（J. Pocock），才晓得他不但有令人捧腹的文笔，还是当年共和派和托利党文人圈里的大名人。

有过这段苦于无书可读的经历，每每看到今天的学子，便既羡慕又可怜。羡慕也者，如今书业隆盛，网络发达，无书可读的局面已经完全颠倒过来；可怜也者，这颠倒的结果，竟是书已多得让人读不胜读。现如今，他们不但要为求学而读书，如何选择读书，也成了一门大有讲究的学问。在读书上做出的选择，对于思维的训练、品格的塑造、观察世道的眼光，都是十分要紧的事情。这对一个人如此，对一个时代或民族同样如此。

1949 年建政以后，我们的文化和思想生态也随之大变，它的特点之一，便是西学研究与传播的失衡发展或局部没落。有此一说，乃因马克思恩格斯皆为极有素养的思想大师，其学说被立为正宗，在排斥资产阶级意识形态上作用甚大，但他们毕竟都是 18 世纪以降欧洲主流文化的产儿，思想中难免裹挟着大量启蒙与进步的基调。在我们的新文化建设过程中，为把马列主义本土化，建立一个比较完备的汉语文献体系，自然也要顾及其背景与流变。所以凡是与此相关的学派，得到经典作家赞赏或重视的文献，如“三大来源”等，或是与他们身后的思想密切相关的，譬如“马克思后的马克思主义”、修正主义和费边社之类，都可以比较顺利地引入中土，以为研读革命经典源流和后学的补充。

就像敝人当初只知有斯威夫特而不知有奥威尔或波考克一样，这种有选择的引介与阅读，塑造了我们三十多年的西学记忆。解读的曲阿附会姑先不说，我们毕竟可以比较方便地读到康德、黑格尔或费尔巴哈，斯密或李嘉图，达尔文或摩尔根，巴尔扎克或狄更斯，甚至还知道有一位名叫欧仁·苏的法国二流作家。至于在苏联影响之下迷恋苏俄文学的人，在20世纪80年代以前，甚至直到今天，在文化人中间依然比比皆是。

借用韦伯的话说，这当然是一种“卡里斯玛”式崇拜现象的一部分。由此形成的精神环境，也有着帕累托所言“狮子型精英”那种讲原则、出手狠的特点。在这种风气的熏陶下，不少文化人每每要争当伟大理念之代言。无论得失成败，对立的两造都自觉或不自觉地染上了“先知”和“圣徒”意识。由于肤浅的“进步观念”作祟，他们“怀着对真理的热情，死死抓住幻觉”，用“忤逆人类进步潮流”相互指责。

掌握了内在进步规律的人，会有通神的感觉，视一切陈规陋习如糟粿，此时他是神还是兽，往往是分不清楚的。在高度原则化、理念化的思想气氛中，他很容易把辩论的政治变成肉体的政治。即使血光之灾过去，观念体系所形成的价值和利益刚性，也使政治话语中充满禁忌。或有表面的安定，其下却四处预埋了冲突的伏笔。这段以进步主义作为主旋律的思想史，一度表现得意气风发，自信十足，但是回头想一想，它的场面热闹归热闹，留给后人的感慨，或许远远多过成就。

相比之下，在差不多两代人的时间里，那些属于“保守”“反动”“落后”或“右派”阵营的西方思想家，我们除了跟着自己认定的经典作家学舌“批判”，基本没有把他们纳入研习西学的视野。按这样的思维定式，他们既与大势相悖，肯定是毫无价值的。所以在20世纪80年代之前，你想找一本柏克、托克维尔、贡斯当或美国联邦党人的汉译著作，是难上加难的，更不用说戴雪或白哲浩。纵然在马克思熏陶之下酷爱德国思想的学界，对谢林、费希特甚至荷尔德林这些为青年马克思提供过浪漫主义乳汁的思想家——因为有此渊源，索雷尔才把马克思的核心思想与它的“科学成分”相区分，将其称为“革命诗学”——可以如数家珍，而对洪堡、萨维尼、兰克、胡塞尔甚至马克斯·韦伯和迈内特等人，学界大体上一概不甚了了。说这种状况造成思想的贫瘠也许有欠公允，说它为我们留下了太多的思想空白，应是不为过的。

二

这种空白的一例，便是涉及本书的话题。19 世纪 70 年代初，与尼采发表他那本惊世骇俗的《悲剧的诞生》差不多同时，英国大法官斯蒂芬（James Fitzjames Stephen，1829—1894）写了这本《自由·平等·博爱》。关于此人的生平和著述，英文版序中已有交代，此不缀述。但由其职业生涯可知，斯蒂芬并非政治学者，而是一位科班出身的正宗法律人。

这本《自由·平等·博爱》，便是斯蒂芬在印度担任法律专员期间的产品。它与尼采《悲剧的诞生》虽同出一时，其思想取向却南辕北辙。尼采的灵感来自古希腊，凭其发达的时代嗅觉，他预感到现代社会的卑琐化趋向，由此为后人奠定了反叛现代的精神基调。而这位斯蒂芬像是完全生活在传统之中（他的言路中也可看到不少现代性的紧张，此是后话），故也难怪，他在我们以往的西学视野中踪迹全无。桑塔耶纳曾感叹道，英式自由主义完全是一种“前尼采”的现象。他这里所说的“自由主义”，显然是指1867年《选举法案》之前英国那种寡头式的民主自由政体。从斯蒂芬这位法律人的思想中，或可为这话找到一个不错的佐证。

马克斯·韦伯在《经济与社会》中，曾把英国法律人描述为技术专家，把法治之下的自由视作由他们操作的一门高度专业化的行当，它不像欧洲法律传统那样有着严整的逻辑体系，而是更像行会里的私传秘技。所以韦伯说，英美世界实际上并不存在学术意义上的“法律科学”。但他却忽视了一点，伦敦的四所法律会馆（the Inns of Court）作为英国法教育的重镇，素有英国牛津和剑桥之外第三所大学的美誉，一向被英国上流社会视为古典教育的一部分。

列文森在《儒家中国及其现代命运》中，曾把近世英国的上层官员比作中国古典社会沉迷于诗画的士大夫，他们都是人文世界的饱学之士，对于专攻一技一科唯恐避之不及，而是把古典教育作为不可缺少的素养，以为培养和牵引政治志向之用。前有柏克、麦考利和迪斯雷利，后有丘吉尔，都可作为这类人物的杰出代表。不言而喻，这种看重古典人文修养的风气，与现代社会高度专业化和技术化的要求，是大异其趣的。

斯蒂芬便是这样一位抗拒现代官僚理性化和技术化趋势的法律人。正如他的一位传记作者所说，即使把他的法律技能与实务统统拿掉，留下的仍是一个出色的文人。他虽然未像柏克那样，弃法律而去趟政党政治那一潭浑水，却没有韦伯所说的手艺人毛病。他在自己的行当里干得有声有色，所著《英国刑法史》曾令梅特兰击节叹赏：“我每次拿起这本书，总被他的研究的彻底性和判断的公正性所打动。”而且他还是当时闻名英伦的政论家，他曾为多家著名杂志撰写时政和思想评论，行文丝毫不带匠气，处处显露出诗学、文学和神学方面的造诣，对于诸多思想巨擘如霍布斯、休谟、吉本、柏克、边沁和托克维尔等，都有相当细致的评说。晚年他把五十五篇得意之作结为三卷本的《四季闲暇》（*Horae Sabbaticae*，1892）出版。

不过，撇开法学著述不论，斯蒂芬的文字中最为知名者，当非这本《自由·平等·博爱》莫属。就像白哲浩的《英国宪制》一样，该书先是在1872年连载于《蓓尔美街报》（*Pall Mall Gazette*），次年便出了单行本。编者瓦纳（Stuart D. Warner）在概括书中的思想时，把斯蒂芬称为“英国古老自由制度的捍卫者”，因为在他看来，一些新的谬说正威胁着这种制度，其集中体现便是密尔的《论自由》《论妇女的屈从地位》和《功利主义》这些风行一时的著作。瓦纳继而指出，斯蒂芬并不是一个单纯的破坏者，他在抨击密尔时，也系统阐述了自己对自由、平等、博爱的理解，即“自由是有秩序的自由，平等是法律之下的平等，而博爱则是一种与自由社会不相容的价值，这是《自由·平等·博爱》一书最重要的特色”。这种概括相当简洁有力，但未免有教条化之失。

如前所说，斯蒂芬并非一个技术型的法律人，他对“自由、平等、博爱”这个“三位一体口号”的思考，广泛涉及道德信仰和哲学层面。作为一名法律人，他的言说当然不会完全脱离法律的眼光。按此，英国百姓享有的自由是经由漫长的法律实务而形成，而不像欧陆那样更多地通过政治哲学的途径传播。但在阅读斯蒂芬时尤须记住几点。以政治思想的基调而论，他是霍布斯的传人，深知权威和信仰体系对维系社会的重要作用。此外，该书的构思与写作是发生于他在英印当局服官期间，作为一个身处异邦、学养极佳的英国人，他在思考流行于欧洲的价值观念时，可以很方便地参照近在身边的另一种异域文化，这为他质疑那些形而上政治口号的"普世性"提供了强大的经验资源。其三，正如他在该书的前言中所说，彼时欧洲思想界已经变得"十分荒谬和贫乏，就像1870至1871年我在印度政府总部读过的欧洲报纸一样"。

英国的古典自由政体自"光荣革命"以降，经过一路稳健的发展，至斯蒂芬时代已成强弩之末了。就在他写这本书之前不久，《改革法案》(1867）使选民人数翻了一番，托克维尔所言民主大趋向势不可挡，此之谓也。在这种趋向之下，由18世纪启蒙精英点燃的普罗米修斯火种，已然被群众性政党接过，社会福利不再是权贵的恩赐，而是变成了规模更大、"平等参与和分配"更多的政治游戏。由斯蒂芬设为抨击靶心的约翰·密尔著作的流行，我们便可看到，"自由、平等、博爱"已经变为这种政治游戏中进行动员的"大词"，俨然获得了今人所谓"普世价值"的力量。不消说，口号的作用往往大于它的真实含义，成为"荒谬和贫乏"的迷魂药。

但是，出现在政治舞台上的不仅仅是口号，还有许多对传统自由派来说十分陌生的新因素，例如现代福利主义（即密尔式"新功利主义"）的初现，自由的内涵开始向社会平等和集体选择一端倾斜，以及科技和生产力引起的对普遍改善人类境况的乐观展望。这些"解放"的因素与日益沾染上民族主义甚至种族主义的公权力结合在一起，成为塑造此后一百多年人类社会面貌的强大力量。

三

法律人的优点（或是缺点，端看你采取何种立场）之一，便是他既不相信口号，也不相信群众。斯蒂芬告诫世人，这些口号“把各种光辉灿烂的前景呈现于人类集体面前”，仿佛只要废除人类行为的一切限制，“承认全人类实质性的平等，奉行博爱或‘普世’之爱，就能发现通向这些前景的道路”。密尔有一条著名的自由原则：“人类被允许以个人或集体方式对其任何成员的行动自由进行干涉的唯一的目的，就是自我防卫；对文明社会的任何一个成员，可以不顾他的意志对他正当行使权利的唯一目的，是阻止他伤害别人。”而在斯蒂芬看来，人类复杂的处境使这条原则无法适用。仅仅以“自卫”作为强制的理由，无异于取消大多数限制，而它们是维系社会不可或缺的。

这种认识显然来自斯蒂芬对人的悲观看法，尽管尚未悲观到如他的同代人戈宾诺（Joseph - Arthur Gobineau）那样，认为“人类并非由猿进化而来，而是迅速地与猿越来越相似”。在他眼中，无论采用何种善恶说，总是有大量无所用心、自私自利、感情用事、轻率懒惰的人。“在鼓吹自由平等时，你必须先想清楚他们占多大比例，再考虑言论自由能把他们提高多少。”像当年的许多保守派一样，他也隐约感到由这些人组成的“群众社会”正在来临，并对此充满警觉。针对把平等作为主要诉求、已经颇成气象的社会主义运动，他早在其变为制度现实的半个世纪以前就断言：若让人人享有物质平等，把劳动成果集中起来养活社会，

“你确实为平等和博爱赋予了十分明确的含义，但这必须绝对地排斥自由。经验证明，这不仅是个理论难题，也是个实践难题，是一切社会主义方案无法克服的障碍，它解释了它们的失败”。

既然对群众有此看法，精英主义言论也就不足为怪了。斯蒂芬虽然无缘看到稍后出现的更加雄辩的精英论，却是生活在一个把精英的存在作为事实而不是问题的传统之中。他先于莫斯卡和帕累托提出了精英主义的基本原理：即使把普选定为法律，你离平等仍会如同过去一样遥远；权力形式变了，其实质却未变，伟大的军人品质会使一个人成为军政统治者，君主政体下国王所看重的品质将会给人带来权力，而在纯粹的民主政体中，统治者将是那些操纵选民的人及其朋党，但“他们与选民之间的平等，不会大于君主政体下的军人或大臣与臣民之间的平等”。

不难看出，斯蒂芬的精英论是源自这一类人皆有的“求实精神”，这也是他敢于向彼时名声盖世的密尔发起挑战的主要动力。对于“自由、平等、博爱”的信条，他针锋相对地列出了三条严苛的观察：（1）总是存在着人们不可以享有自由的大量事情；（2）他们从根本上说是不平等的；（3）他们根本不是情同手足的兄弟。

既然“自由、平等、博爱”皆不能得到这些现实观察的支持，政治论说也就不能以此为基础。相反，最令人畏惧的强制——战争，才是“为各民族提供生存基础的原则”，“它决定着民族能否生存以及如何生存；决定着……他们的宗教、法律、道德形式和全部生活格调”；战争不仅是君主的“最后手段”，也是任何人类社会的最后手段，它划定了特定时空中个人自由的范围。斯蒂芬用马基雅维里式的语言，把自己的观点概括为一句话：权力先于自由，从本质上说自由依赖于权力；只有在明智而强大的政府之下自由才能存在。因此，对基督教敬畏有加的斯蒂芬，并不认为当年把耶稣基督钉上十字架的罗马总督彼拉多有何过错：这是奉行责任伦理必然得出的结论。在他看来，总督的“首要责任是维护巴勒斯坦的和平”，即使违反密尔的自由原则，他也必须为决断承担风险。因此斯蒂芬喜欢用寓言的笔法，拿水流和疏浚工程来比喻自由与权力的关系：

> “天哪！你为何不流向大海呢？你在这里倒是自由自在，方圆数里之内，没有任何水利设施，没有水泵来吸你，没有你不得不流入的固定河渠，没有僵硬的堤岸把你限制于特定的路线，没有水坝和水闸。可是你动弹不得，你变得腐臭，滋生瘴气蚊虫，这跟奴隶有什么两样！”如果那一潭死水知道如何作答，它很可能会说：“你想让我推动水磨，载起舟楫，可你得先给我挖出正确的河道，提供合用的水利设备呀。”

这是提醒人们，自然状态下的自由是毫无意义的，自由的价值来自于它在具体的制度环境中发挥的作用。斯蒂芬用他在印度的经历告诉读者，为自由提供权利和约束、赋予它以实际内容的善观念，在不同时代和地区是大不相同的。基督徒的理想有别于古罗马，穆斯林或印度教徒几乎下意识地认为法律和宗教是一回事。“使人类结合在一起的内心深处的同情和无数纽带，是他们各具特色的性格和观念”，这会“在他们之间产生、并且必定永远产生持续不断的冲突……他们之间存在着真正的、本质的、永恒的冲突”。这仿佛是对尼采“爱之火与憎之火在一切道德之名中燃烧”（《查拉图斯特拉如是说》）的回应，而斯蒂芬也确实跟尼采一样，已然置身于一个价值分裂的社会，阿克顿所说的那个“稳定、持续、自发的世界”已一去不返，“普世”的启蒙精神也已丧失了自信。

四

但是，如果只把斯蒂芬视为一个霍布斯主义者，那就大错特错了。作为一个法律人，他反而与霍布斯大力抨击的爱德华·库克（Edward Coke）大法官更为相似。与坚持“政治之本来面目”的很多人不同，斯蒂芬的现实主义并未使他从这种冲突中得出“强权政治”（Machtpolitik）的结论；他也没有像尼采那样，把“热爱和平只作为新战争的手段”。在冷酷的现实眼光之外，他有自己的政治理念，那是一种更开明的“治理技艺”。

一方面，他并不像那些主张政教分离的人，认为可以把宗教做非政治化的处理悬置于一边。道德对政治行为的影响是无处不在的，它像“风随着意思吹，你听见风的响声，却不晓得从哪里来，往哪里去”（《约翰福音》）。既然由道德形成的自由观因地因人而异，密尔的“普世”自由原则与一地法律所要保护的自由便是不相干的。由法律划定的权利和义务范围要想做到普遍有益，就要“公正反映社会的道德现状”，适应享有这些权利、遵守这些义务的人。法律的威信不是来自形而上的推理，而是来自它所服务的社会的善观念。

斯蒂芬由此提出了他的立法原则：在任何情况下，立法都要适应一国当时的道德水准。如果社会没有毫不含糊地普遍谴责某事，那么你不可能对它进行惩罚，不然必会“引起严重的虚伪和公愤”。公正的法律惩罚必须取得在道德上占压倒优势的多数的支持，因为“法律不可能比它的民族更优秀，尽管它能够随着标准的提升而日趋严谨”。

基于这种道德和法治观，斯蒂芬在看待各种价值观的分歧时，便与“强权政治”分道扬镳了。他说，虽然利害关系和对立观念使人类免不了各种冲突，但“人生的伟大技艺”不在于力求一方获胜，而在于对它们加以控制，“不要夸大各自目标的价值”，以便使人们尽量少受冲突的伤害。这让我们想到西塞罗在《论责任》中的那段名言：“具有高超的政治才干和十分明智的头脑的好公民所应当做的，不是把公民之间的利益对立起来，而是把这些人的利益在平等公正的原则基础上统一起来。”此外，有无数的差异显然也能增加人生的乐趣，如果“人人都像鲱鱼一样”，生活反而变得单调乏味。更有大量的差异和冲突，与其说存在于善恶之间，不如说存在于“善的不同形式之间”，是“好人与好人之间的对抗”。就如同恶与恶之间也有冲突一样，是故西谚有云：与恶魔对抗时，当心自己也变成恶魔。

斯蒂芬所谓善与善之间也会发生冲突，该如何理解呢？举例来说，“鱼，我之所欲也；熊掌，亦我之所欲也。两者不可兼得，舍鱼而取熊掌也”。或人们常提出的问题：“母亲与老婆双双落水，你当先救哪一个？”再如“其父攘羊”故事中的忠孝冲突。这些都是善善相争的场景，在今天的学术语言中，我们更多地把它称为“价值排序”。鱼和熊掌，母亲和老婆，忠与孝，皆“善之属”也，但对于它们的权衡或取舍却会产生严重的对立。如果这种排序的分歧发生在一个人身上，会造成严重心理分裂；如果是两人或众人的排序不同，则必会带来思想甚至行为的冲突，没有事先确定的规则，不管它会给人生带来多少不便或遗憾，亦不管它在哲学层面多么难以解决，这类冲突是根本无法解决的。从这个意义上说，它们都是“实践规则”，无力解决理念的对错，只为减轻不可避免的冲突。

斯蒂芬告诉我们，在这种尚无确定的规则加以解决的价值冲突面前，你当以平和的心态检验自己的力量和技巧，而不应把对手视为你死我活的关系。用他的话说，“卑鄙懦弱的可靠标志，就是不以公正、友善的态度对待对手，缺乏欣然接受公平的失败的决心”，而“足以弥补许多恶行的美德”，便是在斗争中尽职尽责全力取胜，失败后坦然接受结果。当然，唯有独立而公平的法则，才能为这种“公平的”胜败提供保障。

其次，斯蒂芬基于他对这种“善善之间”“好人之间”的冲突的认识，得出了他的平衡治理的思想。在他看来，英国拥有良好的政制，“既因为有保守，也因为有怀疑”。自 17 世纪以降，清教徒和辉格党固然取得了比保王党、托利党和保守派更多的成功，“但社会现状是双方共同努力的结果”，并非单独哪一方的功劳。政治问题上的“一切谬论之母”是，“几乎每个作者都只宣扬众多因素中的一个”，而健全的态度则应当是“按照我国的风俗参与战斗，做一个讲风度，骨子里相互友好的男子汉”。考虑到本文开头所说的思想失衡的状况，这些话是颇值得玩味再三的。

斯蒂芬是吉本的热心读者。我犹记得，被吉本推崇备至的罗马大史家波里比阿，从对命运的反思中知晓了所有的民族、城市和权威都必然衰亡，他把西庇阿有关迦太基败亡的话——常胜的罗马有朝一日也要遭受同样的命运——作为最具政治眼光、最深刻的表述，洛维特则把这种胜利之时想到命运可能突然改变的智慧，视为政治家最伟大的品质。至少就这种历史观而言，说保守主义缺少前瞻性是浅薄的。斯蒂芬正是继承了这种古老的命运观，深知在面对吉凶难测的命运时，逻辑、分析甚至经验都无法帮助我们，“只有适当的谨慎才会使我们有正确的作为”。他说，人们出于各种原因给行为分出善恶，并用劝诫和强制手段去惩恶扬善，但善恶判断是经常出错的；人类的动机固然皆出于利己，但同样真实的是，在我们的思想、感情和言行中，爱恨情仇是交织在一起的，所以切不可“为我们所看重的事情附上不着边际的价值”。通晓国故者不难看出，这与“天下之事，有善有恶……憎者唯见其恶，爱者唯见其善。若爱而知其恶，憎而知其善……爱憎之间，所宜详慎”（魏徵《谏太宗十思书》），本是奥义相通的。

人性的演出就像自然史一样，既有美妙的节律，又时常表现得残酷无情。从既往通向未来的人类史，也像一座让人既好奇又困惑的迷宫。在这座迷宫里，正如老子所言，“祸莫大于无敌”，自鸣得意的顺畅旅程，往往意味着在失败之路上走得更远。所以我们无法把这个常令人悲哀的世界仅仅作为一个事实，而是必须做出价值判断和选择。

> 如果有人选择了完全背弃上帝与来世，没有人能拦住他。没有人能无可置疑地证明他是错误的……每个人都要按自己的想法往最好处努力，如果他错了，他也只能自食其果。我们伫立于大雪弥漫、浓雾障眼的山口，我们只能偶尔瞥见未必正确的路径。我们待在那儿不动，就会被冻死；若是误入歧途，就会摔得粉身碎骨。我们无法确知是否有一条正确的道路。我们

该怎么做呢?“你当刚强壮胆”(《旧约·申命记》31:6),往最好处努力,抱定最好的愿望,坦然接受后果。总之,我们不要心存幻想,不要说谎,我们要睁大双眼,昂起头颅,走好脚下的路,不管它通向何方。如果死神终结了一切,我们也拿它没办法。如果事情不是这样,那就以大丈夫气概坦然走进下一幕,无论它是什么样子,不要做巧舌之辩,也不要掩饰自己的真面目。

不消说,这些话仍是“现实政治”(Realpolitik),但与飞扬跋扈的“强权政治”(Machtpolitik)已经大相径庭。无独有偶,就在斯蒂芬写下这段话的五十年后,价值混乱已是欧洲人的生活常态,技术进步不过是“扩大了心灵流浪的半径”,彼时晚年的韦伯在《以政治为业》的演讲中也说过一段类似的话:“政治是一件用力而缓慢穿透硬木板的工作,它同时需要激情和眼光。所有的历史经验都证明了一条真理:可能之事皆不可得,除非你执着地寻觅这个世界上的不可能之事……一个人得确信,即使这个世界在他看来愚陋不堪,根本不值得他为之献身,他仍能无悔无怨;尽管面对这样的局面,他仍能够说:‘等着瞧吧!’只有做到了这一步,才能说他听到了政治的‘召唤’。”

斯蒂芬和韦伯的这些言论,显然属于“责任伦理”的范畴,也是斯蒂芬抨击密尔“普世主义”自由观的重要缘由之一,虽然他这本书里的很多内容,尤其对密尔的一些指摘,只有用“谬论中潜藏真理,真理亦有其弱点”的眼光,才能理解其价值所在。好在这于政治学说乃是常见之事。平心而论,斯蒂芬并非不赞成自由制度,而是对它在复杂现实中的操作难度给予了更多的关注;他在判断民主与平等的趋势上是失败的，他没有托克维尔那样的眼光，既深知民主和平等之弊，也看到了它更加“符合人性”，从而预见到它将决定未来世界的政治格局。但是对于现代社会的价值混乱及其为意识形态动员提供的可怕机会，斯蒂芬却表现出过人的警觉。与之相比，托克维尔担心社会的同质化，显然是错误的，这是托克维尔所不及的。无论他的思想属于什么主义，表现出多少内在紧张与不连贯，他对制度容纳价值冲突能力的担忧及其相应的治理之道是充满智慧的。这种基于平衡感和责任意识的政治观，至少于我而言，是既很感人，也很健全的。

五

最后，还需就翻译问题聊缀数语，不为开脱，而在提醒有志于研习西学的同好，借助于翻译文献了解西学，难免有隔靴搔痒之弊，入木三分是绝对谈不上的。翻译近乎篡改，这已是译界的常识，盖文字转换之间流失的东西，往往正是一种特定文化生命历程的精髓。兹姑举两例，一庄一谐。

自由（liberty）是今天我们时时挂在嘴边的一个词。建立在宪制基础上的自由政制固然是近世的产物，但“自由”这个概念并非近代的发明，而是有着两千多年的历史，在它体内流淌的血液中，掺杂着希腊语 elcutheria 和拉丁语 libertas 的基因。贡斯当把前者视为现代暴政的来源之一，梅因则对后者赞赏有加。《约翰福音》中“天父的儿子若叫你们自由，你们就真自由了”（si ergo Filius vos liberaverit vere liberi eritis）又为其注入了信仰和良知的力量，有人以为这是自由的真正价值之所在，有人却觉得这为现代社会增加了多余的精神负担。若把这些术语统统译为“自由”两字，它们之间细微的语义差别与关联是难以辨析的。恩格斯在《社会主义从空想到科学的发展》中，也有一段对英国自由传统十分精彩的论说，他称：“英国的法一直是用野蛮的封建的语言来表达资本主义社会的经济关系……正是英国的法把古代日耳曼自由的精华，即个人自由、地方自治以及不受任何干涉（除了法庭干涉）的独立性的精华，保存了好几个世纪，并把它们移植到美洲和各殖民地。这些东西在大陆上专制君主制时期已经消失，至今在任何地方都未能完全恢复。”对于恩格斯这里所说的“自由”，如果不知它在封建时代常以“liberties”的复数形式出现，是可以在领主或教会法庭上操作的东西（所以恩格斯才特别提到“除了法庭干涉”），而不是现代人在广场上高喊的“Liberty”，也就难以理解“野蛮的封建的语言”何以能表达“资本主义的经济关系”，或斯塔尔夫人为何会说：“自由是古典的，专制是现代的。”（须知，此一“古典的自由”，并非指李白诗句“人生在世不称意，明朝散发弄扁舟”那种中国式的“古典自由”，对此，我们最好还是把它理解为“逍遥”。）这也正如韦伯笔下的“imperium”，它既不同于 power，也有异于 authority，若把它简单译为“权力”或“治权”，汉语读者便绝无可能知道这种称为“imperium”的权力形态的出现，标志着“正当性命令”与“正当性规范”有了区分，通晓政治史的人都知道，此一分野的形成，乃是促成现代政治自由制度化的要素之一。

再说俗的一例。甲鱼是我们餐桌上一道常见的佳肴，可是在西班牙语中，甲鱼和乌龟是不分的，都叫作“tortuga”，而这个“tortuga”已被收入西班牙濒临灭绝动物名录，受到政府的 A 级保护，无论捕杀食用，概在禁止之列。几年前，马德里一家中餐馆被人举报到警局，说它每天都在用 tortuga 款待食客。警察一听，这还了得，旋即派员搜查传讯，然后以杀害和出售受保护动物的罪名把餐馆老板告上公堂。西班牙各大媒体也闻风而动，《国家报》和《世界报》都以中餐馆用濒危动物大发横财为名进行炒作。餐馆老板赶紧找来辩护人解释说，俺这个 tortuga 是中国的 tortuga，不是你们西班牙人说的“tortuga”；俺这是从中国运来的人工养殖的水产品，与你们保护动物名录上的“tortuga”完全不搭界。可是西班牙警察却不听这一套，法律就是法律，tortuga 就是“tortuga”，岂能管你是从哪里搞来的？结果餐馆老板有口莫辩，不得不等待可能长达三年以上的诉讼过程，因为此案的审理需要先研究 tortuga 的拉丁语词源和动物分类中种属纲目的关系。在没有搞清楚保护动物名录上的“tortuga”是否包括水产品甲鱼之前，他那道 tortuga 汤的佳肴，也只好先从餐馆菜单的名录上抹掉了。

这件由语言差异造成的尴尬事，或可作为海德格尔“语言乃存在的家园”的一个生动笺注。海氏的学问深奥得不得了，满篇都是对现代技术世界里如何重构生命价值的终极究问，中土大多数人的实存主义不可能有那么高的境界，只是标举“敬鬼神而远之”和“食不厌精，脍不厌细”为人生鹄的，有一点儿价值关切的人，顶多再加上一句“割不正不食”。但由此两端可见，人生之祸福，系于语言符号者大矣，无论事关精神和制度层面的自由，还是甲鱼汤带来的口福之乐。我们用来表达观念名物的各种词语，并非通行于天下、世代不易的符号，它们所包含的意义亦非我们自己所创，而是数千年人类各种选择行为不断积淀的结果，是故语言分析学派所谓的“词义约定说”，在今天很多人看来已成笑柄。离开各种称谓的文化背景、发生史和成长史，便不可能理解一种价值在另一种文化中的移植与生根何以如此艰难，对此，西班牙那个中餐馆的老板，大概与我们这些整天浸淫于“观念”中的人，有着同样切身的感受。

其实，对于价值的存在有赖于正名，我们的先贤亦多有深刻的见地，所谓“名不正则言不顺”是也。清代大儒戴震亦有言：“经之至者，道也。所以明道者，词也。所以成词者，字也。字以通其词，由词以通其道，必有渐。”此段话正可与上述西方“自由”词义的流变过程相互印证，很好地点明了价值意蕴（“道”）对符号（“字”和“词”）的高依存度，而这只有借助于诂词训字的功夫才能领会。

唠唠叨叨讲了这许多，想要表达的意思说来也简单：研读西学，尤其是各门人文学科，需要调动自己心灵的力量，对符号中的精神世界进行狄尔泰所谓的“理解”（Verstehen）与“阐释”（Auslegung）（不消说，这也是两个一经译者插手便神髓顿失的概念），这跟阅读翻译过来的汽车驾驶手册是大不相同的。所以我以为，为使这种“理解”与“阐释”的过程更为通透，人文的阅读，最好还是以原典为主，译本为辅，不如此便难得其堂奥。

这本《自由·平等·博爱》的译稿，便是我的学生杨日鹏在我敦促下阅读与理解西学原著的副产品。全书先由他在精读基础上初译一遍，然后再经我反复润色加工，其间不时穿插着师生二人有关概念解释与译名推敲的讨论，留下了一段愉快的治学经历。当然，无论我们做出多少努力，借用上面中餐馆事例的寓意，这个中译本也只能算是强以乌龟作鳖用，无论烹饪手法多高明，龟汤跟甲鱼汤毕竟不是一个味道。它充其量只能为无暇看或尚不能看英文著作的读者，提供一个初识斯蒂芬先生的途径，虽有字斟句酌的辛苦，作者文本的原意能得其八九成，已属万幸，断不敢有“达诂”的妄想。再者，即使有这八九成的收获，译者困于学识之不逮，也难免留有错讹纰漏，这是期期然有待于各路方家赐教的。

原　　序

在19世纪中后期维多利亚时代关于现代世界的两个核心政治观念——自由、平等——的辩论中，斯蒂芬的《自由·平等·博爱》堪称浓墨重彩的一笔。斯蒂芬以英国古老自由制度的捍卫者自居，他认为这种制度正在受到攻击，衰弱之势有增无减。他指出，一些有关自由、平等、博爱的观点是错误的，并且这些错误观点正在引领风气，他要在《自由·平等·博爱》一书中予以匡正。他发现，在约翰·密尔的三本著作中，这些观点得到了最充分有力的阐述，它们分别是《论自由》《论妇女的屈从地位》和《功利主义》。因此，斯蒂芬在《自由·平等·博爱》一书中严词批驳了密尔的政治哲学。不过，斯蒂芬不只是批驳者，通观《自由·平等·博爱》全书，我们可以看到，斯蒂芬本人对自由、平等、博爱的理解，是与对密尔的批评交织在一起的。在斯蒂芬看来，自由是有秩序的自由，平等是法律之下的平等，而博爱则是一种与自由社会不相容的价值。这种理解正是《自由·平等·博爱》一书最重要的特色，凡是关心自由社会性质的人，显然都应该给予关注。

在讲述斯蒂芬对自由、平等、博爱的理解时，先概述一下他的生平与时代的某些特点及其对他的思想影响，会对我们有所帮助。

詹姆斯·菲茨詹姆斯·斯蒂芬（James Fitzjames Stephen）1829 年 3 月 3 日生于伦敦。其父詹姆斯·斯蒂芬爵士曾任剑桥大学近代史钦定讲座教授（Regius Professor），这个教职后由阿克顿勋爵（Lord Acton）接
ix 任。斯蒂芬的父亲起草了在大英帝国禁止奴隶贸易的法律。他的祖父詹姆斯·斯蒂芬也曾致力于废止奴隶制[1]。J. F. 斯蒂芬曾就读于伊顿公学和伦敦国王学院，后在剑桥三一学院师从梅因（Henry Sumner Maine）爵士。他在内殿律师会（Inner Temple）深造之后，于 1854 年步入律师业。斯蒂芬为谋求一个司法界职位，于 1869 年去了印度，有大约两年半的时间他担任总督议事会（Viceroy's Council）法律专员（继任于梅因），最后担任了女王法院（Queen's Bench）的法官。

斯蒂芬的法律职业想必不足以供养自己的家人，于是他又操起了评论家的副业。斯蒂芬勤于写作，范围涉及广泛的思想问题。他的许多最精彩的文章刊登在四家刊物上，即《五谷山杂志》（*Cornhill Magazine*）❶、《弗雷泽杂志》（*Fraser's Magazine*）、《蓓尔美街报》（*Pall Mall Gazette*）❷ 和《星期六评论》（*Saturday Review*）。后来，斯蒂芬发表在《星期六评论》上的 55 篇文章，也是他本人的得意之作，于 1892 年，即在他逝世的前两年，结集为三卷本的《四季闲暇》（*Horae Sabbaticae*）[2]出版。其中许多文章以书评的形式，较为详细地探讨了霍布斯、休谟、

---

❶《五谷山杂志》是英国维多利亚时代的文学杂志，以伦敦五谷山街（Cornhill）命名，该杂志由史密斯（George Murray Smith）创办于 1860 年，主要发表评论和连载长篇小说。——译者注

❷《蓓尔美街报》创办于 1865 年，是当时著名的晚报。——译者注

吉本、柏克、边沁和托克维尔等人的著作。斯蒂芬在思想上受到多方面的影响，但是他对道德、社会和政治事务的理解，也许大多归功于边沁和霍布斯。

边沁使斯蒂芬喜欢上了功利主义。但斯蒂芬的功利主义不是边沁或亨利·西季威克❶的《伦理学方法》所阐述的那种技术和哲学教条，而是一种把观察和事实置于抽象推理之上的精神取向。斯蒂芬的功利主义最显著的标志是，他认为对道德和政治生活进行冷静理智的评价，需要搞清楚采取这种而非那种行动的利弊。评价我们道德和政治生活的起
x 点，要求我们从自己的处境——我们的时代、地点和环境——入手，因为我们提出的问题是接下来要做什么，只有先搞清楚我们当下的处境，才能给予解答。所以，斯蒂芬的功利主义是以改良而不是取消当前的实践为宗旨。不言而喻，这不是那种整齐划一的道德和政治观。

霍布斯对斯蒂芬有着更广泛因而大概也是更大的影响。斯蒂芬十分推崇霍布斯，把他称为“最伟大的英国哲学家”[3]。斯蒂芬在谈到《利维坦》时写道:“几乎没有任何一本思想巨著有如此厚重的分量、如此透彻全面的思考，如此深思熟虑，字字句句都反映着作者的整体思想。”[4]贯穿于《利维坦》全书的一个观点，尤其吸引着斯蒂芬的注意，那就是政治哲学要依赖于一种人性观。故也难怪，斯蒂芬本人的人性观为《自由·平等·博爱》注入了活力，它引导我们把斯蒂芬的著作看作对适合于政治社会这个实践世界的人性的思考。

---

❶西季威克（Henry Sidgwick，1838—1900）：英国政治哲学家，所著《伦理学方法》（*The Methods of Ethics*，1874）曾被时人誉为“有史以来最出色的伦理学著作”。——译者注

对斯蒂芬影响最大的是霍布斯的精神，而不是他的哪一种具体理论，但霍布斯思想的两个显著特征，却深深渗透于斯蒂芬的作品之中。其中之一是这样一种观点：人类的利益相互冲突，此乃人类处境不可改变的特征；因为个人利益有冲突，所以他们会形成不同的“善”的观念。

霍布斯思想中对斯蒂芬影响甚大的第二个特征，是社会秩序有赖于使用强制力量的观点。按这种观点，社会秩序需要道德、法律和宗教的限制；这些限制形式从某种人类行为的协调作用中获得了形成社会秩序的权力。

《自由·平等·博爱》最初以连载的形式刊登在 1872 年 11 月至 1873 年 1 月的《蓓尔美街报》上——没有署名，但作者是谁并非秘密。
xi 1873 年 3 月出版了单行本，一年后出了第二版，有些较小的实质性改动，增加了一篇长长的再版前言，还增加了一些回应某些批评者的注释。从连载的文章变成单行本，在当时并非不同寻常之事，这可由以下事实证明：在某些重要的方面与《自由·平等·博爱》相类似的一些著作，都有同样的经历，如阿诺德❶的《文化与无政府状态》（Matthew Arnold, *Culture and Anarchy*）、白芝浩的《英国宪法》（Walter Bagehot, *The English Constitution*）和梅因的《大众政府》（Maine, *Popular Government*）。

斯蒂芬有为数不少的著作，讨论的都是纯粹的法律主题，他写的几本刑法著作为他赢得了极高的赞誉。这些著作中，最出色的要数他的三

---

❶阿诺德（1822—1888）：英国维多利亚时代的著名诗人和评论家，所著《文化与无政府状态》严厉抨击了当时物质主义盛行的社会风气。——译者注

卷本《刑法史》（*History of the Criminal Law*，1883）。关于这本著作，梅特兰❶评论道："每一次我拿起这本书，都被他的研究的彻底性和判断的公正性所打动……并且——我是这样想的，但把它说出来未免失礼——他几乎总是紧扣事情的真相。"[5]不过，斯蒂芬对思想界最经久不衰的贡献，却是《自由·平等·博爱》。

法国大革命使"自由、平等、博爱"的信条呱呱坠地，这些信条的寿命却比大革命更长久，在19世纪的欧洲大陆和英国仍然回荡着它的声音。在《自由·平等·博爱》一书中，斯蒂芬对这种信条进行了有力的驳斥，同时他也着力表明，他并非他本人所说的"奴隶制、等级制和仇恨"的捍卫者。但是他深信，自由、平等、博爱信条的许多阐释者，夸大了这个著名的三位一体价值观所设想的政治安排的优点，忽视了它的弊端，从而歪曲了对自由、平等、博爱的正确理解。斯蒂芬在《自由·平等·博爱》中着重揭示了这些弊端的性质。但我们不可忽略的是，斯蒂芬的批评中贯穿着他本人对这些价值的理解，现在我们就来谈谈他的理解。

xii

以赛亚·伯林爵士为我们指出了这样一种观点：政治哲学的阐述往往借助于一些人们更加熟悉的比喻——契约、家庭、行进中的军队、守夜人或裁判员。[6]斯蒂芬在理解自由时采用了水管中流动的水这一比喻。在运用这个比喻的同时也阐明他的自由观的另一些重要特征的一段话中，斯蒂芬说：

---

❶梅特兰（Frederic Maitland，1850—1906）：英国著名法律史学者，著有《英国法律史》等。——译者注

> 讨论自由，其实就是讨论与它对立的因素。用这种讨论去解决政治和社会问题，就像通过探索黑暗和寒冷去发现光和热的性质一样。值得研究并能带来研究成果的现象，是个体和集体的各种力量的方向与性质，这些力量要么结合在一起，要么彼此之间以及与外部世界相互冲突，从而构成了人类生活。我们若想知道水管管口的尺寸应当多大，应当把它设在哪里，必须考虑水的性质、水管的性质以及取水的目的……[7]

为了理解这段话，我们必须讲明斯蒂芬自由观的两个重要特征。第一，斯蒂芬把自由视为一种工具性价值，它本身不具有内在价值，作为自由之首要服务对象的终极价值是社会福祉。我们必须当心，避免将斯蒂芬思想的这一特征误解为——以十分常见的方式去理解斯蒂芬，会使我们这样做——漠视自由或威权主义倾向，因为《自由·平等·博爱》并不支持这样的解读。不把自由当作目的本身，并不是轻视自由，或是抹杀它在文明世界发挥的核心作用。正如斯蒂芬所说，这不如说是承认自由像人类生活的其他一切社会要素一样，也有着自身的利弊；如果我们最关心的是社会福祉，那么在任何既定的自由弊大于利的环境下，我
xiii 们就不应当盲目地支持这种自由。

斯蒂芬自由观的第二个特征是，自由从根本上讲是一个否定性的概念。斯蒂芬将不存在限制的状态理解为自由的核心；然而，自由又不能被理解为不存在任何限制。跟霍布斯一样，斯蒂芬认为，没有任何限制，根本就不可能有社会，从而也不可能有自由的存在。若想让社会存在，限制是必不可少的，即使这仅仅是因为人类的状况是有些人的行为与另

一些人的行为必然经常发生冲突。对社会限制作用的这种理解，是斯蒂芬区分自由和许可的基础，并且促使他将自由理解为“不存在有害的限制”[8]。根据这种自由观，道德、法律和宗教信仰被视为对个人行为的限制，但它们是无害的，所以不构成对个人自由的侵害。事实上，从最深层的意义上说，正是这些限制使行为的自由成为可能。这些限制构成了一个权力领域，故斯蒂芬能够断言:“自由从本质上说依赖于权力……”[9]

现在我们明白了，斯蒂芬为何经常借用输水管道工程来阐明自由的本质。水管管口的性质和价值，是由制约着它的事物的性质赋予的，同理，自由的性质和价值也有赖于那些制约着它从而形成它的事物，即道德、宗教和法律。可见，社会的各项自由，是由提供了选择之可能性的各种限制构成的。因此斯蒂芬认为，在道德、法律和宗教限制的背景之外谈论自由毫无意义。

斯蒂芬促使人们去理解“有序的自由”或“道德和法律之下的自由”。自由的部分价值在于，它允许个人作出自己的选择，或者更确切地说，作出这一组选择而不是另一组选择，因为这有益于社会福祉。重要的是，某些选择必须被禁止。对人类而言，只有在道德、政治、法律和宗教制度构成的限制体系内，才有作出真正选择的可能；这些制度形成了种种社会安排，它使个人能够追求与其他人相互协调的自己的目
xiv 标。因此，按斯蒂芬的分析，自由的性质和价值存在于规范自由的限制之中：没有限制，就没有自由。

在塑造一般社会尤其是自由社会的限制当中，道德是最重要的。斯蒂芬认为，道德在某种程度上是由人们害怕别人的指责和看法、害怕受

到排斥构成的。所以斯蒂芬说："以厌恶的态度看待某些行为的习俗，乃是道德的本质。"[10]按斯蒂芬的理解，这种厌恶或非议具有强制性。根据这种解释，把道德视为一个暴力系统亦未尝不可，但这种暴力是他人施加的压力，而不是政府施加的惩罚（或以惩罚相威胁）。这里我们必须强调的观点是，按斯蒂芬的理解，在建立塑造自由并使其具有价值的限制体系方面，道德施加的限制，在其广泛性和重要性上，要大大超过法律的限制：

> 刑法本身可以被看作禁止的手段，它与上帝批准的道德观和道德形式相比并不更加重要。一个人的某种行为因惧怕当地的法律而受到限制，却有许多人的不计其数的行为因惧于四邻的非议而受到限制，这就是道德的惩罚；或因担心来世受罚而受到限制，这就是信仰的惩罚；或害怕内心的不安而受到限制，这也许可以称为良心的惩罚。[11]

斯蒂芬对人类状况的认识，深刻影响着他对道德的认识，即把道德看作一个塑造个人行为的限制体系。斯蒂芬摒弃对人类盲目乐观的理解，持有一种在有些人看来——也许不无理由——悲观暗淡的立场。也许更为准确的看法是，斯蒂芬提供了一种对人类的冷静理解，一种把握了人类状况之祸福的理解。没有道德施加的自律，个人会倾向于过一种游手好闲、了无生趣的生活，既没有高雅的教养，也缺少追求伟大人格的动力。xv 斯蒂芬认为，人类的状况并不是一个仅由伟大人格或卑劣人格组成的世界，它要比这暧昧得多：我们是一个混合体。人类的灵魂一般而言志趣不高，这委实不幸；然而斯蒂芬认为，人类确实有社会欲望，它与道德限制结合在一起，有助于维持一种社会秩序，它使伟大的人格和自由成为可能并蒸蒸日上。斯蒂芬虽然摒弃对人类的乐观看法，但也热心呵护着少数人能够培养出的英国高雅文化。不过，不论是能够具备高雅文化的少数，还是尚未从遵奉奥古斯丁或加尔文教义中大为受益的人，都脱不了自律和他律的道德。

斯蒂芬认为自由只有工具性的价值，因此不难理解，他为何摒弃一切绝对简单的自由原则，即具体指明哪些自由应予保护、应当在何时何地受到保护的原则。斯蒂芬写道："我们必须以更加谨慎的方式，只限于评论经验显示给我们的事情，即在特定情况下自由和强制各自具有哪些利弊。"[12]不过，有一些自由，是斯蒂芬在《自由·平等·博爱》等著作中一贯重视的，他相信这些自由对于文明生活至关重要。首先是财产权："在各项自由之中，最重要、得到最普遍承认的自由，莫过于获得财产的自由。"[13]大概会令人诧异的是，在斯蒂芬看来，第二项极为重要的自由是隐私权："在任何情况下，立法和舆论都应一丝不苟地尊重隐私……试图用法律或舆论的强制去调整家庭内部事务、爱情或友情关系，或其他许多同类事务，就像试图用钳子从眼球上夹出人的睫毛一样，这会把眼球拽出来，但绝对得不到睫毛。"[14]

保护这些自由以及其他各项自由的关键是法治。法治与各种不同的自由密切相关，因此斯蒂芬认为，法治本身就是一项自由；因为法治以
xvi 十分重要的方式为个人提供的各种程序，把个人享有的自由落到了实处。

在斯蒂芬看来，法治战胜了专制主义，战胜了某些人为自己的目的而奴役他人的欲望，是一项了不起的道德胜利、一项名垂千古的成就。法治规范并赐予人们各种自由，斯蒂芬虽然认为这些自由只具有工具性

的价值，但是他拥护它们，把它们理解为对他极为珍视的文明世界至关重要。

像维多利亚时代他的许多同胞，如阿诺德、梅因、莱基❶甚至密尔一样，斯蒂芬对他所看到的民主持续扩张的破坏性后果深感忧虑。1867年的《改革法案》❷ 使英国选民人数翻了一番，部分地由于这个原因，斯蒂芬在撰写《自由·平等·博爱》时推测，扩张的民主政府不会再走回头路，也就是说，建立在普选基础上的政体，已经没有回头路可走了。“倘若有人问我，你打算用什么取代普选？……我会立刻回答，什么也没有。思想和感情的整个趋势，人类事务的大潮，正势不可当地朝着那个方向发展。”[15]然而斯蒂芬反驳说，就算实现了普选，普选的辩护者所鼓吹的政治平等的先验信条还是不可能实现：

> 按你们的意志去立法吧，倘若你们认为恰当，就把普选定为不容违抗的法律吧。但你们离平等仍像过去一样遥远。政治权力的形式变了，其实质却未变。将政治权力切成碎块的后果，无非是让那些能够赢得最大多数碎块的人去统治其他人。这样或那样的强者永远进行统治。若是军事政权，造就伟大军人的品质会使他成为统治者。若是君主政体，国王在大臣、将帅和官员身上所看重的品质将带来权力。而在纯粹的民主政体中，

❶莱基（William E. H. Lecky，1838—1903）：英国著名史学家和政论家，著有《欧洲道德风尚史》和《理性主义的兴起与影响史》等。——译者注

❷英国议会于1867年通过《改革法案》，废除了大量有名的“朽镇”，把这些地方在下院的议员席位转移给新兴工业城市，是英国扩大民主的重要一步。——译者注

统治者将是那些操纵玩偶的人及其朋党……政体形式的变化更多地改变了上层的状况，而不是它的实质。[16]

xvii

尤其令斯蒂芬担忧的是，对民主或政治平等的诉求，常常被错误地当作对自由的诉求。这就把民主、普选——它们跟政治权力的分配有关——与完全属于另一个问题的自由混为一谈了。[17]摆脱日益发展的民主所带来的政治和文化困境的前提是，认识到所谓的政治平等呈现出来的弊端。斯蒂芬在《自由·平等·博爱》一书中所要提供的，正是这种认识。

不管民主有何收益，它也要付出高昂的成本，这使它成了一桩令人沮丧的买卖。“操纵玩偶的人”只要满足无知的大众即可，斯蒂芬担心，这终将导致一种低劣平庸的文化，一种建立在肮脏和庸俗基础上的文化。为了让没教养的人开心，这些新的统治者会把统治延伸到个人生活最隐秘的角落，他们会因此而自愿放弃某些个人自由。

政治平等的诉求只是平等诉求采取的形式之一，如我们所见，这也正是斯蒂芬认为应当质疑的诉求。更让斯蒂芬担忧的是对纯粹平等的诉求，因为它是个空洞无物的概念。人们需要知道，应当在哪个方面做到平等。然而，把平等作为一种不加限定的价值提出来，它通常都是指财产平等。这个意义上的平等尤其与自由相悖:“如果人类的经验证明了什么，它所证明的就是，把限制最小化，把最大程度的自由赋予所有人，结果不会是平等，而是以几何级数扩大的不平等……”[18]勤奋、运气、技能和无数其他因素，必然导致有些人比别人获得和积聚更多的财产，因此行动的自由导致结果的不平等。就算能够消除这种不平等，也只有

通过政府不断干预个人追求他们自身目标的各项自由。在斯蒂芬看来，
xviii 财产平等是自由的丧钟，它为避免这种平等提供了强有力的论证。

斯蒂芬珍视的平等是法律之下的平等，是法治所赋予的平等——同等情况同等对待。然而法律哲学家们承认，如何确定同等情况，是个大难题。再者，无论这个问题多么棘手，《自由·平等·博爱》的无数当代读者将会发现，至少在生活的一个领域，斯蒂芬对于何者构成同等情况这一问题的理解是有缺陷的。斯蒂芬坚持认为男性优于女性，这不仅表现在体力方面，而且表现在“智力更好”和“性格上更有活力”。[19]男女既然在这些方面并不平等，“涉及两性关系的法律”[20]，例如兵役法和最为专门的婚姻法，就不应对他们同等对待。当然，斯蒂芬着重指出，这种不平等对女性其实是有利的。

自由传统留给我们的核心遗产，是世上没有天生的政治权威的观念，霍布斯和洛克这两位自由传统的奠基人对此有极为清楚的阐述。到了 18 世纪末和 19 世纪初，这种本来属于政治世界的观念，开始向人类关系更广阔的领域——包括男女之间的各种关系——蔓延。17 世纪对政治生活中的天赋权威的否定开始向外扩展，导致许多人在 19 世纪末全面否定等级关系。我们必须把斯蒂芬对男女关系的看法置于这一思想运动的背景之下，因为斯蒂芬要维护一个等级关系既可能又可取的世界。

在 19 世纪，对于这个三位一体的政治价值中的前两项——自由和平等——的相关论述可谓汗牛充栋，但是它的最后一项——博爱——受到的批判性关注却出奇的少。其实，无论法国大革命有多大影响，很大程度上是由于孔德的“人性教”（Religion of Humanity）——以及密尔对它
xix 的部分采纳——才使博爱思想成为英国人认知领域中的内容。对博爱观

的实质性批评寥若晨星，仅此一条就使斯蒂芬对博爱价值的猛烈抨击变得难能可贵。

斯蒂芬把博爱理解为一种天下一家和“普世”之爱的观念，即社会中的个体首先是因为彼此有相互关爱的感情而结合在一起的观念。斯蒂芬认为，博爱的政治和道德价值的依据有两个来源。其一是一种脆弱的人性观，它想象有一个世界，那儿不存在个人之间重大的利益冲突及其导致的相互敌对。在博爱的拥护者中间，几乎很少有人认为，这个世界就是我们所处的人类社会。因此，博爱的第二个来源是对进步的诉求，只要人类摆脱了各种限制，每个人受到平等对待，人类就能取得进步；正是因为进步而焕发出新活力的人性，使博爱成为可能。

可是，在斯蒂芬看来，更冷静的思考揭示了人性与博爱是不相容的。他说：

> 我则相信，有不少人是坏人，但绝大多数人既不好也不坏……这个无所用心的广大群体随着环境左右摇摆……我还相信，在所有类型的人之间，都存在并将永远存在敌意和冲突的真正诱因，甚至好人也有可能相互为敌，他们经常是被迫如此，这要么是因为存在着使他们发生冲突的利益之争，要么是因为他们对于“善”有着不同的理解方式。[21]

博爱的辩护者对消除人类生活中的大量仇恨和罪恶信心满怀；但在斯蒂芬看来，人类状况中的这些基本因素，尽管能够通过道德、宗教和法律得到一定程度的改善，却是源于人性的永恒特征。斯蒂芬宣称，导

致个人不和的不同利益，还有不同的“善”观念，都是无法消除的人性
xx 特征。他进一步认为，人类的状况所固有的各种利益和价值冲突，不仅导致个人之间的对抗，而且导致群体之间的对抗。例如，他推测穆斯林和基督徒之间会一直相互敌视，因为他们有着迥然不同的善恶观。

斯蒂芬认为，那些急不可耐地渴望博爱的人，不但无法在人世间为博爱找到一块安身之地，而且很容易给现实生活造成恶果。

> 一个人的思想和感情，他对现状的评估以及他针对现状采取的行动，只要真沾染上了这种［博爱的］理想，那么正如经验一再表明的那样，他通常会为了他本人所理解的后代的幸福，毫不犹豫地牺牲现在活着的人所理解的幸福。[22]

“普世”之爱经常患上狂热症。博爱的诉求表面上打着天下一家的招牌，骨子里却很少关心现实中的人。博爱的鼓吹者认为，我们实际看到的人不符合标准，所以为了那些仅仅存在于抽象的理论世界的人，可以轻易把这些人抛进现实世界的垃圾箱：如果以博爱为动力的世界前景危在旦夕，现在这些人的自由和幸福又算得了什么？

如前所说，斯蒂芬在《自由·平等·博爱》中所阐述的他本人的立场，是贯穿于全书他对密尔的批评之中的。斯蒂芬十分敬佩早期的密尔，即写作《时代精神》《论文明》《边沁》《逻辑体系》第四卷（《论道德哲学的逻辑》）和两篇《托克维尔论美国民主》的密尔。其实，1859 年《论自由》面世时，斯蒂芬很赞赏此书。然而，1867 年的《改革法案》、在印度的经历、密尔《论妇女的屈从地位》的出版，以及他本人的深入

xxi 思考，使斯蒂芬得出了这样的结论：后来的密尔已经抛弃了斯蒂芬所理解的英国自由主义原则。

正如斯蒂芬所说，《论自由》犯下了一大堆错误。密尔的“简单自由原则”认为，只有防止损害他人的限制才是正当的。人类的状况太复杂，这条原则是不适用的；为密尔的自由原则提供基础的区分，即利己行为和利他行为的区分，无法用清晰的方式阐明；密尔的自由原则与他的功利主义方枘圆凿，密尔的自由原则要求人类事务几乎不受任何限制，这种状况将导致懒散和恶习，而不是密尔（仿照威廉·冯·洪堡）所想象的自我发展；缺少得到民意支持的道德约束，自由将变成放纵，没有任何社会价值；思想自由并不像密尔设想的那样趋向于真理；一丝不苟地采用密尔的自由原则，它将颠覆一切道德，因为道德是通过他人的强制性意见体现出来的。

斯蒂芬对密尔《论妇女的屈从地位》和《功利主义》的批评比较简短，严厉程度却不减：前一本著作使我们对男女之间恰当的关系产生误解，并且助长一种侵害高级文明和自由的民主观；后一本著作暗示天下一家是可能的，这与事实严重不符，也是对自由的破坏。

可以公正地说，斯蒂芬对自由、平等、博爱的理解，几乎在所有重要的细节上都与密尔相反。在他看来，他支持自由，密尔则主张放纵；他支持法律之下的平等，密尔则支持一种乖张的平等主义；他主张清醒地理解人类生活中的冲突，密尔则赞成一种巨大的幻想。

不必否认，斯蒂芬至少在有些时候误解了密尔的学说，没有留意某些可以从中看到的精髓，他对密尔的一些指责也失之偏颇。不过同样真实的是，斯蒂芬从密尔的思想中看到了一些别人没看到的东西，他的许

多评论切中要害。更为重要的是，斯蒂芬本人关于自由、平等、博爱的
xxii 教诲的性质——一直受到不恰当的忽视——无疑值得我们关注。

在英美哲学界霸气十足的分析传统，会让我们提出这样一个问题：对于斯蒂芬的政治哲学，最好是把它理解为自由主义，还是保守主义？事实上，对这个问题已经有过很多思想努力。不消说，回答这个问题，必须对什么是自由主义和保守主义进行冗长细致的分析，这无论如何都是一项困难重重的任务，而且让人拿不准的是，根据抽象、永恒和非历史的范畴去理解斯蒂芬的政治哲学，是否有何益处或重要性。

然而重要的是，斯蒂芬的确把自己理解为古老的英国自由主义的卫士。在斯蒂芬看来，我们不应该把这种自由主义理解为抽象的哲学范畴，而应当理解为表示一种政治生活形态的概念，历史地看，这种政治生活形态在19世纪中叶的英国深得人心。它珍视有秩序的自由，惧怕放纵，既厌恶专制统治，又惶恐不安地看待普选制。斯蒂芬所信奉的英国自由主义，看重“在政治事务上豁达高尚的情感，它的引导者有着高度教养、开阔的胸襟和不偏不倚的理智”[23]，而不是卑琐粗俗的习气，斯蒂芬相信这种习气会出现在另一种政治生活的观念之中，他认为密尔的著作便诠释和预示着这种观念。

就像19世纪中后期的维多利亚英国一样，我们的世界也在思考自由、平等和博爱。环顾四周，我们到处都可以看到——无论在政治领域还是哲学领域——这个著名的三位一体的精彩画像。然而许多画像如同雾中花、镜中月，往往很难弄清楚我们看到的是自由还是放纵。这想必是一个重大问题，斯蒂芬的《自由·平等·博爱》堪称一本杰作，它能帮助我们清晰地理解拿给我们看的是什么货色。更大的意义在于，在一

xxiii 个继续娇惯各种博爱和平等的世界里，斯蒂芬对它们的驳斥或可提醒我们：博爱与平等付出的代价是自由，而不是放纵，这也许能引导我们更加认真地思考我们所能得到的回报的性质。

斯图亚特·D. 沃纳

xxiv 1992 年感恩节于罗斯福大学

原编者说明

这一版《自由·平等·博爱》采用的原本是1874年出版的第二版，出版商为老史密斯公司。在少数地方，我用1873年第一版对第二版做了校勘。

我对原本有稍许改动，把斯蒂芬的“第二版前言”移到了书末。这个前言是斯蒂芬对该书第一版的两位评论者的长篇答复，因为第二版的内容与第一版几乎完全一致，所以这篇前言还是放到全书正文之后为好。

斯蒂芬在书中引用密尔的著作达125次之多，几乎所有引文都来自密尔的《论自由》《论妇女的屈从地位》和《功利主义》。我为这些引文列明了出处，把它们放在括号内。具体做法如下：前两本著作我列出了密尔著作两个版本的出处。一是斯特凡·柯利尼公司出版的《论自由，附“论妇女的屈从地位”和“论社会主义”残篇》[24]；二是多伦多大学出版社出版的《约翰·斯图亚特·密尔全集》[25]。举例来说，“《论自由》，78/278”是指《论自由》柯利尼公司版第78页，多伦多大学出
xxv 版社版第278页；“《论妇女》，119/261”是指《论妇女的屈从地位》柯

利尼公司版第 119 页，多伦多大学出版社版第 261 页。至于《功利主义》，我只列出了《全集》的出处。来自密尔其他著作的引文，则在注释中注明出处。

斯蒂芬引用密尔的文字并不总是十分准确，我对此做了订正。我也改正了一些标点符号和斯蒂芬偶然采用的异体字，但没有特别注明；如果有实质性的差异，我则予以说明。

1874 年版本中斯蒂芬的注释全部采用星号，编者的注释则采用数字。（译者按：在中译本中统一使用数字，编者的注释则标明“编者注”字样。）我尽量减少这类注释，通常是向读者指出斯蒂芬所引用的、恰好我手头有的文献。圆括弧中的内容是我加的，方括弧中的内容则是斯蒂芬加的。

我也更新了斯蒂芬的标点符号，但没有特别注明。大多数这类情况，是在出现两个标点时删去一个（例如删去出现在冒号之后的破折号）。另外，斯蒂芬有时没有把他引用的一个词放在引号里，我为他补上了引号（例如为“‘世俗’和‘精神’”这句话补上了单引号）。我也在一定范围更新了语言——比如把老式的写法“any one”改为“anyone”，把“to - morrow”改为“tomorrow”，等等。

我这项工作得益于我与 Timothy Fuller、Gilbert Goldman、Emilio Pacheco，尤其是 Inger Thomson 的交谈。我怀着无限感激之情，把它献给 Harold Trueman Walsh。

xxvi 斯图亚特 · D. 沃纳

第一版前言

致约翰·斯特雷奇阁下

亲爱的斯特雷奇：

我将此书献给您，是基于三个原因。第一，是为了表达我本人的敬意和我对您的巨大善意的深切感激，它类似于我在印度有过交往的每个人给予我的善意，这使它显得尤其珍贵。

第二，是为了纪念梅奥勋爵（Lord Mayo）被杀的消息传到加尔各答后的那一个月，当时您正担任当地的总督，我们两人都为他而感到悲痛，我们有很多公与私的理由对他表示爱戴和尊敬，在那段十分艰难的时光里，我们都感到了忧虑和责任，这使我们之间形成一条纽带，我相信您和我一样对它有着强烈的感受。

第三，因为您是印度最杰出的官员之一，而我在印度的经历也有力地证实了这本书中的思考，它是在我头脑里经过多年酝酿才逐渐成形的。它所批评的那些老生常谈和情感倾向，十分荒谬和贫乏，就像 1870 年到 1871 年我在印度政府总部读过的欧洲报纸一样。

这本书筹划于印度，其中一部分内容写于我在异乡的寓所。

亲爱的斯特雷奇，我是您诚挚的朋友和不久前的同仁。

詹姆斯·菲茨詹姆斯·斯蒂芬
南肯辛顿，康沃尔花园 24 号
xxix 1873 年 3 月 31 日

目　录

第一章　自由概说

本书旨在考察一些教义，它们与其说是“自由、平等、博爱”这句口号所明示的，不如说是它暗示的。这句口号已经成为不止一个国家的座右铭。事实上它不仅是一句座右铭，它还是一种宗教的信条，但是这种宗教并不像基督教的任何一种形式那样明确。基督教既是它的竞争者，又是它的敌人，还是它的同伙，但它的力量并不因此而稍减。恰恰相反，它是当今最深入人心的一股势力。它不时展现自己清晰的身段，实证主义便是它在我们这一代人中间最著名的形态之一，但它的特定面貌却无法让人一窥堂奥。它渗透进另一些信条，时常把基督教改造成一种乐观主义体系，对基督教的用语既有所取用，也有所舍弃。它深刻地影响着政治和法律。它有自己的神圣节日，有自己冷静的信徒，也有狂热的追随者，它有自己的再洗礼派（Ana-

baptist）和唯信仰派（Antinomian）。❶“人性教”这个字眼，相对于孔德赋予它的狭隘的专业含义，如果能够在更宽泛的含义上使用，或许是我们能为它找到的一个不错的名称。它是当今最普遍的信念之一，它把各种光辉灿烂的前景呈现于人类集体面前，只要废除对人类行为的一切限制，承认全人类实质性的平等，奉行博爱或“普世”之爱，就能发现通向这些前景的道路。在许多情况下，这些教义被人
3 尊奉为宗教信仰。它们不仅被看作真理，而且被信徒们看作要随时为之而战的真理，为了使其得到确立，他们准备牺牲一切个人目标。

这样说当然是十分笼统的，但它就是我将“自由、平等、博爱”视为其信条的那种宗教。我是不信这种东西的。

我不是“奴隶制、等级制和仇恨”的鼓吹者；我也不否认，可以赋予“自由”“平等”“博爱”这些字眼某种含义，使它们可以被看作好字眼。我要宣布与它们相关的两项主张。

首先，即使今天最合理地使用这些字眼的人——也就是说，把它们作为社会生活要素的名称，就像其他要素一样，这些要素也因时间、地点和环境的不同而有利有弊——也严重倾向于夸大它们的优点，否认它们的弊端，或在一定程度上低估其弊端的严重性。

---

❶再洗礼派：16 世纪欧洲宗教改革运动中的一个激进宗派，因主张婴儿时洗礼无效、要在成年之后重新洗礼以证实信仰而得名。该派崇尚基督教原始教义，提倡简朴生活。唯信仰派：antinomian 的字面意思是“对抗法律者”，此处指基督教中一些自认为得到神的拣选，可以不服从任何世俗法律和教会法律的人。斯蒂芬是从贬义上使用这两个称呼的。——译者注

其次，不管赋予这些字眼多么重要的意义，它们都不适合成为宗教信条。它们所指的事物本身并不是目的。把它们一并使用时，不管多么模糊，都不代表一个理性的人应以热情和自我奉献去对待的任何社会状态。

前一条主张仅仅属于纯粹的一般观察，它的真实性几乎不可能引起争议；但是，我要赋予它一种单纯的常识没有传达的特殊含义。我要宣布，当前关于这一主题最令人信服的理论，那些十分细致地阐述的理论，都是没有根据的；为了证明这一点，我要特别指出，约翰·密尔先生在其晚近的大多数著作中就这一主题提出的理论，是站不住脚的。我特别提到他，有若干原因。首先，当今对这个问题发表意见的作家，无人具备可以与他相提并论的体系和能力。其次，在研究这个问题的现代作家中，唯有他能够让我满意地说，我与他之间有着使我获益的分歧。直到某个时候以前，我都可以骄傲地自称为他的弟子。但是，他的学说在其他方面虽然令我着迷，却也有令我反感的一面，而这个方面近年来变得十分突出。我姑且不说他在《论自由》
4 《功利主义》和《论妇女的屈从地位》中的学说与他在《逻辑体系》和《政治经济学原理》中的教诲相互矛盾；不过，我希望讲明一些理由，据此既可以赞成后两本著作中的大部分内容，甚至可以维护它们所暗示而不是明言的原理，同时也可以对前三本著作中关于人性和人类事务的观点表示强烈的异议。

针对那种流行的观点——我也许可以说，对于那种宗教式的自由信条——密尔先生的相关著作是人们所能见到的最佳阐述。他的《功利主义》和《论妇女的屈从地位》，对我所反对的各种形式的平等和博爱信条做了出色的描述。一个在各方面让我受益匪浅的伟人，对他的著作进行吹毛求疵的抨击，有悖于我之所愿。但是，当一个人为自己不苟同于广泛流传、势力强大的意见表明理由时，作为起点，他绝对有必要采用某些对那种意见最为明确的表述，因此理所当然要采用最有力、最合理的和最清楚的表述。

言归正传。本人以为，以下内容是对《论自由》的导论，即该书最重要的部分，所做的公正概述。

该书的主题是公民自由或社会自由，它有别于“所谓的意志自由”（《论自由》，5/217）。密尔先生告诉我们，这个概念最初是指保护人们免于政治统治者的暴政。统治者的权力被视为一种必要的恶，通过权利或宪法制衡去限制这种权力，便是自由的含义。后来，人们开始把他们的统治者视为自己的代理人和自己权力的受托人，而不是需要制约的对立的权力，在他们看来，他们通过代理人行使自己的权力，不会像他们的统治者在或严或宽的限制下的权力那样具有压迫性。然而经验逐渐表明，全体有可能对部分实行暴政，它绝非没有这种倾向，于是便有了“多数的暴政”（《论自由》，8/219）一说。多数的暴政源于“人人心中都有一种感情，要求每个人应当以他及与他有同感的人所喜欢的方式去行动。”（《论自由》，9/221）密尔先生
5 对此做了一番说明之后，接着说：“在思想和感情方面走在社会前列的人，并没有从原则上谴责这种状况，尽管他们在其中的某些细节上会与它发生冲突。他们致力于探讨社会的好恶应当针对哪些事情，而不去探究社会的好恶是否应该成为针对个人的法律。”（《论自由》，11/222）然后他用下面这段话阐明了自己的观点：

在社会以强制或控制的方式对待个人方面，它具有绝对的主宰力，无论那种强制使用的手段是法律惩罚形式的物质暴力，还是民众舆论的道德强制。本书的目的在于申明一条非常简单的原则，这条原则就是：人类被允许以个人或集体的方式对他们的任何成员的行动自由进行干涉的唯一的目的就是自我防卫；对文明社会的任何一个成员，可以不顾他的意志对他正当行使权利的唯一目的是阻止他伤害别人。他本人的利益，无论是物质还是精神的，都不是对他施以强制的充分理由。强迫一个人去做一件事或不做一件事，因为这对他有好处，因为这会使他更幸福，因为在别人看来这是明智的甚至是正确的，这些都不能成为强制他的正当理由。根据这些很好的理由，可以劝说他，跟他讲道理，说服他或恳求他，却绝不能因为他不这样做就去强迫他，或使他遭受不幸。为了使强迫具有正当性，必须预见到欲对他加以制止的行为将给别人造成祸害。任何人的行为，只有其中涉及其他人的那一部分，才有义务服从社会。至于仅与他本人有关的那一部分，他的独立性是他的绝对权利。个人对于他自己、他自己的身体和思想，拥有至高无上的权力。(《论自由》，13/223—224)

他指出："这一条原则只适用于各项能力已经成熟的人类，"（《论自由》，13/224）"至于那些其种族可以被视为处在未成年期的落后的社会状态，我们可以不予考虑。”（《论自由》，13/224）他接着又说，能够“从完全与功利无关的抽象权利观”得出的任何有利于他的论证的东西，他一概弃之不用。他补充说：“我把功利视为一切道
6 德问题的最终裁决者；但这里所说的功利，必须是最广义的，它的基础是不断进步的人的长远利益。”（《论自由》，14/224）他最后具体说明了——

> 人类自由的适当范围。它包括，第一，内在的意识领域，最广义的良心自由、思想和感情的自由，在实践、思想、科学、道德或神学等所有问题上意见和情感的绝对自由。表达和发表意见的自由也许要归在另一项原则之下，因为它属于个人行为中涉及他人的部分，但是它和思想自由本身几乎同样重要，所依据的理由也大致相同，所以在实践中不能把它与思想自由分开。第二，这一原则要求个人的喜好和追求享有自由，按照自己的性格规划生活的自由，根据自己的喜好做事的自由并承担相应的结果，只要我们所做的事情没有侵害我们的同胞，就不应受到他们的妨碍，即使他们认为我们的行为是愚蠢的、乖戾的或错误的。第三，从这种每个人的自由中，产生了个人之间在同样的限制内相互联合的自由。(《论自由》，15—16/225—226)

我认为，这就是导论一章的基本教义。它也是该书的全部教义，值得注意的是，密尔先生全面细致地阐述了他的教义，却从未试图从

整体上去证明它。他也许想在第二、三、四章分别证明这种教义的不同内容。如果是这样的话，可以把第二章当作为证明思想和言论的绝对自由是有益的而提出的论证。同样，第三章是为证明个性乃幸福的要素提供的论证，但它仅仅假定而非证明了自由是个性的前提，这是大可商榷的。第四章的标题是“论社会对个人行使权力的界限”。它仅仅具体重申了导论一章提出的一般原则。它没有为整个论证增添任何内容，只有下面这段话除外，它无疑需要给予重视：“反对公众干涉纯粹私人行为的最有力的论证是，当它进行干涉时，多数情况下它是在错误的场合进行错误的干涉。”（《论自由》，83/283）最后的第
7 五章题为“原则的应用”，如题所示，这一章是讲把一般原则运用于某些具体事例。

通观全书，几乎没有任何与他对上述原则的阐述和声明有所不同的内容可以被恰当地称为证明。然而我认为，可以毫不费力地指出，这条原则非常需要证明。为了表明这一点，首先有必要根据我认为密尔先生和我本人一致赞成的原则，指出“自由”一词的含义。我想，对以下人类行为理论的表述，密尔先生是不会提出异议的：一切有意识的行为都是因动机而发生。一切动机都可分为两类：愿望和恐惧，快乐和痛苦。以愿望为动机的有意识的行为可以称为自由的；以恐惧为动机的有意识的行为可以称为被迫的，或者说是受到限制的。以女人出嫁为例，这在任何情况下都是有意识的行为。如果她以正常的感情看待婚姻，出于正常的动机出嫁，那就可以说她的行为是自由的。如果她认为结婚是出于迫不得已，她出嫁是为了避免更大的灾祸，那就可以说她的行为是被迫的，是不自由的。

如果这是正确的自由理论——尽管许多人会予以否认，我想密尔先生会接受它——那么前述主张就可以概括为：“无论是谁，除非是为了自卫，试图通过引起别人的恐惧去影响其行为是不正当的。”或者，换一个估计密尔先生也会赞成的说法：“除特殊情况之外，利用人们的恐惧去影响他们的行为，绝对不能促进人类的普遍幸福。”

这些说法想必不能被看作是自明的，它们甚至与谬论相去不远。全部道德和全部现有的宗教都在致力于影响人类的行为，它们只诉诸希望或恐惧，并且诉诸恐惧要比诉诸希望普遍得多、明显得多；既然如此，该如何看待它们呢？刑法本身可以被看作禁止的手段，它与上帝批准的道德观和道德形式相比并不更加重要。一个人的某种行为因惧怕当地的法律而受到限制，却有许多人的不计其数的行为因惧于四邻的非议而受到限制，这就是道德的惩罚；或因担心来世受罚而受到
8 限制，这就是信仰的惩罚；或害怕内心的不安而受到限制，这也许可以称为良心的惩罚，或是把它视为前面两种惩罚的混合。在很多情形下，众人的非议，或道德的惩罚，都与自卫不相干。信仰的惩罚从本质上说也与自卫无关。不管它采取什么形式，它的基本前提是以最大程度的不宽容去对待罪恶，惩罚它绝不手软，不管它存在于何处，除非有某些特殊的规定。我并不是说这种教义是正确的，但是我的确认为，不经任何证明，谁都没有资格假设它在本质上是不道德的、有害的。密尔先生没有做这种推论，我却认为他的理论包含着这种推论，因为我知道，与他的自由学说最不相符、最南辕北辙的，是这样一种教义：有一个法庭或判官，在这个法庭上，或在这个判官面前，人人对自己的肉体所做的一切事情都要如实交代，无论它是否出于私心。

按密尔先生的学说，审判日那天，一个人说“我只是给自己找乐，并未侵害他人”，这应该是一句很好的辩词。是否真有这样的审判日，不是问题之所在，但是按他的原则，“审判日”这种观念根本就是不道德的。按他的原则，对任何人进行惩罚而又不是为了保护其他人的上帝，不啻是一个践踏自由的暴君。

把这条原则应用于道德惩罚，将无异于颠覆人们普遍认可的全部道德。唯一能与密尔先生陈述的原则相适应的道德原则，可以概括如下:“自寻其乐无妨，伤害他人莫为。”任何道德原则，如果它的目标不限于此，而是除了免于伤害之外还要为全社会带来福利，或是为受其影响的人做些好事，从原则上讲都是错误的。这等于谴责所有现存的道德体系。实际上，积极的道德无非是一套原则和规矩，它们的表述或多或少是含糊的，它们或多或少有待于人们自己去理解，因为有它们，一些行为方式在道义的普遍谴责之下受到禁止，这与自我防卫毫不相干。

密尔先生本人在某种程度上也承认这一点。他在《论自由》第四章的开头部分说，一个人如果严重欠缺增进自己利益的品质，那么他“必然成为也应当成为人们厌恶的对象，或在极端的情形中，甚
9 至成为人们鄙视的对象”（《论自由》，77/278）。接着他列举了这种欠缺会给人带来的种种不便。不过，他又补充说:“一个人的行为和性格中，只涉及自己的利益而对与他有关的人们的利益没有影响的那一部分，倘若遭到他人的非议，他所应承担的只是与这种非议密切相关的那些不便。”（《论自由》，78/278—279）这无疑使他对积极道德的承认打了折扣；但不管怎么说，事实依然是：道德是而且必须是一

种禁止性的体系，它的主要目的之一是为大家树立一个行为和情感标准，如果它不是为了对他们施加限制，很少会有人遵守这种标准。几乎在所有情形下，这种道德体系的作用，都大大超出可以被称为自卫的事情的范围。

密尔先生的学说不仅有悖于所有与道德有关的神学体系、有悖于所有众所周知的积极的道德体系，而且有悖于人性本身的构造。人类普遍视为良好的每一种习惯，几乎都需要经过或多或少痛苦而艰辛的努力才能养成。由人类生活的状态所决定，我们生活中的几乎每一种行为，必然受到环境的限制和强迫。那么，自由为什么还会像密尔先生所定义的那般珍贵呢？对于在我们生活中任何时候都没有受到环境限制的行为，立法者或其他人却因为不赞成它——或者换一个说法，因为讨厌它——而动员舆论加以控制，他们究竟在干什么呢？惩罚杀人和偷窃的法律取代了个人的复仇，如果没有法律，这种复仇尽管采用不正规的方式，会对罪行施以更严酷的惩罚。如果有惩罚放荡、贪食和酗酒的法律，那么对它们也可以这样说。

密尔先生在很多地方承认:“有些不便是与他人的非议分不开的。”（《论自由》，78/278）那么，这些不便，与另一些类似的不便——它们是有组织、有规定的，是按证据施加的，但环境也要求施加这种不便——之间有什么原则上的区别吗？这种组织、规定和程序使密尔先生所赞成的限制与他所反对的限制判然有别。但我看不出这种区分的依据何在。我也无法理解，为何用罚款、监禁或剥夺公民权去
10 惩罚酗酒行为必定总是错误的，而通过“与他人的非议密切相关的”结果去惩罚这种行为，必定总是正确的。也许可以说，这些结果的发

生，不是因为我们想让它那样，而是因为它符合自然的普遍秩序。然而这种回答只会带来进一步的问题：在这种情形下，自然应当被看作朋友还是敌人？每一个明事理的人都会回答说，对他人的非议的畏惧给我们的行为施加的限制，是天性的一部分，而天性是最不受我们摆布的。但是，倘若真是这样，为什么要像密尔先生那样画出那条界线呢？为什么还要将他人的非议的惩罚性后果最小化，把它限制在最狭小的范围呢？“与他人的非议密切相关的”“不便”究竟意何所指？如果整个社会完全采用密尔先生的自由学说，大大减少这些不便并非难事。邻居的个人性格与我们何干——大力鼓吹并严格实行这种教条，那么所形成的非议的数量，以及它所造成的不便的数量，可以减少到如我们所愿的程度，自由的范围也会得到相应比例的扩大。明事理的人真希望这样吗？有谁愿意看到公然的放肆、极度的放纵、荒谬的自负或诸如此类的现象被漠然置之，或在知情的情况下让它们造成本来可以避免的不便呢？

如果对不道德行为的限制是保护社会免于毁灭性影响的主要手段，为何要将它看成坏事呢？何必在社会惩罚和法律惩罚之间画出泾渭分明的界线呢？密尔先生以各种说法断定这种区分是存在的。他把自己的意思表达得十分清楚。可是我把《论自由》从头翻到尾，也没有找到这种区分的任何证明，甚至没有看到他打算提供一个合理而恰当的证明。如果他的学说是正确的，它就应当可以得到证明。没有
11 证明，是因为它不正确。[26]

我认为，为了使这些主张的每一条都能够成立，可以援引那些与自卫无关的强制中最常见、最重要的事例。其中最重要的事例包括：

一、旨在确立和维护宗教信仰的强制。

二、旨在确立和在实践中维护道德的强制。

三、旨在改变现行政治或社会制度形态的强制。

从语言的惯用含义上说，这些强制中的任何一项都不能被描述为自卫或防止对施以强制者以外的人造成伤害的事例。它们都属于强制的事例，目的在于达到行使强制性权力的人认为美好的目标，因此密尔先生的原则对它们一概予以谴责，其中的第二和第三项强制，是他的原则确定无疑打算予以谴责的对象。如他所说，他的原则其实比这走得更远。例如，它可以谴责未经纳税人同意的一切征税，除非征来的钱是用于军事、治安或司法目的，因为只有这些目的可以被描述为自卫。强迫不情愿的人为大英博物馆捐款，无异于宗教迫害，显然这违反了密尔先生的原则。但他没有注意或坚持这一点，对此我只想说，这证明了与他认为必须说明的限制相比，他的原则需要更多的限制。

还是回到上述三种强制上来吧，我认为，密尔先生不仅有义务证
12 明这些强制有坏作用——如果我们说外科手术也有坏作用，岂不是废话？他还得证明这些作用来自强制本身，与强制的目的无关，也与采取强制者的错误和过激行为无关。他不能只说手术很痛苦，或截肢很不幸，医生往往粗鲁或技术不精，他还得证明作为一门技艺的手术在本质上就是有害的，应该予以禁止。我要说，他在这本书里，从头至尾都没想证明这一点。即使他想证明，他也会发现，这是一项徒劳无功的任务。

关于旨在确立和维护宗教信仰及道德体系的强制，坚持以下原则无异于浪费时间：宗教和道德在整体上是有益的，尽管存在着与之相关的种种不幸。我无须重复前面就此说过的话，宗教和道德在本质上是而且必然总是强制系统。然而，一旦把这视为理所当然的事情，我们就有必要更充分地思考道德和宗教限制的本质，以及它们发挥作用的方式。如果始终采用密尔先生的自由观，并让它全面发挥作用——如果它是最早的基督信徒或穆罕默德信徒的观点——我们就会发现，世上根本不会出现有组织的基督教和伊斯兰教。[27] 即使在它们和另一些宗教获得成功之后，广大人类群体的道德也只是发挥着他们乐意让它发挥的一些作用，其范围局限在害怕非议而形成的习俗对人们施加的限制之内。以厌恶的态度看待某些行为的习俗，乃是道德的本质。人的行为引起厌恶，这个人感受到这种厌恶，或者把它说成是因为他本人良心的作用引起，这两者之间没有什么不同，所以不必在这里讨论。重要的是，除非那些有不同寻常的能力去感受非议的人——并且
13 他们的地位使他们能够让别人接受他们的原则甚至他们的喜好和感情——把这种非议施加于人类，不然这种非议是绝对不会成为习俗的。

总之，正如我们所知，宗教和道德其实都被打上了遵照命令而建立的印记，即使在它们最祥和的时候也是如此。我们对宗教的建立已有足够的了解，十分清楚它们通常走过的道路。宗教先是由一个人或一小撮人宣扬。有些信徒热诚接受了它，通过宣扬、说服和感化的力量，把他们的观点传给世人，直到新的信条有了足够的势力，建立了足够好的组织，可以对自己的成员和外人行使权力。如果宗教信条活

力四射，这种权力会表现为多种形式。如果最早的皈依者是战士，它可以是军事力量；它也可以是一种来世的威胁力量——这是我们有实际体验的最普遍、最明确的宗教权力形式。它可以来自纯粹的、卓越的意志，或是来自拥有这种意志的人用它创建的组织。但是，不管宗教力量的具体形式为何，有一条原则是放之四海而皆准的，即宗教的成长从本质上说是一小群热诚的信徒征服人类中那些冷漠麻木的人以及自愿的无知者的过程。[28]广大民众的生活，在很大程度上也可以说，全人类的生活，就像水流一样，它被河堰、水闸、堤坝引向这个或那个方向。不同的水流，其流量和性质各不相同，因此疏导水流的工程设计也各不相同，但是人们的生活就是通过这些工程——也就是
14 说，通过各种各样的习俗和制度——进行管理的。这些习俗不仅从本质上说是各种限制，而且它们是由极少数人的意志施加的限制，多数人心甘情愿地接受了这些限制，在他们看来，这些限制已变得如此自然，以至于并不把它们当作限制。

至于第三种情况，即十分常见的强制——我是说旨在改变现有政治和社会制度形态的强制——无须论证即可表明，过去三百年里作为欧洲历史主旋律的所有政治大变革，都是最严格意义上的强制的事例。虽然其中的很多变革被说成是一些人争取自由的斗争，其实他们却最强有力地行使着权力。

密尔先生及其门徒也许最不愿意说出这样的话：16 世纪以来世界上发生的政治和社会变革，从总体上说显然没有给人类带来明显的益处；然而再清楚不过的是，这些变革是由暴力——在许多情况下是由数量十分有限的少数人的暴力——来实行的，他们把暴力施加于愚

昧的、只有一知半解的、总体上冷漠的多数人的行为。如果说宗教改革和法国大革命是随意发生的，不是出于强制，这就像说查理一世[1]是自由地走向断头台一样荒唐。所有这些事情，以及其他许多可以提
15 及的事情，都是为政治权力进行的斗争，都是为改变现状所做的努力，那些有能力或多或少成功实施其计划的人，出于不同的原因，认为这种改变是可取的。

宣称所有这些事例中的暴力都是不正当的，是自相矛盾的说法，密尔先生大概是最不愿意坚持这种自相矛盾的人。宣称暴力只有在为自卫所必需时才是正当的，是无法对事实作出解释的。看看创立新宗教、让旧信仰退化为无伤大雅的私人观点的事例吧：人类的生活在假定古老信仰为真的基础上，世世代代地延续着，一个国家的广大民众并没有打乱现状的特别愿望，尽管他们可能已经不再相信它所包含的信条；出现了抨击腐败、鼓吹新教义的改革者，他们受到惩罚，他们进行抵抗，于是形成了宗派，由此产生了充斥于历史之中的各种结果。从什么意义上能够说，这类事情中发生的暴力行为是自卫行为、是防止伤害他人的行为呢？这些行为是侵犯既有体制，后者被认为是恶劣的体制，并且人们看到了可以用来取代它的被假定为更好的体制。如果有人以为，在涉及这种转变时，可以在当做与不当做之事之间画出一条界线；如果有人信心十足地说，法国大革命或宗教改革应该如何如何进行，这样既可使双方避免一切暴力，又可获得可取的结果，这人便能够为我们提供一部通用的政治宪法和一部通用的法典

[1] 查理一世（Charles I，1600—1649）：英国内战期间被处死的英国国王。——译者注

了。像查理五世、菲利普二世、亨利八世、伊丽莎白女王、路易十六这类人，处在他们的位置上，必须选择一派，必须尽全力支持它，反对它的对手，除非他们想自取灭亡。

能够使这种情况与密尔先生的原则相互调和的唯一方式，是把这种暴力称为自卫。如果这样来解释“自卫”一词，使它包括一切为改变现状而采取的暴力行动，那就只能说，倘若人们恰好生活在一种政治或社会制度之下，如果他们不满于它的原则或运行状况，可以为
16 了分歧而大打出手，获胜者可以按自己的意志解决争议，这将使密尔先生的原则变成荒唐的谬论。另一方面，如果不把为改善现状而采取的暴力行动说成自卫，那么任何这样的行动都是不正当的，除非为了直接保护当事人而必须这样做。这还是一个谬论。

其实，自卫和只与个人有关的行为的原则，并不是一个可以用来判断革命是对是错的标准，因为它所依据的是一种大错特错的区分。它假设有些行为只涉及当事人，有些行为涉及其他人。其实，我们的行为中最重要的部分，同时涉及我们自身和其他人，革命就是这一点的确凿证据。所以说，密尔先生的原则并不适用于最需要这种原则的事例。它假设存在着一种理想状态，人人都关心天下人的福祉，而且都恰好处在他应处的位置上。倘有这种状态存在，则我们说为了维持现状，任何人都不可干涉其他人，除非为了使自己免受攻击，便还有些道理。可是现在并不存在这种状态，任何年代或国家也从未存在过这种状态，所以密尔先生的原则是不能成立的。[29]

不但事实和经验与密尔先生的原则相悖，其实他的著作本身也包

含着与这条原则相悖的例外情况和限制。他说，他的原则“只适用于各项能力已经成熟的人类”，接着他补充道：“至于哪些种族可以被视为处于未成年期的落后社会状态，我们可以不予考虑。”（《论自由》，13—14/224）。他说：

> 就野蛮人而言，只要是以改善他们的境况为目的，采用的手段也因落实这一目的而具有正当性，那么［专制制度］就是对待他们的合法模式。对于人类尚未达到能够通过自由平等的讨论获得改善的时代之前的任何状态，自由作为一条
> 17 原则是不适用的。在那个时代之前，假如人们幸运地找到一个阿克巴（Akbar）或查理曼（Charlemagne），那么人们唯一能做的就是盲目服从他们。但是，一旦人类获得了通过说理或劝导来引导他们进行自我改善的能力（这是我们在本书中所讨论的所有国家许久之前便已达到的阶段），强制便不再是与他们的自身利益相容的手段，其只有用于保障他人安全时才是正当的。（《论自由》，13—14/224）

我以为，这个限制条件要么使受其限定的原则变成一句谁都没有兴趣去反驳的空话，要么就是对人类社会状态作出的令人难以置信的断言。我估计，没有人从理论或实践上否认，存在着一个成年人的喜好不应受到干涉的领域，在这里各种差异只能被视为自然的和不可避免的，是好是坏仅意味着个人的好恶。另一方面，也不曾有人主张强迫别人做他不愿做的事是一件好事，除非强制者在涉及采用强制的一

切事情上，不但比被强制者更强壮，而且更聪明。

这一例外要么仅仅意味着，智力优越并非在所有事情上都是一个人控制另一个人的理由——这不过是个常识而已；要么意味着，在我们通常所说的文明国家，成年人群十分清楚自身的利益之所在，并且充分具备追求它们的能力，因此不必为了促进他们的利益，由别人向他们施加限制和强迫。

没有人可以怀疑这一主张的重要性，可是它的证据何在？我们不妨设想一下，假如能够证明它，那么应该或可以如何证明它。密尔先生也许会具体罗列出构成某个值得注意的国家——譬如说我国——的不同阶层。然后他会宣布，一旦达到哪一些目标，它们便构成了各阶层的幸福。他也许还会说明，关于他们的利益及其实现手段的知识，正确利用这些手段以实现其利益的品质，它们广泛分布于各阶层之中，因此由某些阶层从整体上强加给另一个阶层的限制，或一个阶层
18 的一部分强加给其他部分的限制，都不能增进被强制者的幸福——这种幸福足以抵消强制本身带来的痛苦。在西欧和美国，为了成年人的自身利益而对他们施以强制是不正当的，密尔先生在下此断言之前，他也许应当证明，我们之间不存在显著的智力差异，或即使存在这种差异，社会中的聪明人也不愿意为笨人谋福利。[30]

在我看来，如果对儿童或“落后”种族实行强制可以被证明是正当的，那就根本不可能对这一原则作出限定。毕竟，成熟和文明只是个程度问题。一个十五岁的人可能比一个三十岁的人更成熟。一个民族或其中的某一部分人，可以在五十年的时间里在生活艺术上取得

巨大进步，使五十年前文明程度相同的另一个民族或其中的一部分人在这段时间结束时看起来更加野蛮。

我没有忽略上面引用的那段话中的限定条件。它设定了一个标准，只有在“人类尚未达到能够通过自由平等的讨论获得改善的时代之前”，强制才是正当的。根据说这句话时采用的方式，它也许意味着强制永远是不正当的。我拿不准自己是否领会了密尔先生的“平等”讨论是什么意思，但可曾有过这样的时代或地方，任何人都无法通过自由讨论获得一点改进呢？最野蛮的原始人，最幼稚的儿
19 童，但凡能够接受某种教育，他们都能从大量事情的自由讨论中获得改进。因此，至少就这些事情而言，符合他们利益的强制对他们来说是不正当的。如果能在学校里让学童认识到勤奋的重要，你就绝对不可以惩罚他们的懒散。这样来解释规则，实际上是彻底排除了强制。

下面是一种狭义的解释。存在着这样一个阶段——即欧洲和美国已经普遍进入的阶段——讨论取代了强制，人们只要认识到对他们有益的事，就会趋之若鹜。进入这个阶段，即可把强制束之高阁了。对此我认为，至今还没有任何地方进入这个阶段，而且在可以预见的时间内，任何地方也不会达到这个阶段。

在最发达、最文明的社会里，你能找到这样一种人吗，他们对自己感兴趣的事情的观点和行动，大体上受着自由讨论的结果的支配？在生活的各个领域，人类的不当行为有多少应归因于无知，又有多少应归因于乖戾和软弱？在一万个酒鬼中间，可曾有一个人真诚地说，他是经过深思熟虑、在证明酗酒乃明智之事的自由讨论之后，才这样

做的？如果这一万个人实话实说，难道他们不会以各种各样的语调说：“我贪杯是因为我软弱，我糊涂，我无法为了将来、为了不确定的好处而放弃一时的享乐”？

看看反映在法律和制度中的人类团体的行为，我们会发现，从最不成熟、最野蛮的年代和社会，到最文明的年代和社会，尽管强制与说服并存，我们获得的大多数最好的成果都要归功于强制，讨论充其量只起着动员作用，它或许能促使强者运用他们的力量。再看看我们自己的时代和国家，找一找仅通过讨论就实现的大变革吧。你能找到哪怕一个事例，在关系人们的欲望时，变革不是通过暴力——也就是说，归根到底是通过对革命的惧怕——进行的吗？“理智一露面，麻烦自然除”这种说法有分毫的道理吗？看看那些多少包含某种原则但对许多人的欲望毫无影响的小事吧，你会明白理智在解决它们时发
20 挥了多少作用。有些问题，例如允许犹太人进入议会，表兄妹通婚的立法，等等，即使道理说尽，依然久拖不决，直到随着时间的流逝，持这种或那种观点的人形成了有决定权的多数，以他们自己的方式解决了问题。议会制政府不过是强制的一种温和的、经过伪装的形式。我们同意用清点人头而不是打破脑壳去验证实力，但两者的原理是完全一样的。获胜的并不是最聪明的一方，而是赢得最大多数的同情而获得支持，从而暂时表现出较强实力（智慧无疑也是其中一个要素）的一方。少数派作出让步，不是因为他们相信自己错了，而是因为他们相信自己是少数。

这使我们对密尔先生那段话中的另一部分内容又产生了一种看法。在社会的野蛮状态下，假如人世间幸运地有一个阿克巴或查理

曼，那么密尔先生是乐于见到他们进行统治的。我们有什么理由假定，阿克巴或查理曼掌握大权，是因为他们所接受的启蒙优于受他们强制的人？他们把这归因于更强大的性格力量和对权力的占有，他们所做的事情是压制无政府状态——用至高无上的君主的强大统治，代替一群自以为是、相互倾轧的土皇帝。毫无疑问，掌大权者通常是比较开明的人，阿克巴和查理曼便是这样，因为知识是权力的高级形态，就像光意味着强大的能量一样。但是，权力无论表现为何种形式，都是不可缺少的东西。无政府状态是有害的，这对文明生活和野蛮生活都一样，摆脱这种状态的唯一途径就是强制。我认为，为权力指明正道，是政治论说的首要目标。野蛮社会与文明社会之别，不在于前者使用暴力，后者使用说服，而在于跟野蛮社会相比，文明社会的暴力受到（或应该受到）更细心的引导。林肯总统运用一定程度的暴力实现了他的目标，这种暴力也会碾碎查理曼大帝及其手下的武将和同党，就像碾碎众多蛋壳一样轻松。

“本书中所要讨论的包括我们自己在内的所有民族”，已经进入了人类“能够通过自由平等的讨论获得改善”（《论自由》，14/224）的时代——评估这一主张的正确性，可以参照人们熟知的两种观点：

一、人类对于把人本身作为主要对象的主题，如宗教、道德和政
21 治，大体上处于无知状态，较为有利的情况，也仅仅是他们开始意识到自己的无知。就我们在这些问题上具备的知识而言，自由的讨论能够走多远呢？我们充其量能够指望——人们也只有这点儿能耐——某些常识多少会得到普及，以其现状看，它们顶多是些残缺不全的真理。毫无疑问，讨论产生了大量的结果。人们对理论趋之若鹜，以至

于凡是能用简洁明了的形式表达他们愿望的东西，都会得到他们一定程度的忠诚，你可以说这令人感动，也可以说这让人恐怖。看看那些因为讨论而兴起的大规模群众运动吧，想一想它们当中哪一个提供了通向真理的途径！数不清的信条，有宗教的，有政治的，它们风行于天下，让人辩论鼓噪，让人手舞足蹈，让人兵戎相见。那些最差劲的信条获得了多少赞誉，在它的号召之下，又产生了多少奉献！可是科学赢得了多少真正出于理智的欣赏呢？两造之间，对比何其强烈！数以千万计的男女老少笃信穆罕默德，用他的律条规范自己的全部生活。可是理解亚当·斯密的又有几个？也许除了巴克尔❶先生之外，有谁可曾因为他而激情澎湃？

若想检验人类进行抽象讨论的能力，不妨看看人类知识中某些分支的情况，它们已经具备了形成体系化特征的方法。有多少人能够理解政治经济学或法理学的基本原理？又有多少人能够理解以下两者的不同——一方面是为了说明致富欲望导致的可以理解的行为结果而作出的政治经济学假设，另一方面又把这种假设当作事实，认为可以把它们作为人类社会的基础。有人或许以为，不难分辨以下两种主张的不同：一是，“如果你做生意的唯一目标是获取最大利润，你就应该总是到最便宜的市场上买东西，到最贵的市场上卖掉它们”；二是，“在任何情况下，所有的人都应该到最便宜的市场上买东西，到最贵的市场上卖掉它们”。可是有几个人确实看出了它们的区别？有几个

---

❶巴克尔（Henry Buckle，1821—1862）：英国历史学家，经验主义史学的代表人物。他在《英国文明史》中最先提出了《国富论》和《道德情操论》中的人性论不一致这一著名的“亚当·斯密问题”。——译者注

22 人哪怕在最低限度上认识到这种区别的重要性?

二、由人类的天性所定，不管我们采用哪一种善恶学说，世上总是存在着大量的坏人和无所用心的人，他们故意做他们不应该做的事，却把他们当做之事抛于脑后。男男女女中有自私自利、感情用事、轻率、懒惰的人，有人云亦云、陷于琐碎的日常事务不能自拔的人，先想想这些人占了多大比例，再去考虑最自由的讨论能把他们提高多少吧！对他们有实际作用的唯一办法，就是强迫和限制。我在此不想深究是同时还是分别采用它们更有价值，本人只想说，哪怕给他们天大的自由，也不能让他们有分毫的改进。你不妨对沼泽中的一潭死水发一通高论:“天哪！你为何不流向大海呢?你在这里倒是自由自在，方圆数里之内，没有任何水利设施，没有水泵来吸你，没有你不得不流入的固定河渠，没有僵硬的堤岸把你限制于特定的路线，没有水坝和水闸。可是你动弹不得，你变得腐臭，滋生瘴气蚊虫，这跟奴隶有什么两样!”如果那一潭死水知道如何作答，它很可能会说:“你想让我推动水磨，载起舟楫，可你得先给我挖出正确的河道，提供合用的水利设备呀。”
23

第二章　论思想和辩论的自由

我在前一章指出，密尔先生只是宣布了他的自由学说，却没有给予证明。不过，《论自由》第二章“论思想和辩论的自由”及第三章“论个性是福祉的要素之一”，或可看作对他在导论中提出的一般原理的部分内容的论证或它们的应用，所以我要谈谈这两章的内容。我所反对的，不是密尔先生的实际结论，而是他的理论。下面我希望表明我们在实践上的分歧扩大到什么程度。对于他关于自由问题的大多数论述，我的意见是，他为了在实践中证明一些只能用狭隘的特殊理由才能证明的事情，建立了一种本身并不正确的理论，倾向于肯定那些在实践中有害的观点。

“论思想和辩论的自由”这一章的结论，密尔先生以他特有的言简意赅的风格，做了如下概括：

> 我们现在已经认识到意见自由和表达意见的自由对于人类精神福祉（人类其他一切福祉都有赖于此）的必要性，

其明确的理由有四：第一，假如某种意见被迫保持缄默，我们便无法确知它可能是正确的。否认这一点等于假定我们具有无谬性。第二，即使被迫缄默的意见是谬论，但是它可能、通常也确实包含一部分真理；既然任何普遍或流行的意见很少是或绝不是全部真理，那么，只有通过对立意见的相互辩难，才有机会得到真理的其他部分。第三，即使公认的意见不但正确，而且完全正确，如果不让它经受激烈而真诚的争论，那么大多数接受者会以偏见的方式持有它，对它的合理根据几乎没有理解或感受。第四，[31]教义自身的意义也处在危险之中，它可能丧失或减弱，失去对人格和行为的影响力；教义变成了纯粹的套话，对善没有丝毫效用，却对来自理性或个人经验的任何真实的、发自内心的信念起着妨害作用，阻碍它的成长。(《论自由》，53—54/257—258)

24

我以为，这一章是作者著作中最为雄辩有力的文字，它所包含的解释，更大的价值不在字面上，而在于它给人的启发，这也是作者经常显露的特点。

在《论自由》问世之初，这一章里的这些言论无疑给读者留下了最深刻的印象，能让它的读者过目不忘。我认为，也正因为如此，大多数读者忘记了这些言论所处的逻辑架构，把它看作是在为讨论道德和神学问题的更大自由所做的声辩。如果密尔先生只限于提出这样的观点，在我们自己的时代和国家，道德和神学的重大问题应该公开进行讨论，应该摆脱一切法律限制，这是一件十分重要的事情，那么，我会赞同他。但是整个这一章留给我的印象是，为了确立这一有限的实践性结论，密尔先生提出了一种理论，它其实离真理十分遥远，一旦这种理论被普遍接受，有可能对合理的立法造成严重障碍。

作者赞成在所有问题上发表意见的无限自由，他的第一条理由是："假如某种意见被迫保持缄默，我们便无法确知它可能是正确的。
25 否认这一点等于假定我们具有无谬性。"（《论自由》，53/258》）

他公正而全面地陈述了对上述说法的显而易见的反对意见："与公权力根据自身的判断和责任所做的其他事情相比，禁止宣扬谬论是最大的无谬性假定。"（《论自由》，22/230）换句话说，这一假定不是说迫害者具有无谬性，而是说在这件特定的事情上他是正确的。对于这一反驳，他的答复如下："对于一项意见，因其在各种反驳它的机会中都没有被驳倒而假定它是正确的，与为了阻止它受到驳斥而假定它是正确的，是全然不同的两回事。我们为了行动之故而假定我们的意见是正确的，使我们这种假定得以成立的条件，正是对它加以反驳的完全自由；没有其他任何条件，可以使一个只具备人类能力的人的正确性获得合理的担保。"（《论自由》，22—23/231）

这一回答并不能令我满意。对作为其基础的论证加以分析，使之具有清晰的形式，并不是十分容易。但是我想，这要以对下面几个命题的考察作为基础：

一、谁都不可能对任何意见的正确性提供合理的保证，除非他是无谬之人，或者，除非人人都有绝对的自由去反驳它。

二、凡是阻止任何意见之表达的人，也就是在通过这种行动断言，他能合理地担保这种意见是错误的。

三、他同时也破坏了使他作出的断言为真的合理担保得以成立的一个条件，即其他人反驳他的自由。

四、因此，他是在主张自己具有无谬性，这是能够保证其断言为真的唯一根据。

第一条和第二条在我看来是错误的。

先说第一条。我认为，有不计其数的命题，人们都可以为自己的正确性提供合理的保证，不管别人有没有反驳他的自由，尽管他没有宣称自己具有无谬性。我们通过自己的感官，或从实践角度看和我们的感官一样强有力的证据而确信的每一个命题，都属于这一范畴。有大量的理由不去禁止人们否认伦敦桥和泰晤士河的存在。但是，对证
26 据受到削弱的担心，或对立法者将宣称自己具有无谬性的担心，不在这些理由之列。[32]

张三说李四是个窃贼。李四以诽谤罪告了张三。张三为自己辩解。陪审团作出了支持原告的判决，附带一千镑的赔偿金。这几乎相当于一条法律：在巨额罚款的处罚之下，它禁止人们表达与此相关的意见，即李四是个窃贼。这是否削弱了全社会对与此有关的意见——即李四不是窃贼——的信任？根据密尔先生的学说，没有人能够为此提供合理的保证，除非人人享有反对主流意见的绝对自由。事情显然不是这样的。

似乎应当这样来解释：禁止人们否认一个命题，这削弱了从他们对该命题的默认得出的对它有利的推论的力量；但是，作为证据，他们的默认可能只有微不足道的价值，而另一些独立于舆论的证据可能不仅具有压倒性的分量，而且事情的状况可能完全不符合会出现进一步的证据的设想。

再者，当一种意见受到禁止时，禁止者也许并未宣布它是错误的。它之受到压制，可以因为它是正确的，也可以因为它的真伪受到怀疑，还可以因为讨论这种意见是不可取的。在这些情形当中，对它
27 的压制显然不存在任何无谬性假定。谚语有云，“实话愈多，辱人愈甚”，确有一定的道理，在适用于这句谚语的事情上，让人保持缄默显然不存在无谬性假定。如果有人说，某个德高望重的长者在年少时过着放荡不羁的生活，这种意见可能十分真实。然而，表达这样的意见倘不是出于公心，会成为一桩罪行。

在显然得不出任何无可置疑的结论、只能满足于或然性的情况下，阻止人们进行讨论，使得众口哑然，一言独尊，这也许是愚蠢之举，但这种做法并没有包含任何无谬性假定。亨利八世和伊丽莎白女王在一定程度上不允许天主教徒和清教徒说话，想把宗教论战限制在法律划定的界线之内，他们并没有假定自己具有无谬性。他们的想法——没办法说清楚它是对是错——是，若是不让宗教论战守点儿规矩，就会爆发内战，所以他们才让那些争论者闭嘴。

简而言之，在我看来，密尔先生的论点不适用的情形可以分为两类。一是可以根据证据获得道德确定性的情形，二是无法根据证据获

得这种确定性的情形。

如果根据证据能够获得道德确定性，那么对意见的压制并不包含无谬性主张，而是顶多包含在特定情况下正确的主张。

如果根据证据无法获得道德确定性，对意见的压制也不包含无谬性主张，因为它没有断定受到压制的意见是错误的。

赞同思想和言论无限自由的其他三条论证分别是：一、受到压制的意见或许是部分正确的，只有通过讨论，才能使这一部分真理显现出来。二、正确的意见除非经过激烈而真诚的辩论，不然便无法让人相信它是正确的。三、除非经过讨论，否则它会被人们以墨守成规的方式持有。

这些论证所表明的，不是对意见的压制从来不可能正确，而是有时候它可能错误，没有人否认这一点。这些论证中没有一条证明了——如果第一条论证是有根据的，它本来是可以证明的——在任何情况下对一种学说的迫害行为都包含着明确的知识错误。就第一条论
28 证而言，如果有人随时打算把有可能完全正确的主张当作有可能完全错误的主张加以迫害，那么他们显然会以同样的方式对待仅仅部分正确的主张。第二和第三条论证——下面我还要谈到它们——只适用于特定的一小部分人，这些人的意见主要依靠他们通过正确的认知过程而获得的个人意识。无以计数的大多数人，是以完全不同的方式形成自己的意见，这些意见能吸引他们，是因为投他们的脾气，符合他们的愿望，而不是因为他们一向有证据的担保，能够相信自己是正确的。思想和辩论的无限自由的恶果是，它使很多很多头脑对众多问题

产生普遍怀疑。如果你需要狂热的信仰，那就让人们大打出手。人们因为意见进行迫害，或因为意见受到迫害，大概没有什么事情能比这更让人强烈地意识到自己的意见多么重要、别人的意见何等邪恶了。言论的无限自由也许是件大好事，但它并不倾向于对所持意见的意义产生热情，甚至不倾向于对它作出明确的评估。它只会使双方对和那些意见有关的事情产生强烈兴趣，而这种兴趣是非常个人化的，根深蒂固的，外在的限制几乎不能对它产生影响，当然，如果它是这种限制所激起的，那就另当别论了。

现在我要把《论自由》第二章的这些言论放在一边，虽然我说过它是其中最重要的内容；我要转向第三章“论个性是福祉的要素之一”。

这一章详细阐述的学说主旨是：自由乃个性和独创性的要素。它几乎是一部个性颂歌的集大成，而在密尔先生看来，世人对个性漠不关心。因此，他不惜笔墨，讲述了个性的好处：具有强烈而丰富的冲动，敢为人先的生活态度，让每个天才都能自由驰骋，当然，不是为了“统治天下，让世界唯他之命是从”，而是“为了指明道路”。（《论自由》，67/269）他认为，这种个性和活力，在各种势力的压制下，正在变得奄奄一息。“加尔文教派的学说”认为，“剪除人类的
29 各种本领、能力和感受力”“并不是罪恶”，因为“人不需要能力，除非是让自己顺从上帝意志的能力。如果他把自己的能力不用于更有效地服从那一假想的意志，而是另有所骛，那么他最好没有这些能力”（《论自由》，62/265），除此之外，“如今社会已在很大程度上压倒了个性”（《论自由》，61/265），我们所有人都成了习俗的奴隶。

“精力充沛之人，在任何大事上正在变得墨守成规。在这个国家，精力除了用于做生意以外，几乎别无出路。”“改进的唯一可靠而永久的源泉是自由，只要有自由在，那么有多少个人，就有多少个可能的独立的改进中心。”（《论自由》，70/272）然而，个性在我们中间并不吃香，我们正走向那种千人一面的局面。

我对这个问题所要说的大部分内容，之前在《弗雷泽杂志》的一篇文章都已说过。[33]它对以下几点主张予以大力阐发和说明，在我看来它们是无可辩驳的：

一、民主意义上的自由的增长，倾向于减少而不是增加独创性和个性。“只要法律能使人人平等，那就使他们平等好了，但除了使每个人在压倒性的多数面前变得彻底软弱无力之外，这种平等还能意味着什么呢?”这种社会状态的存在使个人变得软弱无力，这时给他们说什么要强大，要有原创性和独立性，无异于嘲笑他们。这就像为了让飞禽变成走兽而拔掉它的羽毛，却仍要让它飞翔一样。

二、“简单地消除各种限制，人们就会变得更有活力，这就像指望种在开阔地上的一棵灌木会自然长成森林里的大树一样虚妄。需要加强的是内在的力量，在某些情况下这种力量甚至会越发产生更大的作用，以便不使自身耗散。”

三、尽管有多种多样的善，但多样性本身并不是善。“如果有一个国家的每个人都很清醒，相对于另一个一半人清醒一半人酗酒的国家，尽管它的多样性较少，但它会更幸福、更美好、更进步。”

我本可以从这篇大作中引用许多其他观点，但我更喜欢用自己的
30 方式讨论问题，所以我要提供一些评论，作为对我受惠于作者的观点的肯定与解说。

在我看来，密尔先生后期作品的重大缺陷是，他对人性形成了一种过高的评价。在我们正在讨论的这一章里，有一个贯穿始终的未明言的假定，即解除限制通常倾向于使人格充满活力，便反映着这种评价。事实恰恰相反。习惯性的努力才是人格最强烈的兴奋剂，这样那样的限制和强制才是对努力最大的激励因素。如果你想摧毁人格的首创性和活力，最可靠的办法莫过于，让稀松平常的努力很容易获得极大的满足。充满危险、起伏和不测事件的生活，才是能够培养首创性和智谋的生活。现役军人或船员的生活环境受到各种因素的限制，如敌人、疾病和他必须服从的纪律。难道他通常会被驯服？相对于在伦敦过着舒适生活的店主，或有足够收入使其能够随心所欲的人，难道他更缺乏首创性？一个受过教育、在严格的、不间断的纪律约束下一直生活到二十二三岁的年轻人，比一个思想和情趣还未成形就任其随性发展不受约束的人，通常具有更大的活力和首创性。为了使人获得他所能达到的最大限度的能力，几乎每个人都需要受到或多或少的强制和限制的约束。在特定情况下，人能够获得的最大限度的能力，取决于完全独立于社会安排的因素——即服从于社会安排的人的天性——的因素；这种因素是什么，或它如何受到影响，是至今无人能够回答的问题。

在此，我要对密尔先生批评“加尔文教学说”的言论略缀数语。他说:“按照那个教义，人的一宗大罪就是自我意志。人类所能拥有的全部的善都包含在服从之中。你别无选择，你必须这样做，仅此而已。”“凡不属于义务者皆为罪。”“人性从根本上讲是恶的，除非根
31 绝人性，否则任何人都得不到救赎。”（《论自由》，62/265）

本人不敢说对加尔文的著作有深刻领会，但就我所了解的范围看，我认为密尔先生几乎是在随意曲解加尔文教派的教义。加尔文在《基督教要义》第一、二卷阐述的一般教义，可以概括如下：人的一宗大罪是，当他面对善恶时，更软弱、更恶劣的欲望引导他选择恶。对他来讲，最好是服从神的召唤选择善。人患有严重的疾病，但他最初的体格是极好的。救赎不是要灭绝而是要拯救他的本性。加尔文将原罪描述为“我们的本性中继承下来的腐化和堕落，流溢于灵魂的所有部分”使人产生了“肉欲”，[34]或者换句话说，产生了各种形式的恶习。结果是“人被自己的意志自由糟蹋了，受到自身恶习的可悲奴役”。[35]神拯救他的选民，是使其摆脱这种奴役、这种趋恶避善的做法。我想，如果把加尔文的教义译成现代语言，是很难否定他这些话的。只要你觉得对，说不说上帝随你的便，但有一个事实是确定的：人类在一个他们有所感悟而不是理解的超凡领域，被权力、智慧和善的观念深深打动。谈不谈原罪也可以随你的便，但下面的事实同样千真万确：所有的人在某些方面和某些时候是既软弱又恶劣的，他们做不该做的坏事，躲避本应追求的好事。把这种状态描述为“可悲的奴役”，至少是一种易于理解的说法。加尔文所要讲明的道理是，为了摆脱这种奴役，人类必须真诚对待他们本性中美好的部分，

适当压制其中的卑劣因素，要敬拜上帝，将其作为唯一有价值的自由——走向理智与善的自由——的源泉。

将这种教义说成是灭绝人的本领、能力和感受力的压迫势力，只能表明一个人的无能，他无法把神学和经院哲学外壳中的谷粒剥离出来，正是这些谷粒，养育了那些曾在人世间走过一遭的最勇敢、最辛苦、最具活力的人。如果有一种理论要求我们相信，像约翰·诺克
32 斯❶这样的人是没有自己意志的可怜虫，这种理论不可能是正确的。

最后我要指出，这令人侧目的一章还有另一个问题。密尔先生对于个性的伟大表现出无以复加的热情。他说，所有国家的群众都是一群平庸之辈。他们从来不动脑子，从来不能跃居于平庸之上，“除非拥有主权的多数人能自觉接受具有极高天赋或良好教养的一个人或少数人的意见和影响（在他们最好的时期，他们总是这么做的）。一切表现出智慧或高贵的事物，最初都是而且必定是来自一些个体；一般而言它最初是来自一个个体”(《论自由》，66/269)。顺理成章的推论是：这些个体是世界天生的统治者，世界应该承认他们、服从他们。密尔先生是不承认这一点的。天才人物所能要求的，只是“指明道路的自由。强迫他人走正道的权力，不但与所有其他人的自由和发展相矛盾，还会腐蚀强者自身”(《论自由》，67/269)。如果强制只是对一种盲目的力量的简单运用，就像用锤头钉钉子一样，那么这样说就是完全正确的；但是有哪个对别人这样做的人值得一提？天才的统治方式是说服能干的少数人，让他们去强制无所用心和自我放纵的多数

---

❶诺克斯（John Knox，1505—1572）：苏格兰宗教改革家。——译者注

人，这是一个十分不同的过程。

密尔先生以乖谬的方式崇拜纯粹的多样性，把多样性是好事和善有多种这两者混为一谈，下面这段话便是一个生动的例子：“对于不合常规的个人……应该鼓励他们去做有异于群众的事”——以便社会有足够多的“指路人”(《论自由》，67/269)。如今太需要怪癖了。正是由于意见的暴政在把怪癖作为谴责的对象，所以为了打破这种暴政，人们有些怪癖不失为一件好事。无论何时何地，只要人格的力量沛然，怪癖便总是丰盛，怪癖的数量通常与一个社会的天才、精神活力和道德勇气是成正比的。如今很少有人敢于有怪癖，这是我们这个时代的主要危险。

按此高论行事，那么有多少想当天才的人，就有多少举止怪异的人。怪癖在绝大多数时候都被视为软弱而非坚强的标志。通常，软弱
33 者希望引起别人的注意，会搞一些别出心裁的小花样，而坚强的人对此是唯恐避之不及的。独创性在于为自己思考，而不在于所思所想与众不同。[36]

对密尔先生有关这个问题的观点就说这么多。下面我要阐述我本人对一般意义上的自由，特别是思想自由的观点。

自由是好事还是坏事的问题，就像火这个东西好不好一样，在我
34 看来都不是合理的问题。它既是好事，也是坏事，这要依地点、时间和环境而定。至于什么情况下自由是好事，什么情况下不是好事，全面回答这个问题，不但涉及人类的全部历史，而且涉及对这一历史所提出问题的全面解答。我不相信我们的知识状况已经使我们能够阐明

“一条非常简单的原则，在社会以强制或控制的方式对待个人方面，它具有绝对的主宰权”（《论自由》，13/223）。我们必须以更加谨慎的方式，只限于评论经验显示给我们的事情，即在特定情况下自由和强制各自具有哪些利弊。

以下陈述不是、也不敢冒充是对“在什么情况下自由是件好事”这个问题的解答。我只想表明，在提出这个问题之后应该如何进行讨论。它符合我跟密尔先生在一定程度上共同接受的伦理学一般原理，所以我看不出他会否认它的正确性。

强制在以下情况中是有害的：

一、强制的目的是有害的。

二、强制的目的是正确的，但使用强制手段不适合达到目的。

三、强制的目的是正确的，使用强制手段也适合达到目的，但付出的代价过高。

因此，强迫一个人杀人是有害的，因为目的是有害的。

对坚持特定的宗教观点进行惩罚——足以激起愤怒，却不足以阻止或消灭这种观点——是有害的，因为即使强制的目的正确，它也不适合达到目的。

设下触发枪❶打人，以此迫使人们不侵入私人林地是有害的，因为它造成的危害处远远大于它试图避免的危害。

然而，如果目的是正确的，采取强制手段能达到目的，获益也超过强制本身带来的不便，那么根据功利主义原理，我无法理解为什么强制是有害的。我还可以补充一点，这样来表述问题，揭示了密尔先生的“简单原则”其实是个悖论。只有证明除了用于自卫以外，强制本身肯定总是一件坏事，甚至比它能够达到的目的更坏，才能够证
35 明他的“简单原则”是正确的。

下面我要把上述原理运用于对思想和辩论进行强制的情况。密尔先生对这种强制一概予以谴责，而我只在下列情形给予谴责：目的本身是错误的，或使用的手段不适合达到目的，或尽管适合，但代价太高。比较一下这两种思考方式的结果吧。我估计，如今几乎没有人会否认持有真实的意见所带来的巨大便利，即最高意义上的功利；我所说的真实，不仅是指真诚的意见，而且是指正确的意见。相信真话，不信假话，根据言论的明显可能性或不可能性，给予相应程度的信任，是理智的最大祝福。这种精神状态是一种理想状态，是十分理性的人认为应当追求的状态，就像我们追求的所有理想一样——也就是说，要意识到我们永远不可能达到这一状态。那些头脑最活跃、最有见识、处境最有利的人，对于无数的事情中使他们感兴趣的少数事情，实际上也只能接近于这种结果。我当然很清楚，这种观点没有得

---

❶暗设于私人领地，人触到联结着扳机的绳子就会发射的火枪，1827 年在英国被禁。——译者注

到普遍接受，不过现在我没有必要跟那些否认它的人理论。

假定这是对的，那就必须说，任何强制，如果它有着歪曲被强迫者的观点的作用，它便是为了有害的目的而进行的强迫；这便立刻否定了所有为支持某些意见而采取的直接强迫，这些意见再怎么说也不具备正确的可能性，理性的人不可能假定它们为真并据以采取行动。第二项条件——强制必须是有效的——和第三项条件——强制带来的害处必须少于它所免除的害处——加在一起，否定了其他许多强迫的事例，哪怕它们的目标是正确的。例如，它们否定对思想和未发表的言论直接施加的一切强制，以及只有根除思维能力或使之陷入彻底麻木才能奏效的强制。前一种强制无法达到的目的，后一种强制尽管能达到目的，但代价太高。这两种考虑足以否定一切粗暴的迫害形式。
36 这都是有关这个问题的众所周知的常识，我没有为此作出任何补充。

若是对此没有异议，我们再来讨论这个问题的另一面，看看是否不存在这样的情况：一定程度的强制，尽管不是直接施加于思想和意见的表达，但对它们有影响，这种强制本身不含有比它所要避免的恶更大的恶，有可能达到可取的目的。我认为这种情况是存在的，而且非常重要。一般而言，我认为，从法律上肯定或否定各种形式的宗教、政治和道德意见，利用法律、舆论把它们作为正确和有益的意见而给予鼓励和承认，或把它们作为错误和有害的意见而进行打压，都可受到这一原则的调整。我认为它们都属于这样的强制：它的目的或者可能是好的，强制很可能是有效的，它带来的害处没有大到足以抵消所避免的害处或得到的好处。简言之，我认为政府应该承担起责任，根据它一再认为其极可能正确的宗教、政治和道德原则采取行动，而如果不实行相当程度的强制，它便做不到这一点。且不说以公共开支维持国教的事，为一所专门的学校——它所传授的观点有些纳税人不赞成——提供一点儿公款，这与维持西班牙宗教裁判所之间的差别，只是一个程度问题。想证明前一种做法对而又不违反密尔先生宣布的自由原则是不可能的，若是根据我的原则谴责后一种做法，只要证明宗教裁判所赞成的教义不正确、用来推行教义的手段无效或为了达到目的而付出的代价太高即可；我十分乐意接手这类案子。

至于我所说的为支持宗教意见而进行强制，为了更清楚地表明我的意思，有必要指出，我是把有关宗教的所有意见都算作宗教意见，尤其是那些认为某种宗教信条错误的意见、没有任何宗教信条绝对正确的意见，以及那些共同构成被宗教团体所接受的许多信仰之一的意见。

许多立法事项都对这些宗教团体的成员有着直接而重大的影响。
37 其中婚姻、教育以及涉及宗教捐赠的法律最为突出。假设一个国家的统治者反对一切宗教，准备始终如一地遵循所有宗教都是错误的这一原则进行立法。假设他们遵照这种观点，在所有情况下都坚持实行民事婚姻登记，将其视为唯一合法的结合，尽管不禁止增加宗教仪式。假设他们没收所有用于宗教目的的捐赠，为在职的教区牧师提供生活保障。假设他们以这样的一种方式立法，禁止为了来世进行捐赠，使教会人员的生计完全依靠这一代人的心情。假设除此之外，他们还要组建国民教育体系，各种门类一应俱全，上至大学和特殊职业学院，下到乡村日间学校。假设在所有这些学校中，教育都是绝对世俗化的，只要是出自公共财政的钱，不允许有一个先令用于任何形式的宗教教育，或用于教育那些有意成为牧师的人。我想没有人会否认这是强制，或否认这是一种很有可能多少达到其目的的强制，它所采用的手段本身会产生与宗教迫害没有多大不同的危害，而采用这种手段却能被假定是正当的。在这种情形下，强制很可能被有效地实施，付出的代价说不上不恰当，它的目的是好是坏，依赖于宗教本身是正确的还是错误的。这种强制对不对呢？我认为，如果宗教是错的，它就是对的；如果宗教是对的，它便是错的。我想密尔先生应该这样回答：不管宗教是对是错，它都是错误的，因为它是强制，而且不是为了自卫。

这并非不可能之事，大英帝国在印度的统治便证明了这一点，它所遵循的原则当然不是没有任何宗教是对的，而是没有任何当地的宗教是对的。英国人在该国家已经做了并且仍在做着以下事情：

一、他们不顾许多印度人的意愿，对当地人强制推行这样的原则：不同宗教的人要和平相处，禁止穆斯林教徒和印
38 度教徒之间或穆斯林不同教派之间进行武斗和压迫。

二、英国人还对当地人强制推行这样的原则：改变信仰不会失去公民资格。确立这项原则的法案[37]彻底改变了一种世界上最古老、信徒最多的宗教。它剥夺了婆罗门教主要的强制性惩罚手段。

三、他们建立了遍及全国的教育体系，它假定印度教和——尽管不太直接，但实际上是在说——伊斯兰教的教义都是虚假的。

四、只要宗教习俗冒犯了欧洲人的公共道德观并达到一定程度，例如妻子殉夫和活人祭，都被当作罪行予以惩处。

五、他们强迫当地土著允许传教士在他们中间存在，而传教士的目标之一就是用自己的宗教代替当地的宗教，事实上他们极大地弱化了当地宗教。

英国政府用诸如此类的方式对他们的印度臣民保持着稳定而强大的压力，导致了道德和宗教的变化，其方向附属于我们所理解的文明，并且是这种文明的一部分。显然，英国人是在不自觉地实施着这种压制。没有任何通常所说的稍微类似于迫害的行为，可以被用来指控印度政府。英国人在最令人难忘的场合发出最神圣的誓言，要在不同的宗教宣传之间完全保持中立，他们也一丝不苟地遵守这一誓言。每一位文官，每一个有权势的人，都怀有尊重本土宗教的真诚愿望。很难再找到这样一群人了，从整体上说他们不喜欢劝人改宗，或更敏锐地意识到劝人改宗之心的缺陷。不管英国人在印度犯过什么错误，宗教心太重，受传教士的引导太多，显然不在他们所犯错误之列。曾经有很多年，印度政府不容许传教士在英属印度公开存在。然而，环境对他们的压力太大了，不顾他们的意愿把他们推到了革命首领的位
39 置。他们逐渐被迫成为整个国家的直接管理者，为它提供了一套法律和制度。就像所有不得不处理立法问题的人必定发现的那样，他们发现法律必须建立在原则之上，而且除非你准备说：我是正确的，你是错误的，你的观点会静静地、逐渐地、温和地向我的观点作出让步，我们之间必须有一方统治而另一方服从，还是让我来统治吧——否则

你根本不可能确定任何立法原则。

一切政府都有而且必须有道德基础；道德和宗教之间的联系是如此紧密，这意味着它是一种宗教基础——对于这个命题，我想举出多少例子，就能举出多少例子。我所说的宗教基础，不是指统治者或被统治者中间有着完全一致的宗教观点，而是指某种程度的一致，它足以决定立法对宗教的态度。我想，如果对这些例子进行充分说明和适当的研究，它们将确立下述一般推论。

立法对一般意义上的宗教、特定的宗教观点或宗教形态所持的立场只有三种：

> 一、它在立法时可以假定，有一种宗教是对的，其他所有宗教都是错的。
>
> 二、它在立法时可以假定，有不止一种宗教是值得尊敬的，它可以在相同或不同的程度上支持它们。
>
> 三、它在立法时可以假定，所有宗教或某些宗教是错误的。

我认为，对于有很多人信奉的宗教，为这种宗教立法时，立法者绝无可能做到真正中立。不赞成一种宗教的人，就会反对这种宗教。只有对那些立法的对象根本不信奉的宗教形态，或信奉的人太少，别人不拿他们的意见当回事的宗教形态，才有可能做到真正的中立。英国本土的立法对穆斯林教和婆罗门教是中立的。而在印度，英国人的立法则假定它们都是错的。如果它不这样假定，它也许就要把《古

兰经》或《摩奴法典》作为基础。如果它这样做，那就可以断定，
40 强制会被用于支持某些宗教观点，反对另一些宗教观点，至于这种强制是对是错的问题，则取决于不同的人所持有的不同宗教观。

如今，大多数立法者的真实意见、他们行使强制权予以支持的意见是，没有任何宗教是绝对正确的，它们都是真理和谬论的混合体，伦理和政治学说同样如此。由此可以推断，从整体上反对任何宗教的直接立法都是错误的，这是反对迫害的一个重要理由。当你从整体上迫害一种宗教时，一般而言，你肯定既迫害了谬说，也迫害了真理和善。因此对宗教的强制主要是间接的，采取的形式是把一个特定信仰体系中与立法者发生瓜葛的某些部分——很可能是至关重要的部分——视为有害的甚至可能是触犯刑律的谬论。不管信仰什么教义的僧侣，如果他们声称握有通往天堂和地狱的钥匙，能够创造无形的神迹，那么出于多种考虑，必须在实践中搞清楚他们是否真是神在尘世的代表，或他们是不是自觉或不自觉的江湖骗子，因为没有办法回避这个问题，也找不到别的解决办法。

维护自由尤其是维护世俗权力和宗教权力之分的很多大而无当的学说，甚至是大多数这样的学说，是由这样一些人谋划出来的，他们持有下面的观点，但没有明说——他们希望找到某种办法，不去争论各种宗教体系的主张，把它们留给神的权威，他们希望能够证明，承认这些主张为真，与它们的信奉者希望从中得出的结论无关。出于实践上的考虑，可以十分方便地说：你的教义无疑是神圣的，你是上帝宣讲这种教义的代言人，但意见自由多少也是神圣的，世俗统治者和基督使徒的后人一样，也有自己的权利和义务。但是，这种做法方便

归方便，不过是我们作出的妥协而已。这种理论是不对的，没有人会
真正相信只有不到一半适合于他的理论。如果信仰是指关系到思想和
感情的事，那么生活中的每一种行为都是信仰的行为，因为每一种行
为都有信仰的成分，它赋予这种行为以道德性质。如果世俗是指外在
的、看得见的事物，那么所有行为都是世俗行为，因为一切思想感情
41 都趋向于行动，都在行动中体现。事实上，人类的一切行为都既是世
俗的也是精神的。试图在世俗和宗教之间、教会和国家之间作出区
分，就像试图在物质和形式之间作出区分一样。无形式的物质或无物
质的形式都是毫无意义的说法，同理，世俗之事和精神之事在任何时
候都是互为前提、相互转化的。人生是一个不可分割的整体，它受制
于也应当受制于一套原则，而不是受制于杂乱无章的世间万象。不过
这题目实在太大、太重要，仅用寥寥数语是说不清楚的，所以我打算
单独进行讨论。根据这些初步的观察，我打算就立法与宗教的三种关
系稍加说明。我们将发现，对它们的思考，可以使密尔等人所讨论的
有关这个主题的许多事例变得十分明朗。

首先，立法可以假定某种宗教是正确的，其他所有宗教都是虚假的。这种假设在早期的基督教立法中几乎随处可见。穆斯林教徒和印度教徒几乎下意识地认为，他们的法律和宗教在很大程度上是一回事。我们的头脑已经被自由和宽容、世俗权力和宗教权力之分的常识搞得十分世故，我们几乎不再认为从宗教中获得真理是可取的，即使它是可能的。在我看来，如果有可能从宗教中获得真理，那么获得宗教真理并使它得到立法的承认，是我们所能想象的最大福祉。如果我们对人们的本性以及他们和世界或万物的关系只有一种想法，而且它

有合理的依据，那么对于所有重大的道德和政治问题——它们现在已让这个世界陷入混乱和分裂，使人们把大量精力浪费在不可避免却又徒劳无果的争论上——我们便掌握了解决它们的一把利器。

即使一种宗教只包含部分的真理，对它抱有普遍而十分真诚的信仰也会为确信这种宗教的人的生活带来团结、活力和全新的变化。这样的信仰是无数法律、制度、道德原则、情趣和艺术赖以生长的根基。我们共同的基督教语言是十分含糊的，但我们公正地加以珍爱的
42 很多事情，正是以广大民众共同的宗教信仰为基础的。从罗马帝国衰亡到文艺复兴，如果世上没有道德和宗教的统一性，我们有可能仍然比野蛮人强不了多少。如果人类各种分裂的力量能够建立在一个道德和宗教真理基础之上，走向建立一个和谐整体的一组目标，那么我们的后代很可能大大超越我们，就像我们大大超越了阿尔弗雷德大王❶或大格里高利一世❷的同代人一样。进步是有障碍的，而且这障碍既巨大又严重。但是，只要信仰是真实的，是建立在合理的基础上，那么宗教信仰的统一性不管有其他什么价值，它都将推动这一进步。[38]

至于这种状态是如何产生的，我们不可能不提出这个问题，同样也不可能回答这个问题。我们只能说，“风随着意思吹，你听见风的响声，却不晓得从哪里来，往哪里去。”[39]宗教的起源藏匿于我们视线之外。我们仅仅知道，在历史的长河中，不时有人为音乐定出迷倒

---

❶阿尔弗雷德大王（Anglo－Saxon Alfred，849—899）：9世纪英格兰威塞克斯一地的君主，曾成功击退丹麦人的入侵，在其治下学术亦有显著的进步。——译者注

❷大格里高利一世（Saint Gregory the Great，540—604）：罗马教皇，在位期间表现出卓越的管理才能，所派传教团使英格兰皈依了基督教。——译者注

千万双耳朵的音调。这声音此起彼伏，不绝于耳，直到一群歌手发出雷鸣般的诵唱。它盖过所有的杂音，使不谙音律的广大民众也侧耳聆听。这样的结果不是因服从而产生，但是当它们真正来临时，就会如同洪流一般朝着自己的方向滚滚前行，那些受其影响的人，他们的所有法律和习俗，都将被它们席卷而去。用密尔先生关于自由的“简
43 单原则”去对抗这种力量，就像用风箱抵挡飓风的来袭。拿这样的原则当作标准，用它去衡量这种力量，宣称它们有益还是有害，就像评估一幅画的价值，却要加上颜料和画布的价格、计算出艺术家的日平均收入作为他的劳动价值一样。

当人们的心灵被他们视为福音或新神启的东西深深打动时，他们不但自己信，还会逼迫别人接受它。这种逼迫经年累月，会逐渐左右着几乎不关心这种问题的无数人的信仰与习惯。尘世与天堂至少在一个方面是相似的。它的王国受到强暴，施暴者是用暴力占有了它。这样的暴力对世界来说极为有益，或在特定环境下极为有益，我认为这得到了历史的充分证明。它所带来的善与恶，在任何情况下必须用上述原则去衡量。目的是好是坏？达到目的的手段是否有效？采用这种手段是否代价太高？不妨按这些原则看看基督教先是在罗马帝国后在现代欧洲被定为国教的事例。显然，摆在我们面前的是能够想象到的最错综复杂的问题，没有任何简单或单一的原则能够解决它。要想解决它，至少要先回答以下问题：一、基督教是什么？二、它在多大程度上是正确的或有益的？三、它以及它的各项内容在多大程度上是通过强制推动的？四、推动它的各项不同内容所采用的强制手段是什么？采用的强制手段和获得的结果相比，哪一个更重要？这些问题大

部分显然是无法回答的。

第二种情况是，立法部门认为各种教义都值得尊重，并根据环境都给予多多少少的支持，不管是平等还是不平等的支持。这是文明世界大部分国家的现状。在我国和美国，这种做法得到了最充分的发展，尽管在我国有两种国教受到特别关照，而在美国，所有宗教有同样的立足之地，都是建立在自愿契约上的合法社团。人们接受了这种安排，把它看作将会永远持续下去的最终结果，在我看来，这一过程为人们的一种风尚提供了强有力的解释，即习惯于把一些当前流行的重大问题解决办法当作最终的办法。这种安排有着迟早会暴露出来的重大缺陷，它会既削弱国家，也削弱宗教。它把人类生活截为两端，从现实生活中切除宗教，把国家降格为治安机构。此外，它不是真正可靠的策略，而只是权宜之计。将宗教变成纯粹的自愿组织，切断宗教和国家的联系，就国家一方来说并不是中立的行为，而是经过掩饰的无信仰。就接受这种做法的宗教一方来讲，这是默认了自己的失败，默认了自己没有带给人类从上帝那里获得的明确的权威性启示，它们也不敢期待得到人们的承认，自己是获得了这种神启的机构。一旦失去这种特征，那么它们与一些世俗机构，如建立在人类的本性、命运和责任等理论基础上的古老哲学学派相比，便没有什么两样了。

44

如果据此看待宗教，那么，宗教和国家的分立这一自由国家中的自由信仰的准则，便意味着具备政治能力的人对他们最感兴趣的话题不发表意见，另一方面，善于思考的人也绝不试图把他们的思考变成立法的基础，从而使其成为大范围的实践。如果接受和奉行这种原则，迟早势必出现以下两种后果之一。一旦接受这项原则并忠实地据此行动，国家将降格为单纯的治安机构。各种类型的自愿组织将取代它的位置，把它挤到一边，结果将是一些全新的社会形态。摩门教就是其中一例，法国和美国的那些崇尚“人生试验”[40]、试图建立全新社会形态的人，经常表现出的强烈倾向，也为这一原则提供了许多无聊的例证。圣西门主义、爱的家庭，不管它们有什么名头，就像风向标一样，预示着和风细雨不定哪一天会变成最猛烈的风暴。这种试验与自由毫无关系。它们是胚胎期的政府，是微型国家，随着时间的推
45 移，有可能变成原有国家危险的对抗者。

另一种可能的结果是，国家发现宗教在所有重大问题上都与之对抗，因此它有可能最终放弃这样的观念：在道德和宗教问题上它不得形成自己的意见，不得根据这种意见进行立法。如果国家——即一部分足以动用公共暴力的权势人物——对这些问题有了明确的看法，它必然从世俗和中立的态度转向好战的态度。它肯定会假定某些宗教观点是正确的，其必然结论便是另一些观点是谬说，从而对它们采取敌对立场。正如我们这个时代所示，有可能出现一种极难判断哪些观点正确却比较容易判断哪些是谬说的局面，而我也看不出，对某些观点故意视而不见，怎么就能阻止人们根据对另一些人的明显不信任采取行动。

这种做法必然会遇到最恶意、最强烈的抵抗。我认为，不管这条道路多么令人不快和痛苦，在必要时是一定要走的。立法者及其顾问不应该根据相互冲突的教义都享有成为真理的平等机会这种假设进行立法，而应该考虑宗教观点的真伪问题；必要时应根据有关这一问题的明确原则进行立法，并采取实现目标所必需的一定程度的强制。我

已说过的话表明，其实一直就有这种做法，尽管人们未必意识到这了这一点。[41]

我不止一次说过，密尔先生为他的原则所做的说明，在某些方面是他的著作中最能打动人、实际效果最大的内容。《论自由》中最重要的段落，是讲述下面这种观点的最著名的那一段话：他主张人们应
46 该享有完全的自由，表达他们关于是否存在上帝和来世的任何观点，他们这样做，既不应受到法律的惩罚，也不应受到舆论的谴责。从实践的结果上说，我对此基本同意，尽管不是完全赞同；但是，为了尽量清楚地表明他和我本人讨论这个问题的不同方式，在指出他的论证的适当地位的同时，我将以我自己的方式去讨论它。

禁止人们否认存在上帝和来世的目的，是为了使这些教义得到人们的普遍信仰，根据我的原则，由此带来了三个问题：一、这是不是一个好的目的？二、提议的手段能否奏效？三、确定的目的和为实现该目的提供保障的手段之间，哪一个更为重要？只要教义是正确的，上述目的就是好的，在我看来这一点不容怀疑。我完全同意有关这些教义之重要性的常识。如果这些信仰仅仅是幻觉，生活会变得十分可怜和无聊，人的重要性会大大降低，人生的艰困危难和肉体的痛苦会变成更大的不幸，而审慎的美德也会比至今我们所设想的更为可疑。倘若人类接受那些经常强加给他们的忠告，不再去思考这些问题，只把它们当作无解的谜团，那么现存的所有道德观念必然发生改变，人类的所有社会倾向都将受到削弱。纯粹的个人倾向将得到极大的增强。那些说“我们终有一死”的人还会补上一句:“那就今朝有酒今朝醉吧。”在这种社会状态下，对于那些承认自己一贯作恶的人，除

了晓之以刑法（密尔的自由学说会把它减少到最低限度）的论证之外，不但难以而且不可能晓之以其他任何论证。只有寥寥无几的人为美德而倾心于美德。许多人如果受到教育，相信美德的适度而有益的形式从长远看可以得到回报，那么他们不会特别反对这种形式；但是，这些人中的大多数如果认为把美德与自由放纵的恶习结合在一起没什么风险，他们很可能乐于把两者混在一起。此外，还有少数生性邪恶的强人，从现世能够得出的任何考虑，无论是有关现在的还是未来的，无论是确定的还是可能的，都无法管束他们。许多人太愚蠢，无法进行深思熟虑的怀疑或以任何方式进行思考，他们说：“我当然会因为这事而受到诅咒，但我只能这样，我愿意这样。”

简言之，所有的经验表明，几乎每个人都既时常需要希望的激励，也需要畏惧的约束，而宗教中的希望和畏惧就是十分有效的激励
47 和约束，尽管有些人过于木讷迟钝，不太把它们放在心上，尽管还有
些人时常狂放不羁，只让欲望牵着鼻子走，尽管有些人二者兼而有之。如果有美德是件好事，那么在我看来十分清楚，促进宗教基本教义的信仰也是件好事，因为我确信，至少在欧洲，它们是一荣俱荣，一损俱损的。

时常有人争辩说，这些信念并不重要，无论它们是好是坏。据说，人类中的广大群体对这些事没有任何信念，或只有消极的信念。关于原始部落、古典时代有教养的人、佛教徒以及其他另一些人的信条或没有信条，人们已经做过有趣的描绘。据说，这就是人们生活在不讲上帝和来世的社会中的事例。你为什么不能也这样呢？强烈的社会欲望和某种人性教，就像已经消沉的昔日之风一样，也能鼓起你的

风帆；你会把这些现今似乎对你万分重要的问题当作无解的谜，只能用来训练智巧，而你对此根本不感兴趣。

这种论调与它所要达到的目标是南辕北辙的。它的目的是要证明，宗教的基本问题可以、也应当被当作无解的谜放在一边，思考这种问题是浪费光阴。其证据是，对于这些问题，与世界的这个地方所确定的答案大不相同的答案，却被其他国家的另一些人所接受。确实如此，但这又证明了什么呢？把它同其他许多同样著名的事实联系起来看，它证明了一个人有什么信仰，就有什么道德。佛教徒有自己的信仰和与之相对应的道德，这岂能证明欧洲的道德不是建立在基督教之上、你可以破坏其一而不影响其二？它所证明的恰恰相反。如果佛教徒变成基督徒或基督徒变成佛教徒，人们很快会察觉到相应的道德变化。印度教徒和穆斯林的道德差异与他们的教义差异如影随形。无论基督教是真是假，无论欧洲的道德是好是坏，欧洲的道德确实是建立在宗教之上，破坏一方必导致对另一方的重建。现如今，很多人摆脱了他们不信仰的宗教之后，希望还能保留他们所喜爱的道德。不管他们对基础的破坏是对是错，他们这种保留上层建筑的愿望是自相矛
48 盾的。如果我们像恺撒那样思考上帝和来世，我们难免会思考这样的问题：恺撒的道德和行为准则是否优于普通的道德标准？耶稣基督相信神和来世，并宣扬“登山宝训”。恺撒则认为神和来世的问题不过是来自无聊的好奇心。他也用实例和其他的方式宣讲令人难忘的戒律。现如今，有许多人让我觉得，他们以为披上教皇的旧衣服，请天下人接受一切都好的赞美之词，他们就能使耶稣基督的道德和恺撒的神学协调一致。

还是再来讨论密尔先生吧。他的一条论证试图证明，促进这些信仰不是一个好目标。他认为，统治者不应当为其他人决定宗教问题、不允许他们听到相反的声音。我本人没有被这种论证所打动。几乎在人生的每一刻，人人都在做着促进信仰的事情，而且必然不断地这样做。通过紧张而系统的努力，使整个人格养成某些在教育者看来十分有价值的倾向和爱好——所谓的教养，除此之外还能是什么呢？[42]一个人如果没有尽量为自己的子女“决定”一些问题，例如他们是否应该诚实、勤奋、冷静、有礼和朴素，“不允许他们听到相反的声音”，那么他就是一个不值一提的空谈家。立法者和伟大制度的奠基人，必须在很大程度上为世人正式承担起同样的职责。一千个人里边确实有一个人就自己的宗教和道德律令作出个人选择，这种说法肯定是无聊的幻想；而且我怀疑这样的说法是否也是夸大其词：一百万个人中或许有一人能对这些众所周知或已经有了合理猜想的问题作出实质性的补充。所以我要再说一遍，对我而言，如果教义本身是正确的，那么让人们去相信它就是一个好的目标。 49

另一方面，也许会有人提议，不管教义是对是错，上述目标都是可取的；如果它们是错误的，那么强制就更有必要。寥寥数语即可打发掉这种提议。这是一种十分幼稚的提议，不值得公开讨论，因为没有人会承认它，除非他想陷入自相矛盾，无法达到自己的目标。没有人能够以谎言对人们有利为由，公然要求他们相信这个谎言。这种请求就像让人抱着自己的双脚离地一样。他越是努力使自己的双脚离地，他为了获得一个着力点，就越会使双脚紧贴地面。你越是因为一个谎言对自己有利而试图相信它，你就越会产生它是谎言、你无法相信它的印象。想让自己的邻居相信它的人，必须向他们撒谎——他必须说这谎言是真的；实际上他必须首先对自己撒谎，不然的话他根本无心继续撒谎。做这种事有些十分隐秘的方式，能让机灵的人这样做时很少或根本意识不到自己是在说谎。一种十分走红的方式，就是构建形而上学体系，它可以使真理、谬说以及可能性的常用检验标准无法应用于这类问题。不过，我不必再探讨这个话题了。还是让我们重新看看这个问题吧——那些教义是正确的吗？

这是问题的要害所在。它不但是密尔《论自由》的真正核心，也是我们这一代人所有重大讨论的核心。举凡宗教、道德、政治和立法——人类作为人所关切的一切——都与它息息相关。到底有没有上帝和来世？今生今世是否就是全部？

我不敢谎称对这个有重大争议的问题能够有所补充。这是一个很少有人拥有发言权的问题。

我只想指出，一般而言，法律和公权力对有关这个问题的辩论的态度，取决于目前占据支配地位的观点，在实际运用中还要根据其他两种考虑作出改变，一是为实现眼前的目标而采用的手段，二是可以
50 合理期待的成功和为达到目的而采用的手段所要付出的代价的相对重要性。我认为，这是涉及任何实践问题时可以作为指南或能够使我们公正对待历史问题——密尔先生提到过一两个这样的问题，我很快会谈到它们——的唯一原则；对于目标好坏的问题，大体上同样如此。

接下来的问题是手段的效果和代价，我将对二者一并加以讨论。这里没有必要讨论针对意见的司法控告问题。[43]大家都承认这根本就

不是问题。首先，这种控告是不可能的；其次，为使其产生效用，它必须极具破坏性，使人变得麻木不仁，但最终也不会产生人们真正希望看到的结果。所以，我不必再讨论这一点。

真正的问题是社会的不宽容。一个信上帝和来世的人，是否有道义上的权利反对那些不信的人，并通过表达这种反对来阻止他们公开发表言论，阻止别人接受他们的观点呢？我认为只要他的观点是正确的，他就有这个权利。密尔先生则不这么认为。他描绘了一幅社会不宽容及其后果的画面，完全是出于篇幅上的考虑，我无法全部引用他的文字，这是他所写下的最雄辩有力的段落之一。下面是其中的要点：

> 我们这种单纯的社会不宽容，并没有杀害任何人，也没有根绝意见，但是它诱导人们伪装自己，或回避任何传播意见的积极努力。异端观点一直与我们在一起，在十年或二十年里并没有明显地获得或失去自己的基础；它们从来不会四处传播，但它们始终积聚在勤思好学的人组成的小圈子里，它们发端于这些人，不曾以真实或虚幻的光亮照耀人类的一般事务。这使得让一些人满意的状态得以维持，因为在没有罚款或监禁这类不愉快现象的情况下，它使所有流行的观点
> 51 表明上没有受到干扰，也没有阻止那些患有思想怪癖的人运用理性。在保持思想界的宁静、保持一切事物一如既往方面，这是一个非常适宜的方案。但是，这种思想的安宁所付出的代价，却是牺牲了人类思想的全部道德勇气。（《论自由》，34—35/241—242）

密尔先生说，这使异端受到了严重伤害，他们很值得同情，不过，“受到最大伤害的是那些并非异端的人，由于害怕被人指为异端，他们的整个精神发展受到羁绊，他们的理性畏缩不前。大批有潜质的聪明人变得性格懦弱，为避免落入被人指为无信仰或不道德的境地，他们不敢接受任何大胆活泼、独立不群的思想训练。试问，谁能计算出世界为此蒙受的损失？”（《论自由》，35/242）

在这一点上，我完全无法同意密尔先生。在我看来，就道德、政治和宗教发表意见，并不比任何人有可能做的任何事情更加重要；抨击作为社会构造之基础的意见是危险之举，也应该被视为危险之举。我没有说在许多情况下不应该这样做，但在这样做时要手握刀剑，做这种事的人，就像突击城防工事的军人一样，没有理由为受到的猛烈抵抗而诧异。密尔先生对社会不宽容的全部指责是，它使胆小的人不敢发表不得人心的意见。一个古老的民谣说，有人在山里迷了路，不期然进了一间茅屋，里边全是被施过魔法的武士，他们躺在地上，个个全副武装，战马静静地立在他们身边。一块石头上放着一把剑和一支号角，这位不速之客被告知，若想率领这支军队，他必须在那两件东西之间作出选择。他选择了号角并尽力吹响它，武士和战马立刻随着号声消失在一阵旋风之中，不速之客重新回到了普通人的生活。他身后的风中响起这样的声音：

那个天生的胆小鬼，
他没有拿起剑，就吹响了号。

谁都没有权利吹响号角发出战斗号令，除非他首先拿起剑，知道如何用自己的手保住自己的脑袋。然后他才可以尽可能响亮和持久地
52 吹响号角。如果他的号声值得倾听，他就不会缺少追随者。对这些问题要谨慎地形成自己的意见，进行深入的思考，确信它们的价值，并且决心承担宣扬它们的风险，不然的话，它们极有可能不值得拥有。对政治、道德和宗教的思考是有着高度实践性的大事，而不是单纯地可以满足好奇心。诚然，好奇心通常是促使人们研究这些问题的一个动机；但是，除非他形成了自己的观点并且准备为之而战，否则社会的不宽容迫使他和他的同情者把这些观点留给他们自己就谈不上什么严酷。千万不要忘了，各种意见在他们看来也有道德的一面。在这些问题上，好人和坏人的意见，真诚的人和不真诚的人的意见，是极不可能相同的。

正是对这种事的秘而不宣的意识，给宗教论战带来了令人费解的严酷性，它们乍一看似乎不可能像数学或文字学问题那样引起人们的热情。还有比人们是否具有先天观念更纯粹的科学问题吗？可是这类辩论却没完没了地进行，而且论战者始终有一种意识，他们的论证就像无聊的口角，只是在为势不两立的决裂找借口，它的真正理由过于微妙，难以启齿。支持先天观念的人经常认为或者多少明确地说出，他的对手的真正目的是让宗教的全部神秘性屈就于一般的理解过程。经验的拥护者则经常认为或指责他们的对手："你是骗子，你撒谎是为了不让你知道其毫无价值的东西被人戳穿。"随着意见变得更明朗，更明确地与行动联系在一起，确定无疑地与意见相悖的真相，便多少意味着对坚持意见的人的谴责，因为真相是如此显豁，人人都能

领会。其实，我们每个人都在或多或少地相互谴责和责备，这个事实是如此令人不快，所以才会有那么多为避免或掩盖它而进行的诡辩。然而它依然是事实。我无法理解，一个不是罗马天主教徒的人怎么能够绝对中立地看待一个真正的罗马天主教徒。如果有人确实认为圣餐饼就是全能的上帝，他确实相信理性的人应该忠诚于教士，那么他要么是正确的——在这种情况下，与他持不同意见的人应该忏悔；要么
53 他是错误的——在这种情况下，他便是可怕的欺诈者。反过来说同样正确。我认为，故意拒绝罗马天主教的人，在那些真诚的信徒看来，只能是上帝的叛逆。你可以给这类辩论裹上厚厚的伪装，但它们扎根于人生的核心，只要它们表达着人类内心深处的信念，确实持不同看法的人便必定是某种程度的敌人，尽管他们可能约束自己的敌意。当宗教分歧变成了单纯的意见分歧，人们也这样看待它们时，这其实是因为辩论在怀疑论意义上得到了解决，尽管人们可能不愿意正式承认这一点。

谁如果对此表示怀疑，那就提出一种论证，向菲利普二世[1]表明你反对迫害新教徒，或向丹东[2]表明你反对镇压天主教、法国贵族和君主制，看看你有无任何成功的机会吧。你承认的首要原则可以是真诚相信罗马天主教教义对于救赎绝对必要，也可以是整个罗马天主教体制都是恶劣的谎言和欺诈，你都会发现，不可能不从理论上涉及有

---

[1]菲利普二世（Philip II，1527—1598）：西班牙国王，在位期间与西班牙的荷兰领地发生的严重冲突，常被认为是天主教与新教之间的对抗。——译者注

[2]丹东（Georges Jacques Danton，1759—1794）：法国大革命期间的激进派首领之一。——译者注

关宗教裁判所和“恐怖统治”的实际推论，虽然环境难免会给这些原则应用于具体事情带来不便。反对这些实际推论的决定性[44]论证，要么表明我们无法确知救赎的条件，要么表明罗马天主教不是恶劣的谎言和欺诈。如果有人不明白这一点，他就会去迫害，也应该去迫害（除非对各种便利条件的权衡不利于这样做），这里所说的“应该”的意思是，相信二加二等于五的人也“应该”相信二加三等于六。
54 获得真理或接近于获得真理，尤其是对我们自己在宗教问题上的无知的程度和性质获得正确认识，对于解决宗教争执是必不可少的。你在政治中无法回避“宗教的正确性何在”这个问题，就像你对有关乘法表的不同意见不抱偏见才能正确地做加法一样。通向和平的道路是由真理引领的，如果有一个强大而精力充沛的少数，有着足够的魅力把他们的意志强加给邻居，当他们对何为真理形成了自己坚定的信念时，他们是不会为了抽象的自由原则而宽容谬论的，就像我们谁都不会宽容自己花园里一窝黄蜂一样。

关于迫害的代价问题，密尔先生也发表过一通宏论，他认为，让人们对某种观点充满兴趣，对它的不同意义作出充分评估，完全自由的辩论是必不可少的。我以为这真是一个绝佳的事例，说明机灵的头脑也会因为把自己的特殊经历普遍化而受到欺骗。密尔先生也许觉得，他讲的事情没有不合乎自然的地方，但他的智力与他的其他能力相比，超乎寻常的发达。[45]我更愿意说，各种教义被人们普遍接受，并不是因为他们可以自由地讨论它们的全部应用，而是因为这些教义恰好让他们感兴趣、揭示和说明了他们自己的经历。在这件事上，宗教辩论的整个历史中有一个著名的证据，密尔先生本人的言论为它提供了最好的说明。他说："一切伦理学说和宗教信条……对他们的创始人及其直系门徒而言，是充满意义的，这种教义或信条对其他信条取得优势的斗争仍在继续，它们的意义就会没有丝毫减损地继续被人感受到。"（《论自由》（41/247））斗争过后，教义便成了一种公认的意见，"从这时起，它的活力通常会日益下降"。（《论自由》（41/247））

本人对此不敢苟同。真正深入人心的教义如果是正确的，它就绝不会失去力量，就算它是错误的，在被怀疑或确认为错误之前，它也绝不会失去力量。如今，在无数的人看来，对圣母玛利亚和与之相关
55 的教义的崇拜，有着旺盛的生命力和新鲜感，一如它过去在人们心目中的地位——最自由最充分的辩论会使这种生命力和新鲜感失去光泽，即使它没有削弱这一教义。千百万人怀着对真理最切身的理解，相信"诚实乃最佳策略"的教义，相信"言必由衷，作恶可耻"的教义。使这些格言得到落实的，是经验，不是辩论。所有的民间谚语都证明了这一点。如果你的一位好友，一个你爱戴和尊敬的人，一个大多数人眼里好心肠的恩人，被杀人犯刺中了心脏，这会给"杀人是滔天大罪"这句话赋予十分真切的内容，尽管我不知道这有什么好辩论的。

但是，不管如何看待密尔先生的言论的正确性，它的逻辑存在着缺陷。当一种教义为取得优势而努力时，它总是充满了意义，当它成为公认的意见时，它的活力便开始下降，这个事实显然证明了，是强迫而不是自由更有利于它得到赞赏。"为获得优势而努力"不仅意味着论证，它还意味着以各种方式不断重申主张，不用说面对反驳，即

使面临车磔、火刑、绞刑，依然不屈不挠。如果新教徒和天主教徒，或基督教徒和异教徒，只在那里论证来论证去，他们也许会无休止地辩论下去，但天下人是不会在意他们的。只有当开始传教和战斗，说出“有信的人必得救赎”“不信者必下地狱”“不沉默就遭火刑”“宁肯烧死，也不沉默”，这时才能让天下人听到，才能感化他们，让他们选择一定的立场。一个问题受到自由讨论的程度，是与人们对它失去兴趣的程度成正比的。

概言之，在我看来十分确定的是，如果我们的道德善恶观从根本上说是正确的，如果上帝和来世说是正确的，那么让人们相信它们的目标也是正确的，信者对不信者的社会不宽容，与它所致力于达到的结果相比，就不能被视为包含着多么重要的罪恶。我十分清楚，这不是一个令人愉快的学说，它有着被严重滥用的可能。防止它被滥用的唯一方式就是指出，人们不应讨论他们不理解的事物。对于自己没有仔细研究过的学说，谁也没有道德上不宽容的权利。经过认真思考和
56 充分研究之后，一个人有权说——就像我本人所做的——某种观点不诚实、胆怯、懦弱、残忍或荒谬，持这种观点的人应当因为接受它们而表现出的不诚实或怯懦而受到谴责，这是一回事；说人人有权向那些在宗教问题上有异见的人扔石头，[1] 则完全是另外一回事。在我看来，在“宽容”的一般意义上，道德宽容的真正基础是，大多数人对于有关这些问题的无论什么观点都不享有权利，除非这种观点对于规范他们自己的事务必不可少。当某些无知的布道者把地位优于他的

[1]“向人扔石头”是《圣经》中处死异端的常见方式。——译者注

人称为无神论者的时候，他的错误不是不宽容，而是轻率和鲁莽。如果恰当地贯彻这一原则，在大多数情况下道德不宽容就几乎没有立足之地；不过我认为极为重要的一点是，真正研究这些问题的人应该感到他们自己是自由的，不仅可以自由地持有异见，而且在他们认为必要时可以自由地反对别人的观点，并且应当表明自己这种态度。[46]

下面我要对密尔先生和我本人的原则做一比较，方法是对比一下我们在评价著名的历史事件时采用的方式。对于干涉意见表达的任何做法，他一概予以绝对的谴责。按他的标准，苏格拉底的审判者、彼拉多❶、马可·奥勒留❷、菲利普二世等人是彻头彻尾的作孽者。考虑到时代风气，他们容或有理，但审判却是一桩罪过，无论应否建议给予宽恕——但通常是无人提出这种建议的。为使他们的行为所依据的原则受到谴责，让他们身败名裂是必要的。他们干涉自由不是为了
57 自卫，他们因此受到了留恶名于后世的惩罚，不论他们曾经多么诚实，也不论他们的观点在当时也许有理。法律必须得到维护，而法律——密尔先生的法律——就是，除了自卫之外，任何事情都无法证明强制的正当性。一旦放弃了这一点，你哪里还有立足之地呢？

密尔先生说："宗教自由的敌人意识到，对于用惩罚手段去限制反宗教观点的做法，不可能用任何论证给予辩护，因为这也会证明马可·奥勒留·安东尼是正确的。他们迫于压力偶尔会接受这一结果，

---

❶彼拉多（Pontius Pilate）：耶稣受难时犹太地区的罗马总督，他迫于民意把耶稣处死。——译者注

❷奥勒留（Marcus Aurelius，121—180）：学问修养极佳的古罗马皇帝，被时人誉为最接近"哲学王"的统治者，但在位期间曾大肆迫害基督教。——译者注

于是跟着约翰逊❶博士学舌，说迫害基督教的人是对的，迫害是对真理的严酷考验，真理应当能够经受住也总是成功地经受住了这种考验。”（《论自由》，30/237）密尔先生说，这是一种缺少风度的论证，但它也包含着明显的错误。“真理总能战胜迫害”是个“令人愉快的谬论”。真理并没有获胜；相反，十分温和的迫害往往就足以把它消灭。密尔先生其实是在说，在谴责奥勒留的原则和支持彼拉多的原则之间作出抉择吧！我将尽力迎接这一挑战。

把耶稣钉上十字架的彼拉多做得对不对呢？我的回答是，彼拉多的首要责任是维护巴勒斯坦的和平，他要对实现这一目标的手段作出最佳判断，并在作出判断后按此行事。因此，只要他真诚地相信——并且有合理依据——自己的举措对维护巴勒斯坦的和平是必需的，那么他就是对的。承担犯错误的风险是他的职责，即使他违反密尔先生
58 的自由原则，尤其是言论自由的原则。他处在审判者的位置上，他的职责就是冒着犯错误的危险，对带到他面前的人进行公正的审判。

为了证明这种观点，我必须首先思考一个问题：像“正确”和“应该”这些词，在什么意义上能够被用于政府和政治问题？我们在评说人类历史时如果作出这样的假设：不是出自一个全知全能、大慈大悲的人——如果能够想象有这种人的话——的任何行动和政策都是错误的，那么我想，凡是大规模的重要行动和决策过程，就都不能称为正确的；但是，为了进一步应用这种方法，就必须知道从远古到现

❶约翰逊（Samuel Johnson，1709—1784）：英国作家和评论家，著有《英文字典》和《英国诗人列传》等，对当时文坛影响巨大。——译者注

在的人类历史应当是什么样子。甚至这还不够，我们还应当知道，在不断地违背可能存在的最高标准之后，人类的历史应该是什么样子。我们不仅应该知道若是夏娃没有偷吃苹果会发生什么，还要知道夏娃偷吃苹果但亚当拒绝吃，或吃掉生命树之后会发生什么；亚当和夏娃被赶出天堂后，该隐没有杀死亚伯，诸如此类，事情又会如何。采用这样的是非标准，显然是很荒唐的。

执是之故，必须在更有限的范围内使用“应该”和“正确”这些字眼，而且在所有情况下必须只根据以下事实来解释它们：人类不可避免地永远是既软弱又无知的，他们的各种表面的利益甚至真实的利益是相互冲突的。如果基于这种考虑去设想“应该”和“正确”，那就只能说，责任会使个人、国家和宗教不断陷入相互冲突。以下结论并不荒谬：如果可能的话我有责任杀死你，如果可能的话你也有责任杀死我；迫害者和基督徒、路德和查理五世、菲利普二世和奥兰治的威廉❶，可能都是正确的，也可能部分正确、部分错误。当霍布斯说自然状态就是战争状态时，他是用一种易于被人误解的方式，说出了一个不受欢迎的真理。[47]然而，谁又会怀疑，只要人还是原来那个样子，战争和冲突就是不可避免的，除非罪恶的代价——也就是说，
59 代价是绝对服从现有制度，无论它是好是坏，绝对不能抵抗任何改变，无论它明智还是愚蠢——比战争和冲突还高。冲突是必然的，而且总会存在，除非人变得像贝壳一般老实，或像墙头草一般听话。

---

❶指英国国王威廉三世（William III，1650—1702），原为荷兰的奥兰治亲王，娶英王詹姆士之女玛丽为妻，英国“光荣革命”后在议会要求下与其妻共同行使王权。其在位期间宗教宽容和议会主权渐成建制。——译者注

下面我要谈谈罗马人和基督徒的事例，尤其是彼拉多这个人。

出于显见的理由，没有必要讲述这个问题中基督教一方的看法。现如今，没有人会否认，如果采取适合于这里采取的唯一观点，即在这个问题上纯粹人性的观点，基督及其门徒甘冒千难万险传播他们的宗教是正确的。且不说这种宗教的超自然主张，它的历史即可为他们正名；绝大多数通情达理的人现在也都同意，[48]大体上说，作为一个整体的基督教是人类的幸事。我们所珍视的事物，虽然不是全部，但大部分都起源于它。

此事无须多谈。从彼拉多时代到戴克里安❶时代的罗马人对此事的看法，则需要较多的解释。罗马人的所作所为，其实是间歇性地把信基督视为罪行。至于施加的惩罚之残忍——钉十字架、火刑和各种酷刑——我们只需说明，那是当时的习惯。在耶稣受难地被钉上十字架的三个人，罗马人对待他们似乎没有什么不同。罗马当局在考虑是
60 否把信基督定为罪行时，它的立场是什么呢？

经常有人正确地指出，从世俗的角度讲，罗马帝国的建立使基督教成为可能，为它的诞生提供了“成熟的时机”。“罗马的和平”（Pax Romana）给地中海周边地区以及莱茵河和多瑙河之间各民族带来的好处，与不列颠的统治为东北和西北山脉之间以及东南和西南印度洋的广大地区带来的好处十分类似。在彼拉多时代，从约克到耶路撒冷（两地的距离相当于从白沙瓦到斯里兰卡的盖勒角），从亚历山

---

❶戴克里安（Diocletian，约 242—约 316）：罗马皇帝，在位后期曾大肆迫害基督教徒。——译者注

大到安特卫普（两地的距离相当于从库拉奇到阿萨姆邦最东端），一片升平景象。这种和平实际上是所有法律、技艺和制度的源泉，有高度教养的罗马人想必也认识到它会成为这样的源泉；正是这些东西，塑造了我们自身的性格。当时的罗马法就像今天的英国法一样粗陋，但也几乎同样丰富、明智、充满活力，它扎根于罗马军队保护下的所有地区，一切生活的技艺、文学、哲学和艺术，都在它身边成长起来。如果一个英国人无法理解这种意识对一个罗马总督的影响，那他必定是没心没肺、想象力迟钝。如果一个英国人看到德里那些斑驳残损的墙垣，看到飘扬在拉合尔要塞上空的英国国旗，却没有心潮澎湃，我是不会艳羡他的。这样的场景，难免让人想起那几行再怎么熟悉也不会趋向平庸的诗：

Tu regere imperio populos，Romane，memento：
Hæ tibi erunt artes；pacisque imponere morem，
Parcere subjectis et debellare superbos.[49]

想一想吧，就像丁尼生❶先生那些令我们耳目一新的佳作一样，这些诗句会怎样打动一个看到自己的卫兵守护着寺庙的罗马人！彼拉多的处境与旁遮普英国总督的位置没有多大不同。若是把总督换成掌

❶丁尼生（Alfred Tennyson，1809—1892）：英国著名诗人，1850 年获桂冠诗人称号。——译者注

61 管着强大军队、身边立着伦杰·辛格❶的驻军司令，这两者之间就更加相似。与当地统治者保持密切合作的彼拉多，无论如何都要保证帝国这个很可能最危险、最重要的领地的和平。犹太人的历史表明了他们是一个什么样的民族。“自从开国以来，那民极其可畏”❷，在宗教问题上尤甚。从他们攻打彼拉多的方式与阿富汗人或锡克人攻打我们的方式之间找出相似之处是不困难的，更谈不上是想入非非；正如我们现在回顾印度的兵变一样，如果我们记住，假如彼拉多恪尽职守，消息灵通，他必能预见到罗马历史上那段令人恐惧的插曲，它最后是以耶路撒冷受围攻和犹太人的民族独立消失得无影无踪而告终的，这或许有助于我们评价彼拉多的处境。我们可以有把握地说，“耶和华的殿，没有一块石头垒在石头上”“鹰必聚在那里”“有血，有火，有烟雾”❸，这些预言并不是孤立的。彼拉多和他的继任者一定明白，他们已经在即将爆发的火山口上坐了很久了。[50]

彼拉多正是在这种局面下获悉，有一位已在该行省各地传教多年的先知来到了耶路撒冷，那里的事态预示着一场强大的群众运动。他又从祭司和原来的宗教首脑那里听到了对新的宗教改革者的抱怨，它与正统穆斯林教徒对瓦哈比派教徒、正统锡克教徒对库卡教徒的抱怨，有着惊人的相似之处。至于他在这种情况下采取的行动，我想我

---

❶辛格（Runjeet Singh）：19 世纪初印度旁遮普的地方首领，1809 年得到英殖民当局承认。——译者注

❷见《旧约·以赛亚书》18:2。——译者注

❸三句话皆为《圣经》中耶和华的预言，分别见于《哈该书》2:15、《马太福音》24:28 和《使徒行传》2:19。——译者注

们没有可资评说的文献。我们仅仅知道事情的一面，而陈述这一面的人显然认为，他们的处境是应当听天由命，承受能够想象到的最严重的错误。若是对彼拉多的举动作出正确的判断，绝对有必要看看他给上司的报告、他采取行动所依据的情报，以及当时巴勒斯坦民情的中
62 立旁观者的描述。

也许，他是为了安抚那些祭司，才牺牲了一个他信其清白的人❶。也许，他确信为了当地的和平，必须采取这种措施，他是有些草率地形成了这种想法。这些事情，就像据传他与希律王有过节的作用一样，对我们永远是一个谜。我们对它一无所知，对于我们这里讨论的问题，它也没有实质性的意义。

我希望给予关注的是，彼拉多的职责是维护巴勒斯坦的和平与秩序、维护罗马的权力。相信没有人会严肃地认为，不论是他还是处在他那个职位上的任何人，有责任从那位被带到他的审判席前面的人身上，看出这是一位——且不说上帝的化身——说教者和传教士，与他所代表的道德和社会秩序相比，这人在宣扬一种更高级的道德和更持久的社会秩序。对于一个处在彼拉多位置上的人，他所代表的道德和社会秩序是终极的、绝对的标准。若是有人想避免由此作出显而易见的推论，便说彼拉多应该尊重密尔先生所宣扬的宗教自由原则，那么大可以回敬他说，彼拉多若是真这么做，他有可能使整个行省陷入一片火海。[51]只是到了很晚近的现代，在现代诡辩的影响下，信仰和行

---

❶指耶稣。彼拉多审判耶稣事，参见《新约·马太福音》27—28。下面提到的彼拉多与希律王有过节，见于《新约·路加福音》23:12。——译者注

动才在世界的这些地方相互分离，使宗教和世俗事务之分看起来有理有据；不过，这是一个有待将来讨论的问题。

如果这看起来有些牵强，我将再次借用印度的经验。假设有一位伟大的宗教改革家——比如说一个自称锡克教大宗师（Guru）的人，
63 或一个许多穆斯林笃信其一定现身的大教长（Imam）——出现在印度的西北部。假设我们有充分的理由相信——再没有比这更可能的事情了——不管这个传道者抱着什么个人目的，他的传教活动被认定为会扰乱社会安宁，引发暴动和叛乱。让我们再进一步假设（尽管这种假设即使在想象中也难以成立），一位英国官员不去做任何维护英国政府所必须做的事情，也不执行他接到的命令，反而考虑自己是否应当成为那个大宗师或大教长的门徒。对他应当采取什么措施呢？他将被立即责令离开被他玷污的职位；如果他按照自己的信仰行事，宁要自己的宗教，也不要女王和祖国，他将被当作叛乱分子和叛徒绞死。

不过，我们还是从彼拉多转而谈谈他的继任者，即那些在基督教的最初三百年里不时对抗其发展的形形色色的迫害者吧。对他们的指责是，他们干涉信仰自由，他们使用强制并非为了自卫，他们应该奉行绝对中立和彻底的宽容。这当然不是我希望从这段历史中吸取的教训。我认为，谴责他们维护和坚持自己的观点，是完全没有道理的。正确的谴责应该是，他们的行动似乎表明，他们根本没有可以维护的观点；他们不是经过深入思考之后认为基督教是错误的，从而提出一种合理的反对意见，而是仅仅出于恐惧和仇恨的本能，不时对它施以酷刑，对基督教试图解决的问题的存在，他们也没有进行任何评估。

我要说，他们应当受到谴责，既是因为他们的作为，更是因为他们的
64 不作为。

无论是马克·奥勒留还是他的继承者，认为基督教和罗马人的人生观大不相同，无法并立于世，两种体系势必发生冲突，他们这样想是没错的。他们的错误是出在另一些方面。首先，就我现在所能作出的判断而言，他们在对付基督教时，失之于残忍和简陋。他们的迫害足以激励他们的对手，使其获得一连串道德胜利，却不足以镇压和根除他们。灭绝政策都是残暴的，它本来很可能取胜，虽然这就像西班牙宗教裁判所的胜利一样可悲，但无论如何它应当做到可以被人理解。哪怕是为非作歹，也不能没有一点儿名堂。它不应该自取其辱。

其次，他们受到的指责是，他们没有看到一个明显的事实，即基督教已经深得人心；他们的傲慢和坏脾气妨碍了他们找出它的根源所在。我不是说罗马的皇帝和总督们都应该变成基督徒，但是一个无愧于人类统治者的人，应当怀着深切的关怀去研究一下基督教。如果他认为它是谬说，或是部分正确，他就应该把它当作谬说或部分正确来对待，把他视其为部分谬说的理由公之于众并记录在案。有些时候，政府或许有必要通过立法直接反对宗教。有些时候，它或许时常有必要采用某种政策间接地反对宗教。但是，在这些事上造成肉体恐惧的赤裸裸的野蛮暴力，则是绝对不正确和不明智的。政府不但要施以威胁，还要进行劝说和教诲。罗马人对于自身和自己的行为准则，应该表现出比以往更大的自信。他们不应该把人类心灵的管理权拱手让给虔诚的激情。他们应该挺身而出，在改善他们征服的世界这项任务上与基督教一决高低。他们应该立刻完全承认基督教中最重要的一面的

真实性，尽管它是被人严重忽略的一面——我是指它否定性的一面。他们应该意识到，偶像崇拜已是明日黄花，他们的帕特农神庙里的诸神，不论过去代表着什么，如今只是大理石和金币上僵死的偶像。他们应该把朱庇特及其同伙拉下祭坛，堂堂正正地站出来迎接新的教
65 义，看清它的优点，下决心学习它、传播它，因为它有太多值得传播的东西。如果他们本着这种精神，却仍被当作敌人，他们不也是慷慨大度的敌人吗？就算有冲突，不也是高尚的冲突吗？那些充满宗教感情的基督教牧师和主教们，正如事情所表明的那样，总想用野蛮的禁欲去贬低人，用形而上学的梦想去迷惑人，他们从每一种形式的社会组织、法律、政府、战争和道德的举世无双的大师身上，就没有一点儿可以学习的东西吗？其实我们也知道，基督教的确从古罗马学到了很多东西。世界上这两股伟大的力量，如果以胸怀宽广的对手的态度彼此相待，从不同的立场上以各自的方式寻找真理，而不是以虽然令人感动却多少有些歇斯底里的受害者的态度——它通常是由一个不时勃然大怒的昏君所造成的——彼此相待，那么它们也许能相互学到很多东西。简言之，罗马帝国对整个宗教问题的麻木不仁——这来自于它过多的财富和权力——才是它真正应该受到指责的地方。

我对看待宗教斗争历史的方式所做的这种说明，已可满足我的意图。赋予它逻辑的形式，也是不难办到的事情，它将表明，罗马帝国对基督教的态度之功过，取决于我们对相关目标的评估，以及为达到这一目标人们所采用的手段的效率和代价；但这属于无关紧要的事情。需要牢记的主要事实是，各种教义和政治体系之间存在着冲突，而且必定存在冲突，就像各民族、各阶级之间只要利益不一致，就必

定会有冲突一样。既然罗马人和基督教徒、三位一体派和阿利乌斯派、天主教徒和新教徒、教会和国家都需要人们的效忠，它们肯定会为此大动干戈。除非具备两个条件之一，否则和平就无从谈起：你可以毁灭一切权力，追求绝对自由；你也可以衡量相互对抗的势力的相对力量——人们利用或针对这种力量采取行动，让自己采取相应的行动。第一种做法是死亡，第二种做法是和谐有序的生活；但生活的本质是强制，使用暴力就意味着暴力冲突，只要一方的暴力限制了另一

66 方的暴力，暴力冲突就是对自由的否定。[52]

提出下面这样的问题是十分自然的：你这是不是在与至少三百年以来开明意见的整个潮流作对？难道你想回到宗教裁判所时代，回到让荷兰和日耳曼地区在八十年里陷入满目疮痍的宗教战争时代？难道英国自由主义的全部学说和实践是彻头彻尾的错误，德·迈斯特[53]❶之类的作家及其现代信徒和效法者才是我们真正的引路人？

对此我将断然回答：不！我并不反对现代自由派的实践。他们历尽艰辛，产生了十分令人信服的成果，但他们的学说也表现出一些缺陷，它们与一个正在开辟通向权力之路的软弱而不受欢迎的政党的学说密不可分。他们只能通过找出论证，说明能够使宽容与承认宗教教义的真理相互协调才能说服那些他们必须说服的人。他们必须切断宗教自由与怀疑主义的关系，而且十分清楚的是，他们没有意识到两者在多大程度上确实联系在一起。总之，为了回避这个事实，他们把自

---

❶迈斯特（Joseph de Maistre，1753—1821）：法国外交官和政论家，大革命时期保守派的代表人物之一，有《论法国》和《圣彼得堡通信》等著作传世。——译者注

己的立场主要建立于以下三点，其中的每一点对我前面表述的理论都有相应的重要性。

第一点是，迫害使人沉默，但并未使人信服；真正需要的是信服而不是沉默。这种论证是要表明迫害未达到它的目的，以下考虑可以对此作出回答，或至少大大削弱它的分量：尽管让 A 沉默没有使 A 信服，但你由此更易于让 B 信服，你保护了 B 的现有信念不受 A 的影响。

第二点是，人们不应当因为真诚地持有谬说受到谴责。这种论证是要表明，残酷而血腥的迫害，对于消灭宗教谬说来讲是过于高昂的代价。

至于第三点，我倾向于认为，它实际上在更易于动感情而不是思考的一类人中最为强大，那就是，用迫害去维护宗教，与大多数宗教尤其是被视为特别仁爱的基督教的情感，是背道而驰的。只要基督教承认有地狱，并且以它作为基础，在我看来这种说法就总是自相矛盾
67 的；如果能够坦然面对，这并不总是让人反感，却是它的一个弱点，而且常常显得很伪善。不管它有何价值，它与第二点属于同一范畴。这种论证是要表明，为宗教的统一性而进行迫害，付出的代价太高。

根据有关宗教学说之可疑性的常识以及为达到既定目标而采用迫害手段的无效性得出的正确推论，是去缓和斗士的激情，而不是去终止战争。应当让人们明白这样的道理：人生除了宗教真理以外还有其他一些目标；他们太无知，太容易在宗教观点上犯错误，所以他们进行迫害时，很可能把真理当作谬说加以迫害；要想让迫害奏效，就得使其强大而系统，保持势头不减，这样它才有粉碎、麻痹和破坏的功效；获得的结果很可能极其没有价值，而且迫害走得越远，其危害可

能越大；你要教导人们，不要和平相处，但可以抱着温和的态度进行对抗，要比平时更好地认识到竞争的性质和重要性，要清楚它的复杂性、不确定性以及区分朋友和敌人的难度。支持宗教温和态度的怀疑主义论证，是唯一的结论。

如果可以假设，温和态度会使争吵变得索然无味或毫无结果，那么我们应该牢记，一般的思想和语言存在着把残忍程度与效果混为一谈的情况。有一种观念认为，最残酷、最有效的竞争，是获胜一方给失败者带来巨大身体伤害的竞争，但事实并非如此。你若想公平而全面地检验实力，你会采取谨慎的措施，以便使检验真实可靠，使最优秀者获胜。如果允许拳击手胡乱出拳，或在击倒对手后仍可拳脚相加，他们就会彼此给予更严重的伤害，但他们的相对力量和耐力并没有得到有效的检验。宗教也是如此，需要的不是和平，而是公平的竞争。

德·迈斯特说过，与所有的酷刑和磨难的迫害相比，逻辑推理对基督教的迫害不知要严重多少倍；此说虽然有些怪诞，却是正确的。现代宗教冲突——通过辩论、立法和社会不宽容——与早期的宗教迫害的关系，恰如现代战争与古代战争的关系一样。古代战争对于战败者而言，最好的结果是死亡，最坏的结果是奴役、放逐和地位的跌落。现代战争更有效率，尽管过程不那么残忍和可耻。在 1870 年至 1871 年的战争期间，无论德国军队还是法国军队，本可以把在沙隆或图尔作战的游牧部落彻底消灭，就像用蒸汽机碾碎坚果一样容易。法国军队被德国人击败并丧失作战能力，就像当年把战俘当作奴隶卖掉的效果一样。

论战也是如此。内战、司法迫害、宗教裁判所以及它们带来的一连串恐怖所构成的冲突，并不比思想战争更加有效，当辩论摆脱了司法惩罚，任何制度、家庭和个人便无法摆脱这种战争了。对受到珍爱的情感的争论、嘲讽和蔑视，对令人倾心的谬说揭其老底，打击或伤害感情，给公众或个人的希望大泼冷水，就像真刀真枪和明确的伤害一样让人恐怖。这种战争的结果是，较弱的观点——不够茁壮、深深植根于感情的观点——被连根拔起，它成长的土地也被化为一片焦土，而昔日的监禁、火刑和杀戮只是击倒了它，环境一变它还会重新生长。打击只会造成一时的受伤或褪色。硝酸盐不会使银器的表面受伤，但会永远改变它全身的颜色。画出一条确定压迫导致痛感的明确界线是不可能的。也许轻轻一触就足以让人警觉。有许多不同的方式可以造成最令人苦恼的伤痛。将某人的观点视为谬论带来的伤痛也是如此。意见分歧可能让人愉快，可能很无聊，也可能引起强烈的痛苦，这痛苦会有许多不同的类型，其直接原因也多种多样。与某个人有分歧，给他带来痛苦的每一种方式，都是对他思想自由的一定程度的侵犯。让他以某种方式思考会给他造成人为的痛苦，这冒犯了密尔先生的自由原则，除非它是为了自卫，而这种自卫的情况是很少见的。在我看来，密尔先生的意见自由学说像是贵格会[1]的货色。它好像是在教导人们，无论什么样的报复，甚至其最温和的形式，都是错
69 误的，因为走极端的复仇对社会具有破坏力。

[1]贵格会（Quakerism）：由乔治·福克斯（George Fox）创建于17世纪的教派，宣扬四海皆兄弟和反对战争的教义。——译者注

第三章　论世俗权力和宗教权力的区分

我在前一章不止一次提到必须区分宗教权力和世俗权力或宗教命令与世俗命令的问题。它在我的讨论中占有如此重要的地位，所以值得做进一步的考察。[54]

我认为，对这个问题的通行观点的以下表述是不对的：可以把生活一分为二——世俗领域和精神领域。世俗领域包括一切公共事务——战争、商业和继承权，它们都关系到人的身体和利益。思想、感情、观点、宗教等属于精神领域。对这两个领域通常是分而治之。国王、议会、律师和军人统治一个领域，神职人员统治另一个领域。承认这种划分，并把它看得十分重要，是把实证主义者和罗马天主教古怪地联系在一起的纽带之一。它也是很多法国政治学者喜欢谈论的话题之一，它尤其是开明的天主教理论的基础，也是试图调和罗马天主
70 教会的教义与现代自由主义观念之关系的那些人的基础。

如果我的理解是正确的，效忠教皇的一派并不接受这种观点，而是接受了另一种观点，至少在我看来它要合理得多。我想可以把这种

观点表述如下：宗教权力和世俗权力的区分，不在于它们统治着不同的领域，而在于它们采用不同的统治手段。宗教权力是司钥权，是开启和关闭天堂、炼狱和地狱之门的权力，在某些情况下，可能也是通过超自然方式干预一般自然过程的权力。世俗权力是掌管现世生活的各个分支、各种利益、自由和名声——总之，这个有形世界的一切希望和恐惧——的权力。这两种权力都可以用来影响思想和行动。一个人若是偷东西或不守教规，可以把他投入监狱或逐出教会。这两种权力对人们的行为共同行使着管辖权。世态健康时，它们会朝着一个方向用力；不健康时，它们会发生冲突，而一旦发生冲突，较强的一方将战胜另一方。人们倾向于认为，与世俗权力相比，宗教权力所能施加的惩罚要沉重得多，如果这种惩罚是实实在在的，那么它显然是真正的惩罚。由此得出的最终推论是，教皇及其神职人员才是普天之下正当的君主和统治者。

如果这种论说的基本假设是正确的，它便是完全无法驳倒的；开明的天主教徒为了避开它，试图在两种权力的统治领域之间，而不是在它们所掌管的惩罚手段之间，画出一条界线。对于这种努力，只有根据它们在以下场合的实践效果，才勉强可以接受：人们想为把神职人员逐出世俗领域找理由，他们没有道德勇气直面这些人，向他们坦然说出一个明明白白的事实，你们的要求是没有道理的。

下面的思考可以使这一点变得一目了然。首先，人类生活是一个整体。思想、动机、愿望和意图是混合在一起的，根本无法加以区分。不管精神或灵魂是什么，它不仅是统一体的一种形式，而且是它的最终形式，我们正是从这种形式中获得了对它的认识。人本身有别于使他行动的各个器官；从萌生一种想法，到最终产生外在的行动，他的行为如流水一般（打个比方）是从不间断的。任何行为都带有精神因素，任何权力都是精神权力。一个人不管是念祷词还是买房
71 产，其实是他的精神或灵魂——不管它们是什么——在做祈祷和买房产。无论他期盼的是天堂，还是声色犬马，不管他害怕的是来世的地狱，还是今世的皮肉之苦，其实都是他的精神或灵魂在期盼和害怕。因此，根本不可能找到所谓人生两个部分的中心或边缘，尽管很容易想象各种期盼和恐惧会作用于整个人生。

如果我们从另一端处理这个问题，考察人们为生活的两个领域画出界线的企图，我们会得出同样的结论。从未有人能够根据合理的原则画出这一界线，或决定应该由谁来画出这一界线。就拿十分具体的事情来说吧，谁能分清楚涉及婚姻、教育和教会财产的法律到底属于精神领域还是世俗领域？它们显然同时属于这两个领域。它们触及人类灵魂的深处。它们影响着日常生活中最重要的外在行为。再者，就算存在着这样两个领域，就算世俗权力和宗教权力是相互独立的，那么显而易见的是，它们之间的界线要么必须由其中的一方来划定，要么就得通过双方达成一致加以解决。如果双方都有划定界线的权力，而一方比另一方更强大，另一方就只能接受强者提供给它的结果。由此带来的后果是，要么教会成为世界的统治者，国家依靠并臣服于教会，要么国家成为统治者，宗教则按国家的法律订立契约，成为自愿形成的社会团体。换句话说，如果两种权力中的一方可以划定自己的界线，那么这两种权力就不可能是相互独立的。如果界线是通过协商达成的（天底下还从未有任何地方做到这一点），那就不再有通过天

然边界形成的两个领域，而是只有相互讨价还价的两种对立的权力。我们不再有一个教会和一个国家，它们拥有各自的天然地盘；而是有性质不同、相互冲突、订立契约的两个国家或两个教会——随便你怎么称呼它们。这仅仅是一种遵照惯例恰好达成的安排，它没有解决按事物的本性划定界线的问题，而根据那种理论，它是应当这样做的。

基于这些原因，我认为效忠教皇的一派关于教会和国家之关系的观点是正确的：两者的区别不在于统治领域不同，而在于制裁手段各
72 异。倘若这样说是对的，那么很明显，这种区分便与意见是否应该受到强制的问题无关，而只涉及意见应该受到何种强制的问题。区分世俗领域和宗教领域所要达到的目标或者说主要目标之一，是画出一个使自由得到保障的区域。有人论证说，在精神领域不应该有世俗的强制。意见属于精神领域，故不应该有针对意见的世俗强制。如果人类的整个生活是发生在这两个领域，那么以上论证显然是不适用的。

我否认存在着这种区分，可是在实证主义者的著作中，它却占有相当显著的位置，这些人在我国颇为引人瞩目，使我们有必要考察一下他们对这个问题的观点。应该说，我对他们的观点的了解，主要来自这个团体中的英国人的著作。我想，我已经读过他们大部分的著作，我从中看到许多陈述，除了其他内容之外，讲到孔德对这个问题和其他问题的观点。它们从来没有说服我去进一步深入了解孔德本人。除了我在这里看到的理由，还有更多的理由使我断定：研究他的
73 作品无异于虚掷光阴，不会有任何收获。[55]他对自然科学的思考有何价值，我不想妄加猜测。但是，他的门徒的作品，尤其是他们对他的观点的阐发，大概最重要的是，他们对他的生平的介绍，给我留下的

深刻印象是，他的社会和道德思考最终不会有多少真正的价值。我谈到这一点，是因为我在很大程度上是利用二手文献讨论他的观点，这也许有欠公允。

在他的英国门徒的著作中，有关精神权力和世俗权力之关系的论述比比皆是，以我的感受而言，它们处处倾向于贬低后者，抬高前者。我还认为，利用这种区分的目的，是要根据上述理由，把宽容作为一种普遍义务加以强化。这些来自于实证主义者的观点没有因为一个难题而陷入窘境，不过在我看来，这个难题使它们变得不可理喻。即使像他们那样思考，我也无法理解这种区分的性质是什么。

如我所说，信仰来世的人所说的宗教权力和世俗权力之分，其含义是十分清楚的。但是还有一些人的主要教义是，根本就没有来世，就算有，我们对它也一无所知和无能为力；“精神”和“灵魂”以及诸如此类的说法，是一些臆造之物的名称，只适合于他们所谓的形而
74 上学的思想阶段[56]——如果这些人也坚持那种区分，上述难题便出现了。对于有如此想法的人，看到他们坚持认为宗教权力和世俗权力的区分乃事物的内在本质，就像看到无神论者把爱上帝作为道德体系的基础，或洛克的门徒把自己的哲学体系建立在一系列他宣称为先验原则的基础上一样。[57]

他们使用“精神”或“灵魂”这类概念时，我能够赋予它们最接近于这些人所使用的含义的办法是，让精神权力和世俗权力分别对应于劝说和暴力。精神权力属于诉诸和规制舆论的人，而世俗权力属于制定法律并通过法律对人们的肉体、利益和名誉进行惩罚的人。如

果我对孔德的了解还算正确，那么他关于精神权力的理论是：一个受到特殊的良好教育的阶层，应该对所有重大的道德和政治问题发表意见，这种意见所具有的权威性，就像如今科学团体对天文学之类的问题发表的意见一样；至于我们今天所理解的立法权和统治权，应该由次一级的阶层遵照为给他们提供指导而确立的原则去行使。我相信，他把这两个阶层分别称为精神权力和世俗权力，并用以下说法来证明自己采用这种区分是正确的：神职人员对人们的精神行使的真正权力，以其最高表现形式而论，在于他们诉诸并且代表着当时的舆论，而不在于他们拥有所谓的掌管人类未来的权力，甚或对人们的日常关切之事拥有某种程度的超自然影响力。

我确实不认为这是正确的，相反，在我看来，他所表达的这种区分是全然没有根据、是误导世人的。提出如此理解的世俗权力和精神权力，把它们作为泾渭分明的两个部门，通过它们对人类进行统治，每一个部门都有自己的行动范围，只要它待在这个范围之内，就应当受到另一方的尊重——这种观点包含着许多错误，其中的每个错误都对正确认识这个问题有着致命的影响。

头号错误是，这种理论完全误解了劝说和强制之间的关系。[58]它们既不是相互对立的，事实上也不可能作出截然的划分。它们是影响
75 人类的可以相互替换的手段，在涉及同样的问题时，这些手段可以、也总是、而且显然应当由同样的人来行使，并且施加于他们身上。如果有人具备影响他人的能力，那么只让他使用其中一种手段而不让他使用另一种手段，这无异于毁掉他的影响力。“只要马儿跑，莫用鞭子催”，这句古老的谚语有着普遍的适用性。如果说服就能管用，谁

也不会使用强制；通情理的人在说服失效之前是不会使用强制的。其实，说服在很大程度上是大规模使用暴力手段不可或缺的条件。它是暴力支配权的必要要素，不可能出于任何实用的目的把二者割裂开来。不管我们的精神权力是什么，谁都不会否认：英伦三岛的议会属于世俗权力。无论出于何种目的，无论针对什么人，只有得到议会的同意，才能够采用法律惩罚这种极端形式使用暴力。在能够获得议会同意之前必须采用多少种方式去做说服工作，就没有必要多说了。可见暴力要依赖劝说，没有劝说就不能动用暴力。跟其他体制相比，议会制政府在这一点上更明显一些，但在任何情况下道理是一样的。一个人除非事先用这样那样的手段说服其他人让他来掌管他们的暴力，不然他是无法统治自己的同胞的。在使用暴力的方向和目的上不征询别人的意见，谁也无法在相当长的时间内或在相当大的范围内使用暴力。

可见，暴力包含着与它紧密结合在一起的劝说。其实，劝说也是强制的一种，它表现为向人们展示他们的行为后果。总之，它是透过精神实行的强制。另一方面，强制也是说服的一种，当一个人因为害怕受到法律惩罚而被迫以特定方式行事时，他实际上是被“你不这样做就会受到惩罚”的论证说服了。这种论证极其简单，甚至只用打打手势的方式，就能让某些动物明白，但它仍然是一种论证。另外，当一个牧师说:“投票时按我说的做，不然神会诅咒你。”他所使用的强制就像他把手枪顶在教区居民的脑门上一样，尽管通过论证使用的强制要比其他情况下更为细致。一个外科大夫对病人说，如果不接受痛苦的手术，他必死无疑。这算说服还是强制？若不是害怕失去更看重的东西，谁也不愿意缺胳膊少腿。但是人们通常认为，外科大夫是在劝说病人，而不是在强迫他。

让我们继续这种思考。在使用强制和劝说的几乎所有事情中，有人是被说服的，有人则受到了强制，它们对人们的行为方式产生了同样的作用。一个父亲有两个儿子，他们都不好好念书。他对他们晓之以勤奋努力的重要，并且告诉他们，再偷懒就会受到惩罚。一个儿子发奋学习，所以没有受罚，另一个则因为偷懒而受到了惩罚。他们受到同样的刺激，可以说它们说服了一个，强迫了另一个。这仅仅是公民社会作用于个体的一个孤立的案例而已。它把一系列选择摆在每个人面前，一边是健康、财富和荣誉，是人生的全部享受，另一边是贫困潦倒、低三下四，在极端的情况下，甚至包括死刑在内的法律惩罚。这就是社会制度的全部作用的最终结果。在某些方面它们进行劝说，在另一些方面它们进行威胁。在接受劝说或威胁的人当中，有人听从了劝告，有人甚至把威胁也当作耳旁风，从而要不同程度地承担后果。不过，凡是活在社会上的人，他们生活中的所有行为都受到社会的劝说和威胁。

如果宗教权力是通过劝说发挥作用，世俗权力是通过强制发挥作用，那就可以说，普天之下所有社会都既是宗教社会，也是世俗社会；换言之，对这两个领域的区分是毫无根据的。世界上每一部法律和制度都可以说明这一点。不妨以财产权这项重要制度为例。在这件事上，不可能把劝说和强制分开。保护财产的法律既进行劝说，也进
77 行强制。它们使财产所有人享受自己的财产，从而劝说人们获取财产。它们对侵犯别人财产的人施以威胁，并用暴力方式对付他们。它

们是劝说还是强制，是利用了希望还是恐惧，这取决于人们看待它们的不同观点。

如果把宗教权力和世俗权力的区分对应于劝说和强制的做法以失败告终，那么唯一与它类似的另一种常见区分，便是理论和实践的区分。为何不能用它们自己的名称去称呼这种常见的区分，没有任何特殊的理由。但是，如果物质和精神的区分受到破坏，失去意义，从而被人丢弃了，我们就无法赋予“世俗”和“精神”这两个概念以任何其他的意义。把普遍原则说成精神现象，把它们实际的具体应用称为世俗现象，这无疑与日常用语具有某种一致性，不相信物质和精神之分的人如果也十分乐意使用宗教权力和精神权力这些字眼，这也许是最荒谬的做法。反对这种使用语言的方式，是因为它特别有可能引起误解。把理论家和实干家说成两种对立的，或在所有事情上相互独立的势力，这是在重复所有古老的谬说——即边沁在讨论理论和实践相互对立这种谬论的著作中谈到的谬说。建构理论和把它们应用于实践应该是携手并进的，它们应该相互检验、纠正，无论如何不应该让它们长期分离或南辕北辙。这样做的结果是，实干家为自己建构粗糙、浅薄和错误的理论，让它作用于他们的实践，理论家建构的理论则与事实几乎毫不相干。一个社会中有两个阶层，它们应当形成泾渭分明的等级，一个等级服从另一个等级——这样的社会无异于迂夫子的幻想。

一般性的结论是，一旦取消物质和精神之分、今生和来世之分、分别有自己的惩罚手段的宗教机构和国家之间的区分，那么精神权力和世俗权力的区分也将失去意义。

有人或许会问，实证主义者为何如此看重这种区分呢？如果它是纯粹观念混乱的产物，为什么它还如此吸引他们呢？前面提到的那段
78 话已经使我怀疑，孔德是否确实有些言外之意，要让他的弟子在现有状况下远离政治实践，一心传授他们那种教义的学说。经验告诉我们，从事思辨的人一贯为这类十分浅白的说法赋予一种具有极大普遍性的断语的形式；但是无论如何，所有的宗教改革者都喜欢旧瓶装新酒。在思辨的历史尤其是宗教思辨的历史上，我们可以发现大量事例，人们试图证明所有先前的作家和思想家都仅仅是他们的先行者，这些先行者在黑暗中摸索重大真理，他们蒙眬地看到了真理的某些方面，对它的全面认识尚有待于改革家本人。“瞧瞧吧，我的理论是如何让所有伟大的教义变得和谐一致的，而你们——以你们的方式行事的先行者们——却在摸索中毫无收获。”当许多宗教改革家看着自己的成果洋洋自得时，或多或少都会发出这样的感叹。孔德养成的这种嗜好尤其严重，一方面，他十分赞赏天主教的某些方面，另一方面他又深信，通常人们所理解的来世说以及对物质和精神的划分是没有根据的，他有责任要么为物质和精神之分以及精神权力和世俗权力之分赋予某种新的含义，要么承认罗马天主教会是建立在幻觉之上。在这两种选择之间他更喜欢前者，他试图创建一种关于物质和精神、宗教和世俗的学说，用它来代替和完善旧的学说。

就我迄今所知（我在不断修正自己的著作），他的门徒从未对这种学说作出明确的说明，缺少这种说明，与他们的理论体系不断遭到驳斥而这种理论又根本无法作出回答有着密切的关系。这种反驳是人所熟知的：钟表的摆锤已被取走，他们却指望它继续运转。他们否定

了使教士团体和信仰原则得以存在的前提，却想让这些东西继续存在。这是个大问题，值得稍加评说。

其信徒渴望主宰人类的无论什么宗教，都会纠缠于同样的问题。它们都对人性抱有一种理想，它们的信徒希望人类普遍遵循这一理
79 想，或是希望人们承认在所有重大事务上应当崇敬这种理想，不管他们是否遵循。凡是这样的宗教，都有一些最热心、最无私的支持者，他们被它道德上的完美和内在魅力深深打动，正如律师所说，“根据这一理由”，他们皈依了这种宗教。如果在耶稣崇拜中，所有个人得失的观念从今以后完全消失，耶稣就会拥有众多的门徒和信仰者。最初的佛教徒以及最真诚的佛教徒始终在期盼着，因为他们认为天下最美妙之事，莫过于修成善果或六根清净。爱的灵魂，托付的灵魂或有信的灵魂，既不需要奖赏，也不需要惩罚。他倾心于他的教义，就像男女双双坠入爱河，你拿他毫无办法，其完全没有恢复理智的可能性。这样的人，是所有伟大宗教的精髓所在。

不过，这种人在人类中间只占很小一部分。芸芸众生对任何事情都不会付出这种无私的热情。可是另一方面，他们并不拒绝信仰。在威逼利诱之下，他们会对没有给他们提出太多要求的任何教义，多少表现出正常的依从。[59]不错，不能说他们不喜欢它，但某种心思才是决定性的。大众真正的主要动机是个人的算计和欲望。他们是以自我为中心的；凡是意欲主宰人类的宗教，必须承认这一事实，诉诸个人的动机。在权力这个词的真实意义上，它不会成为精神权力——也就是说，除非它已经在实践上解决了这一问题，它不能把自己强加于人。人们都知道基督教、伊斯兰教和佛教是如何解决它的。甚至佛教

后来也设置了自己的地狱；但是对那些讲实际、有私心、不管天下事的人，实证主义却未置一词。有组织的宗教，对于信它的人来说它是多余的，在反对不喜欢它的人时它又是软弱无力的；它试图为“精神”一词增添新的含义，虚妄地把精神权力赋予它的信徒；它帮助废黜了古代的祭司，自己却又坐在他们的位置上——凡此种种，不过
80 是为了掩盖它的软弱而编造出来的幻想。没有任何实证主义者能够回答这一问题：如果有个人，他要么在内心里想，要么大胆直言：“按你的标准，我是个坏人，是个自私的人。我就打算做个坏人和自私的人了。至于你的精神权力，你和它滚一边去吧。你走你的阳关道，我走我的独木桥。”对于这号人，你该怎么办?[60]实证主义者只能说：“眼下你尽管走自己的路好了。我们志趣不同。但我们终将成为多数，那时我们就会说服别人逼你服从。”对此可以这样回答：“我这类人在人类中占绝大多数，除非你吓唬他们，否则你永远都说服不了任何一大群人。不定什么地方，也许有一匹能自觉赶路的马，然而你若是没有缰绳和鞭子，想驾驭一辆四轮马车是不可能的。信仰的说教者不把握人的私心，他就必须彻底断了掌握权力的念头，不管是精神权力还是世俗权力；因为，可以公然反抗而不受惩罚的权力，根本就不
81 是权力，至于你，你不过是个‘贪图虚名者协会’中的可怜虫。”

第四章 自由学说在道德中的应用

前面我讨论了密尔先生的原则及其实际应用于思想和辩论自由的理论基础。现在我来谈谈它在道德上的应用。为了避免被误认为无的放矢，也许有必要重述这一原则。“在社会以强制或控制的方式对待个人方面，它具有绝对的主宰力，无论那种强制使用的手段是法律惩罚形式的物质暴力，还是民众舆论的道德强制。本书的目的在于申明一条非常简单的原则，这条原则就是：人类被允许以个人或集体的方式对他们的任何成员的行动自由进行干涉，唯一的目的就是自我防卫。”接着他又说，“从这种每个人的自由中，产生了个人之间在同样的限制内相互联合的自由；出于任何目的的结社自由都不可对他人造成侵害。”（《论自由》，15—16/226）

我们从这条原则中可以合理地得出以下结论。一些人为了串通一气诱骗妇女，大力宣扬通奸是件好事，从而结成一个社团。他们为此建立了一个出版、传播淫秽小说和小册子的组织，处心积虑地激起年轻人和毫无经验者的欲望。英国的法律会把这种做法视为犯罪。

这类书籍可以称为淫秽言论，为此目的而成立的这种团体可以称为阴谋集团。很明显，密尔先生不但会认为这是错误的，而且，如果报纸态度激烈，他们在谴责该团体时采用的语言比平静讨论这种“人生试验”（《论自由》，81/281）是否恰当时所采用的语言稍嫌过分，那么密尔先生还会视之为迫害。在我国，这种社团是不可能存在的，因为即使国法不管，私刑也绝不会坐视。密尔先生会顺理成章地认为，这提供了一个可悲的证据，证明了我们的褊狭与对真正的自由原则的无知。[61]

密尔先生讨论一个实例时采用的方式与此极为相似，他试图用这种方式回答人人都会想到的一种异议，大力张扬他本人学说的价值。他的实例是：“比如说，必须容忍通奸，就像容忍赌博一样；但是，一个人有当老鸨或开赌场的自由吗？”（《论自由》，99/296）他对双方都做了论证，却没有给出结论，其中最有力的论证如下：

> 宽容派会说……如果我们一直捍卫的原则是正确的，判
> 83 定只涉及个人的事情为错误就不属于社会的职责；这是不言而喻的，你有劝说的自由，别人也有劝阻的自由。对此可以反驳说，公众或国家固然没有得到授权，以镇压或惩罚为目的去裁决那些只影响个人利益的行为是好是坏；但是，如果它认为这种行为是坏的，它便完全有理由假定，这种行为是好是坏至少是个有争议的问题，作出这种假定后，它尽力排除那些不可能无偏私的煽动家的绝非无私的教唆影响，就没有什么不对——这些人有明确的偏向于一方的个人利益，而

国家认定这一方是错误的，这些人促进它仅仅是为了个人的目的。(《论自由》，99—100/296—297)

有一种圆滑，是把对自己的反驳写在脸上。如果国家或公众没有能力断定粗俗的恶习是坏事，它如何能够断定任何问题？我不认为国家应当向拉皮条的示好。“我无意冒犯你更好的判断力，也无意用我的观点与你作对，但我还是要说，出于某种目的，我有权认为对于你的人生观是否正确这个问题，可以有两种看法。我不想断然谴责我所反对的人生试验（我确信，仅仅观点有异，并不会冒犯你这样一位胸怀宽广的人），但我仍然不得不说，你选择人生过程时的个人考虑（这无疑是出于一些令你满意的理由，但它并不能使我信服）未尝丝毫没有使你产生偏见。因此，我怀着万分的敬重，斗胆恳请你不要从事这一行；至少我并非不愿意认为，在通盘考虑之后，我还是不得不做。”我觉得，倘若社会能够揪住这人的衣领，就应当对他说：“你这个无赖，说不定你会因为你天生的恶习不改而倒霉，或者应当把我对你的看法用鞭子印在你的后背上。决定这样的问题根本不必考虑你的愿望和感觉；至于我对你的看法的性质，是没有任何疑问的。”

我认为，大多数人无论如何都会觉得后一种说法更自然。哪一种说法更恰当，我将做进一步的说明，但还是先来引用我所讨论的密尔先生著作中的另一段话为好。在提出应该让个人的恶习自行其是的理论之后，他接着说：

许多人会否认这里指出的区分，即个人生活中只牵涉自

> 己的那一部分与牵涉他人的那一部分的区分。（有人会问）社会成员的任何一部分行为，怎么会与其他成员毫无瓜葛呢？任何人都不是完全孤立的，一个人的行为严重或永久伤害了他自己，就绝不可能不伤害到他的亲人和朋友，甚至经常超出这个范围。（《论自由》，80/280）

他接下来用十分恰当的事例强化了这种观点，对此我无须再引用。然后他又提倡压制过度饮酒的人的一段话，其中一个例子如下："说到侵犯我的社会权利的事情，酒后驾驶马车当然就是一例。它不断制造和激起社会混乱，从而侵犯我的最起码的人身安全权。"（《论自由》，89/288）对此，密尔先生评价说：

> 一种"社会权利"理论——类似的理论大概从来没有如此清晰地表述过——说，人人都拥有绝对的社会权利，所
> 85 有其他人在所有方面都应当不折不扣地做其当做之事；不管是谁有过失，稍微侵犯了我的社会权利，我就有权要求法律消除这种伤害。这种令人恐怖的原则要比对自由的简单干涉更加危险……这种教义赋予全人类一种在道德、智力甚至身体的完美方面互为相关的利益，而这种完美是每个人根据自己的标准制定的。（《论自由》，89—90/288）

不避自相矛盾之嫌，我承认，密尔先生视为如此恐怖的理论，在我看来只是在有关权利和立法的用语上有些缺陷，我随后还会论及这

一点。一个简单的事实是，对个人而言除了同胞关系之外，与他没有任何确定关系的千百万人，不但他们的行为，而且他们的思想、感觉和观点，都与他有着深刻的利害关系。一位大作家在思考中犯下错误，会误导他未曾谋面的无数人。我们都是彼此的组成部分这个贴切的比喻，不过是对事实的描述而已。如果一个人被孤零零地留在世上，他就不再是人了，就像脱离身体的手不再是手一样。

下面我要谈谈密尔先生应付上述异议的方式，不过我必须顺便指出，当他陈述他根本没有回答或只是笼统回答的异议时表现出的勇气，最清楚地表现出他的坦率和诚实。他的回答具有双重性。首先他承认，如果一个人“因为这类行为”（如只顾自己的恶习），“没有履行法律指定他对其他人明确承担的责任，那么在这种情形下，这类行为就脱离了只顾自己的范畴，应当受到适当的道德谴责。例如，如果一个人因为自我放纵……变得无法还债……他就应该受到谴责，或许还应该受到法律的惩罚，但这是因为他没有对债主……履行责任，而不是因为他的放纵”（《论自由》，81/281）。一伙人在公共场所聚众酗酒，舆论只应谴责那些囊中羞涩的人。其他人是在尝试恰好与其嗜好相一致的“人生体验”，别人无权对他说三道四。

至此为止，密尔先生的辩护词是有条件的认可。他承认，当一个人的不良行为明确伤害到具体的另一些人，他应该受到惩罚。“至于一个人的行为既没有违反他对公众的任何具体责任，也没给除他本人之外的任何具体个人造成可以感受到的伤害，他因此给社会造成的仅仅偶然的或者可以称为建设性的伤害，为了人类自由的更大利益，社会就应该承受这种不便。”（《论自由》，82/282）人们自然要问，为什么应当这样做？尤其要问，密尔先生理解的“人类自由”是好事还是坏事？他对这个问题提供了两种回答。首先，“社会对人生的所有早期阶段拥有绝对的权力：在全部孩童时期和未成年时期，要尽力使他们能够在生活中作出理性的行为”。现在这一代人本身就不完美，当然无法保证下一代人“完全聪明而善良”，但它能保证正在成长的一代从整体上跟它同样优秀，或比它更优秀一些。“如果社会使它的相当一部分成员长大以后仍像孩子一样行动，无法对各种隐蔽的动机有理性的考虑，那么社会本身是难辞其咎的。”（《论自由》，82/282）其次，社会向成年人指手画脚会引起反叛，“反对公众干涉纯粹个人行为的最强有力的论证是，当它进行干涉时，很可能是在错误的地方进行错误的干涉”（《论自由》，83/283）。

这就是密尔先生的全部论证，在我看来它太经不起推敲了，我甚至担心自己对它是否有正确的理解。就算我有误解，也不是有意的。以它本身而论，它似乎包含着以下错误。

首先，对密尔先生承认法律惩罚具有正当性的事情与他否认其有正当性的事情加以区分的原则并不存在。真正的原则是，损害他人的私人恶习可以受到公正的惩罚，如果损害是具体的，则受害人就是可以确认的，仅此而已。如果问题涉及在大多数情况下对这种人提出控告的可能性，我会同意他的看法。刑法是一架极其粗暴的机器，必须慎用；但是，指出实践上的困难给应用一条原则造成了限制是一回事，否定原则本身则是另一回事。在考虑这样的问题，即特定的行为应否受到法律惩罚时，密尔先生的限定条件值得考虑，但是他把它既用于“舆论的道德强制”（《论自由》，13/223），也用于法律强制，

87 而他所指出的实践上的困难并不适用于后者。家财万贯、祖荫隆盛的年轻贵族，是名门望族的代表、地方社交的天然领导者，如果这种人虚度光阴、骄奢淫逸，那么他们与寻常的小偷相比，对社会的危害要大得多，可是密尔先生却说，如果人们有机会让他们觉得自己可耻，利用这种机会使他们走正道，就是违反了自由原则，除非这些人确实对特定的人造成了明确的伤害。这样说大概是正确的："公爵大人，你做得太过分了，居然包养了四个情妇，在伦敦和巴黎各有两位，你这是为自己的朋友树立了榜样，使他和情妇私奔，你这个大流氓活该遭罪，你身为公爵就更该如此。"下面的说法却绝不可能正确："公爵大人，你太寡廉鲜耻了，你应该为此受罚，尽管法律管不了你。"这两种说法之间的区别更容易被人忽略，而不会被人误解。[62]

其次，在不应受到法律干涉的事情上反对法律干涉的论证，也都有显而易见的回答。密尔先生说，如果成年人有严重的恶习，这是社会的过错，因此不应惩罚他们。这种论调太过分了，因为对更严重的犯罪同样可以更加理直气壮地这样说，而人们公认这种犯罪应该受到惩罚。它是不合逻辑的，因为不能说社会引起了过错，社会就不能惩罚它。一个人因为醉酒摔断了胳膊，他清醒之后也许必须切除它。它完全承认干涉的原则，因为它假定，社会对少数人的权力是并且应该
88 是绝对的，少数和多数只是程度问题，两者之间的界限带有任意性。

最后，它夸大了教育的力量。用猪耳朵是做不出钱包来的，天底下的猪耳朵再多，制革工艺也无法把它们变成有用的皮革。

密尔先生的另一些论证是，在这种情况下强制会使人们反叛，最

重要的是，道德迫害者本人很可能是错误的。确实如此，而且十分重要，但它所证明的不是根本不应当使用强制，而是应当谨慎地使用强制。

据说，婆罗门教徒对牛在农耕中的重要性念念不忘，于是教导人们应当把牛当作神圣的动物。即使它闯入店铺，吃掉店主的粮食，也千万不可以阻拦它。千万不可以杀牛，即使出于对它的怜悯。如果它漫不经心爬上悬崖，摔断了骨头，秃鹰挖去它的眼珠，把它啄食得遍体鳞伤，也只能让它自己死去。在印度的许多城镇，英国政府将一半圣牛运往穆斯林屠宰场，另一半用来为军队运粮。这种安排使许多事情变得更好了，尤其是农业并未恶化。自由就是密尔先生的婆罗门牛。

我很难理解，密尔先生的个人自由教义如何能够与他的另一种理论——如果有机会的话，我会对它作更全面的介绍——协调一致。这就是他在《功利主义》一书中提出的正义理论。在对“正义”的多种不同含义做了漫长而有趣的讨论之后，密尔先生终于得出了如下结论:“我们不说任何事情是错误的，除非我们指的是某人因为做了这种事而应该受到这样或那样的惩罚；不受法律的惩罚，就受舆论的惩罚；不受舆论的惩罚，就受良心的谴责。这似乎是区分道德和单纯的权宜的真正分水岭。每一种形式的‘责任’观念的内容是，可以正当地强迫一个人履行这种责任。”（《功利主义》，246）他在另一段话里又说:“正义感的构成要素之一是对惩罚的需要，我认为它是因为
89 对受伤害者的认识和同情而产生的报复和复仇的自然情感，这种伤害使我们全都受到了伤害，或者使整个社会共同受到了伤害。这种情感

本身没有任何道德成分；道德是指使这种情感只服从社会情感，等待和听从它的命令。自然情感倾向于使我们不分青红皂白痛恨任何一个让我们觉得厌恶的人。它得到社会情感的教化后，便只会采取与普遍利益相一致的行动。”（《功利主义》，248—249）

在我看来，这些话肯定了我一贯主张的原则，与《论自由》中的学说完全矛盾。前一段话包含着这样的结论：把放荡行为称为错误的意思是，行为放荡者应该受到舆论或他们自己良心的惩罚。第二段话包含的结论是：受到社会情感教化的正义感，是一种针对放荡者的复仇情感，它是按照符合普遍利益的方向行事的——也就是说，它的行动取向是限制这个人放纵自己的恶习，因为它给人们树立了一个恶劣的榜样。我以为，不论以多么鲜明的方式表达这种学说都不为过：舆论应该限制恶行，不仅是为了明确的自卫，而且是基于一条普遍的理由，即恶行是坏事，人们应该以恰当的方式相互限制这种坏事。

对此也许可以回答说，这种批评微不足道，密尔先生只要删去《论自由》中的两三行，承认自己的学说有点儿说过了头，即可把它彻底打发掉。我认为并非如此。从《论自由》中删去这几句话，整个理论体系也会轰然倒塌。密尔先生的论述构成了一条思想链，任何一个环节都无法拆除，不然就会破坏它的价值。从《论自由》中删去这几行，剩下的就是一些几乎不值得关注的常识。在这种情况下，该书的学说就变成下面这个样子：除非为了自卫，否则人们对彼此行为强加的刑法限制没有任何正当性，但是他们通过舆论对彼此行为进行限制是正当的，不仅为了自卫，而且为了包括受限制者自身利益在内的共同利益。这与密尔先生所主张的学说已经大不相同了。我认为它并不正确，但几乎不值得讨论。在实践中它不会影响意见自由和辩论自由的问题。如今刑法的限制已经很少，而且大多数都有某种正当理由。此外，正如我随后要说明的，有许多理由去反对扩大与自由完全无关的刑法范围。简言之，刑法在我国已经确立自己的标准，尽管它在许多方面十分重要，但很难被视为对体面的人构成了可以让他们感觉到的限制。对广大的人群而言，禁止抢劫的法律使人感觉到的限制，并不比穿衣服的必要性让人感觉到的限制更多。

使人人都会感到忧虑的唯一限制是对舆论的限制，也就是密尔先生所强调的“社会不宽容”。这个问题在实践上十分重要，正是这种限制，在过去阻碍着（现在已经没有多少妨碍了）宗教异见的表达，阻碍着女性从事一些在女性中不常见的行业，阻碍着有关社会等级的既有观念的改变，等等。总之，舆论的限制是一架巨大的机器，它保护和维持着共同构成了积极道德的全部信仰、习惯和传统。密尔先生所阐述的自由理论的真正目的是要确立一项原则，对于特定的人可能选择的人生试验受到的干涉，它统统予以谴责。它毫无用处，因为人类的智慧根本无法对精神和肉体强制分别具有正当性的事情加以区分，除非是来自于刑法的本质和将它付诸实践的困难之间的区分，而这仅仅是微不足道的技术问题。所以说，密尔先生的学说，即除了自卫以外，无法证明舆论对人们只关乎自身的恶习进行强制的正当性，不仅是其理论一致性的要素，而且是其实践中最重要的内容。

下面我要谈谈我本人对道德和立法的关系这个问题的看法，以及“议会法案”或“舆论的道德压力”可以或应该使人们在多大程度上变得善良。

在这件事上，我提不出任何简单的原则。我不认为在这个问题上
91 存在着密尔先生提供的那种简单而准确的答案。然而我认为，可以把与答案相关的要点进行分类，前文提及的方法也可以简化讨论，即考虑人们采用强制手段所要达到的目标是否可取，采取强制能否奏效，以及付出的代价是否合理。

目标是，在不使用强制的情况下使人们的生活比过去变得更好。这种表述太笼统了，如果不对道德在人类事务中的一般位置，以及它产生和发挥作用的方式进行初步的观察，几乎无法理解。

人们是如此紧密地联系在一起，因此根本不可能说明最具个人性质的行为产生的影响能波及多大的范围。一种重要宗教的创立者的情感，一名大哲人的沉思，一位伟大将军的筹划，会影响到千百万人的生活、思想和感情模式。亨利八世❶的个人感情对英国宗教改革的作用，不过是使通常暗中发挥作用的原则昭示于世人的事例之一。每个人的生活中都有一些事情无疑是别样的，但是把全部的印记都留在了他的一生之中。一桩美满的婚姻——无数意外事件中的一件就会阻止它的发生——就可以使人形成乐观向上的人生观。一个本来知足而和蔼的人，感情上的某些隐秘伤痛——也许只有两三个人知道底细——会使他变成禁欲主义者、乖戾的妄想狂或社会叛逆。如果但丁本人很

---

❶亨利八世（Henry VIII，1492—1547）：英国史上最有争议的国王之一。他为得一男性继承人先后六次结婚，为此与天主教会决裂，此举推动了英国的新教改革，但也使英国陷入长期的宗教纷争。莎士比亚有剧本《亨利八世》讲述他的故事。——译者注

幸福，或莎士比亚的生活很悲惨，如果拜伦能跟查沃思[1]小姐喜结良缘，伏尔泰没有受到虐待，他们在文坛的影响将会是完全不同的景象。由此可见，我们根本无法为人们的言行对他们相互之间的重要性划定任何界线。他们的存在，他们在场的事实，他们通过眼神举止表现出的气质，更不用说他们的语言和思想，这些因素给人们相互之间造成的影响，我们更是无法划定任何界线。如果地球上的居民全都身心健康、朝气蓬勃，如果他们人数不是很多，如果他们很快成熟并在丧失能力之前就死去，那么每个人都会更加幸福。这是因为他目前的
92 状况不同于假想中的他本人所处的状况；还因为健康强壮的人在稳定而健康的社会中的处境，不同于他在一个悲惨的社会中的处境。把健康和疾病比作善和恶是极容易的事。它们在一些实质方面固然有所不同，但在一些要点上却是很相似的。恶像疾病一样具有传染性，给人幸福感的善也有感染性，虽然健康没有。善与恶是可以传播的，在某种程度上甚至是可以世袭的。善与恶就像健康和疾病一样，有着广泛的一般性原因——尽管它们总是存在——通过人类的努力也可以得到极大的改善，但它们并非总是强迫我们去关注。清新的空气、干净的饮水和可口的食物，已被公认为健康的重要条件。在道德上保持高标准，惩恶扬善，学校或团体中所说的良好的道德品格，则是善的重要条件。当军人把吓破了胆的军队描述为“风纪崩溃”时，他们这种说法是很不客气的。

此外我们还要记住，善与恶及其同义词，在不同的时代和地区有

[1]诗人拜伦曾在1803年疯狂爱上邻居的女儿玛丽·查沃思。——译者注

不同的含义。我会另找机会更详细地讨论密尔先生的伦理观，并说明我在一些要点上与他有多少共识和歧见。这里我只需要说明，根据一种行动产生幸福的倾向去检验它的道德性质，在这一点上我与他的观点一致，但这需要一些重要的限定条件，我将举例说明其中一条。不同的人有着十分不同的幸福观。不同的民族、时代和阶层有不同理想，如同不同个人有不同的理想一样。基督徒的理想不同于古罗马人的理想，罗马天主教徒的理想不同于新教徒的理想，天主教一般信徒的理想也不同于献身信仰者的理想。例如，比较一下高乃依[1]和波尔·罗雅尔修道院[2]的道德或波尔·罗雅尔和耶稣会士的道德吧。它们之间的差异，就像栎树、榆树和落叶松的差异一样。它们都有根、干、叶、枝，以及属于一棵树的一切，但是从树根、树皮到果实和枝叶的形状，在每个细节上都迥然不同。

不但道德的种类不计其数，其中一些还相互冲突。例如，如果一
93 个伊斯兰教徒完全实现了他的理想，将他的人生试验付诸行动，他肯定会成为统治种族的一员，把伊斯兰教的敌人踩在脚下，强迫他们在臣服与战争之间作出选择。他肯定对信徒和异教徒一律实行古兰经律法。简言之，他必定从事征服。如果英国人来到一个伊斯兰教徒已多少意识到他们的理想的国家，打算用以自由作为其箴言的一套信念统治这个地方。一段时间之后英国人就会发现，尽管他们认为不以任何

---

❶高乃依（Corneille，1606—1684）：法国剧作家，所作悲剧多反映英雄面对爱情与职责之间的选择引起的强烈感情冲突。——译者注

❷罗雅尔修道院（Port Royal）：巴黎近郊的著名修道院，建于1204年，曾是詹森教派的活动中心。——译者注

原则进行统治令人愉快，但这根本行不通，所以他们在实践中不得不作出选择，要么以英国的方式，要么以伊斯兰教的方式进行统治。于是他们选择了英国人的方式。假定这个过程没有替代或要颠覆穆斯林的观念，是荒谬可笑的。这不过是在令人不悦的事实面前退缩不前。

这仅仅是以下普遍事实中的一例：使人类结合在一起的内心深处的同情和无数纽带，使他们各具特色的品格和观念的差别，会在他们之间产生并且必定永远产生持续不断的冲突。他们就像被绑在一起却要各奔东西的猎狗。密尔先生喜欢让它们各走各的道。这一建议令人倾倒，只要差异不是十分明显，人们似乎也会采纳它，但是天底下没有被投票拆散的夫妻，从长远看它也阻止不了强壮的狗奔向自己的方向，另一些狗尾随其后。因此我们可以断定，在道德和宗教领域，人类之间存在着而且必定存在着战争和冲突。好人和坏人、善良的人和邪恶的人的品质是不同的，而且他们确实是相互对抗的。他们之间存在着真正的、本质性的、永恒的冲突。

乍一看，这似乎是愤世嫉俗的怪论，但看看与它密切相关的另一种理论就会发现，它远不像看起来那样可怕。倾向于使人们联合起来，使他们关心彼此幸福的影响力，与那些使其相互冲突的因素相比，数量更多，力量更强大。这种因素的作用不是杜绝了冲突，而是使他们处在友好和善意行为的环境之中，从而将他们限制在一定范围
94 内，防止他们走极端。一个人对这些冲突关系的感受以及用自己的行动去实际调和它们的程度，是衡量其人格的深刻、敏感与活力的一个不错的标准。悲剧的绝大部分魅力，都是来自情感冲突的表现，这种冲突本身便是人生的悲剧。以熙德面对两难选择时无数的喃喃自语中

的一段为例，当他或是让凌辱自己父亲的人逍遥法外，或是为了惩罚就得杀死自己情人的父亲时，他说：

Cher et cruel espoir d'une âme généreuse

Mais ensemble amoureux,

Digne ennemi de mon plus grand bonheur;

Fer, qui cause ma peine,

M'es – tu donné pour venger mon honneur?

M'es – tu donné pour perdre Chimène?❶

这是人类相互之间的态度的一个写照。只有当人类彼此完全漠不关心，也就是说，只有当社会消失了，才有可能实现彻底的道德宽容。另一方面，如果把一切冲突都当作斩草除根的战争，社会将以更迅速、更令人激动的方式终结，但这不是解决问题的办法。

在两者之间取得折中才是健康的状态。有无数的差异显然增加了生活的乐趣，没有它们，人生会变得单调乏味，让人不堪忍受。此外，有一些差异，既不能置之不理，也不能不经冲突而得到解决，还有一种真正的差异，相关的冲突与其说是善恶之间的冲突，不如说是

---

❶这高傲却沉入爱河的灵魂，
竟成了我最大幸福的敌人。
让我苦熬的利剑啊，
你是要我为荣誉而复仇？
你是要我失去施曼娜？
（高乃依名剧《熙德》第二幕）——译者注

善的不同形式之间的冲突。在这种情况下，除了心胸狭窄的狂热分子——他们的头脑只能接受一种观念，或只能着迷于一件事情，而且通常是很无聊的事情——以外，人们唯一需要的是寻找机会，以平和的心态去检验自己的力量和技巧。卑鄙下贱、懦弱胆怯的性格的最可靠标志，就是在参与争论时，不能以公正、平和、仁慈、友善的态度
95 对待对手，缺乏欣然接受公平的失败并充分利用它的决心。英国人的特殊品质，他们足以弥补许多恶行——我们倾向于误解其性质、忘记其弱点的那些恶行——的美德，就是我们在实践中普遍承认这一条伟大的真理。我们生活中的每一件事，从学童的玩耍到公共生活中最重要的竞争，甚至像他们在 17 世纪那样陷入长期内战，都表现为这样一种斗争：尽职尽责全力取胜，公平对待对手，失败后坦然接受结果、不放弃下次交好运的希望。战争必定存在，没有它生活就难以维系，但我们能够按照我国的风俗参与战斗，做一个讲风度、骨子里相互友好的男子汉，不为我们所看重的事情附上不着边际的价值。

简言之，自由和宽容的真正问题是：争论的目标有什么价值？人人都必须做、必须敢于做并予以忍受的事情——这是无疑会发生的事——是不是他们能够做、能有勇气做和能够忍受的事情；或者，在这种事情中，我们能否有尊严地暂时接受失败，并把握再次尝试的机会？根据对这个问题的回答，可以把斗争的形式分为两败俱伤的战争和友好的辩论。

这些解释使我可以重申道德不宽容的立法的目标，而不必担心受到误解。它的目标是：确立、维护并授权于立法者所认定的良好道德体系或标准。基于已经陈述的理由，我认为，只要这样确立和维护的

体系是好的，那么这一目标就是好的。任何特定的体系是好是坏，是一个不可能得出永恒定论的问题；然而我可以说，对人类而言，存在着大量的好事和坏事，尽管其好坏程度无疑有所不同。从立法的实践目标来看，精确的针对性并不那么重要。在任何特定的时代和国家，对这一目的而言，善恶的含义都是足够清晰的。今天的英国流行着许多道德学说，思考者对它们有着广泛的分歧，但这些学说更多的不是与特定的行为是善是恶的问题有关，而是与区分的确切含义、确定特定行为的道德性质的方式以及行善避恶的理由这些问题有关。因此必
96 须承认，抑恶扬善的目标既是可取的，从立法的目的来看也是十分合理的。

这样一来，剩下的问题就只是社会为此目的采取的手段的效用，以及应用这些手段的代价。社会用于抑恶扬善的重要手段有二，即法律和舆论。法律又有刑法和民法。任何一种手段的运用都要服从于特定的条件和限制，用议会法案或舆论的作用使人们从善的智慧，完全取决于在多大程度上认识到了这些限制和条件并据以采取行动。

首先以刑法为例。要想让人们变得更好，刑法的运用应该服从哪些条件和限制呢？在考虑这一问题时必须切记，刑法是社会为此目的所能运用的最强大、最粗暴的手段。它能够并且确实使犯罪变得极其困难和危险，这一事实充分展示了它的力量。的确，在文明社会中，它以铁腕手段杜绝了公然的犯罪，除非是犯罪变成了大规模内战。它的粗暴性几乎无须说明。它的打击如此严厉，因此只能施加于最严重的事件，而且要以各种方式谨防其被滥用或发生差错。一种行为被定为犯罪之前，应该有清楚的定义和具体的证据，它还应该具有这样的

性质：即使给行为者造成直接和间接的重大伤害，也有必要阻止这种行为。符合这些条件的单纯恶习即使有，也是很少见的。不言而喻，不可能对知恩不报或背信弃义的人提出控罪。这样的指控过于模糊，无法进行专业辩论，一方拿不出确凿的证据，另一方也拿不出反证。此外，对这种行为进行司法惩罚所必需的调查代价太高。必须从事大量棘手而微妙的调查，这会侵犯许多人的隐私。我认为，这些因素是反对将恶习普遍视为犯罪的决定性原因。

刑法过于严酷的事实也大大缩小了它的应用范围。在为了防止有人破坏将人们联合起来的共同纽带而采用的大量手段中，它属于
97 “最后的手段”（ratio ultima）。当一个人受到法律惩罚时，社会是直接而单纯地诉诸他的畏惧，放弃了对他动之以情的做法。换句话说，它站在明确的立场上，采用严厉的手段，毫不掩饰地对抗他的愿望；其结果是使他成为法律的反叛者。在衡量这种反叛的暴力性时，部分地根据受到禁止的欲望的暴力性，部分地根据法律能够依靠此人良心的程度。如果法律直接与某种强烈、傲慢的欲望对抗，而感觉到这种欲望的人并不承认它为恶，它也没有直接对他人造成伤害，那么这种法律就是利少弊多的；这也许就是不可能用法律直接对抗不守贞操的主要原因，除非它采取了令世人惊骇的形式。本人不想细致讨论这个问题，但是任何人只要根据这里的提示深入思考一下，就会发现这些事为严酷的刑法给自身设定的界限提供了一个鲜明的解释。

我想，考虑一下符合这些限定条件的不同行为即可发现，我国实行的刑法在很大程度上起着抑恶扬善的作用；我认为这是正确的。

对普通罪行即严重的暴力和欺诈行为的惩罚，其理由无疑是含糊不清的。可以根据自卫原则来证明其正当性，这与罪行的道德性质问题完全无关。然而不难证明，这些行为事实上受到禁止和惩罚，不仅是因为它们危害社会，所以应当阻止其发生，而且因为它们迎合了头脑健全的人想到这种事时产生的仇恨——把它称为报复心或怨恨，亦无不可。如能证明这一点，便可以说，刑法的本质是对较为严重恶行的惩罚，是明确宣布了一条原则：上面提到的复仇心和报复欲是人性的重要组成部分，在这类案例中应当以规范的公权力和司法的形式予以满足。

从得到普遍承认和遵行的规范惩罚力度的原则中，可以为此找到最有力的证据。如果报复心影响或应当影响惩罚的力度，那么所有加重或减轻一种行为之罪恶性的外部环境也将影响惩罚的加重或减轻。如果法律惩罚的目的仅仅是阻止特定的行为，事情就不是这样了。减轻罪行之罪恶性的环境往往会使惩罚加重。我坚持认为，如果必须同时顾及两个目标，这些外部环境将以不同的方式发挥作用，这取决于案件的性质。

如果法官面对两名罪犯，从案情来看，一个人无知而下贱，他在另一个人的影响下禁不住强烈的诱惑；另一个人是有身份有教养的人，他受到相对较轻的诱惑，就与前一个人一起犯下受控的罪行。我敢说，每一个英国法官若在两人之间作出区分的话，都会对前者作出相对较轻的判决。

倘若对这两名囚犯作出以下宣判，我们会作何感想？“你，张三，是个十分危险的分子，你无知而下贱，极易在你的共犯这类人的诱惑和影响下犯罪。这种影响对你这号人构成了实际上无法抗拒的诱惑。你属于数量庞大的一类人，只会生出最卑劣的动机。基于这些理由，我必须尽可能加重量刑的力度，本庭对你的宣判是，把你解送到你的出生地，再押往刑场处死。至于你，李四，你毋庸置疑是个声名狼藉的坏蛋。从道德上说，你和你的爪牙张三之间根本没有可比性。但我不考虑这个因素。你属于人数很少的一类危险分子。你所屈从的诱惑要轻得多，你的行为给我的印象是，你其实不十分在乎自己是否犯下此罪。从道德立场看这也许会加重你的罪行，但这说明你需要克服的动机弱于张三。此外，你属于有一定社会地位的人，人格的暴露
99 和损失对于这种人来说要可怕得多。这是你必须承担的后果。你的情况十分偶然，你不太可能愿意再次犯下此罪，其他人也不太可能仿效你。总而言之，我认为已经发生的事情像实际的惩罚一样足以惩戒他人。然而，我们有必要对你保持一定的控制。因此你将被交保获释，当传唤你时再接受判决，除非你今后改邪归正，你肯定会受到传唤，如果你不到庭，你的保证金将被无情没收。”

撇开这种观点的戏谑成分不谈，它的逻辑确实是无懈可击的。如果你对刑法的全部要求是以惩罚的直接震慑力去防止犯罪，那么诱惑很强烈的事实就是施以严惩的理由。在某些案件中确实如此。它说明了为什么政治罪行和违犯军纪的行为会受到十分严厉的惩罚。但是在大多数案件中，诱惑的强度起着减轻惩罚的作用，这是因为刑法发挥作用不仅是通过引起畏惧，而且通过间接但十分强有力的手段，即以明确的形式表达愤怒，让罪行在正常头脑中引起的报复欲得到明确的满足。

英国的刑法确实承认道德，这从以下事实可以得到证明：许多不需要特别列明的行为被当作犯罪，仅仅因为它们被视为极不道德的行为。

我已经说明了密尔先生处理这些问题的方式。我不揣冒昧地认为，它根本无法令人满意。它给我的印象是，他觉得这些行为应该受到惩罚，可是他只能用根本与他不相称的无聊之事，才能够使这种态度与他的基本原则协调一致。只要承认我所主张的法律和道德之间的关系，事情就会变得十分清楚。我提到的所有那些行为无疑是不道德的，有这种行为的人也会觉得不光彩。它们都可以得到清楚的定义，可以提出具体的证据或反证，法律惩罚无疑能使它们减少到很小的规模，能够使罪犯干这种勾当时不得不偷偷摸摸、小心翼翼。换句话说，它们的镇压目标是有益的，手段是恰当的。它们在实践中遵守着
100 极其重要的限定条件，这里我只需举出其中的一条，恰当地估量到人性之恶的人，对于如何惩罚单纯的恶习甚至靠助长这种恶习牟利的行为，是非常谨慎的，除非特殊情况要求进行惩罚。无论如何，对无害于他人的恶行应予宽容，这是一回事；赋予其合法权利，不仅容许其存在，而且大言不惭地宣称它是与其他事物一样美好的“人生试验”，有资格得到法律的同等保护，则完全是另外一回事。

下面我来谈谈民法在抑恶扬善——这是我的恰当表述——时可以或确实采用的方式。这是一个大题目，为了做到有条有理，我想用若干实例来说明它的性质。不过很容易证明，民法的几乎每一个分支都假定存在着道德上的善恶标准，公众愿意维持这种标准并在许多事情上实行这种标准，这与密尔先生的基本原则是截然对立的。[63]

与法律相关的事情是权利和责任，一切较为普遍和重要的权利与责任，都以某种道德学说为前提。契约是权责的一个重要来源。世界上有哪一个国家的法庭，会强迫执行立法机关视为不道德的契约？或者有哪一个国家，在特定案例中很难说清楚契约的目标或理由是否不道德？还有一些权利更具普遍性，易于受到错误行为的侵害。以人的
101 名誉权为例，它很容易受到诽谤。如果没有道德学说的协助，如何能够判断公开的诽谤是否正当？

在民法之道德属性的事例中，最突出的就是婚姻法和继承法。它们的基础都是与两性关系有关的基本道德学说。以私生子为例。私生子是“无父之子”（filius nullius）——他不能继承任何遗产，也无权对生父提出任何权利主张。所有这一切，除了表明立法机关方面有着强烈的决心，以所有可能的方式承认、主张和支持作为文明社会基础的婚姻之外，还能说明什么呢？它还合理地主张，这些法律严厉对待私生子，以此惩罚他们父母的罪恶。就我的论题而言，没有必要深入探讨这一点，尽管在我看来这种法律是正确的。我指出这一点仅仅是要说明，法律在多么漫长的岁月里习惯于坚持最重要的道德原则，法律的一个重要分支完全是建立在这种原则之上。这是以有效而恰当的手段促进一个可取目标的事例。

这些事例十分令人信服，我无须再用法律的这个分支对它作出补充，不过我要谈谈几个与同一主题有关的话题。让我们首先以反奢侈
102 法为例。密尔先生的原则无疑是谴责它们的，而且它们已经过时，因此可以说，除非我的原则也谴责它们，不然这一原则会处境不妙。我肯定不会根据立法目标不可取或不恰当的原则去谴责反奢侈法。减少

那些使生活变得十分艰难辛苦的奢靡浪费，对于一个共同体而言，我难以想象还有比这更大的福祉。我很难有耐性去观察一台绣花机。设计它的小聪明也许已经用无数方式使人类的物质生活变得更幸福，它的实际作用可能是让很多人佩戴上了一些仿造的装饰品，手工制品的优点在这种货色中已经所剩无几。如果有人能在实践中解决一个问题，即确保人类智慧的更高形式应当用于与它们相称的目标，此人便堪称他的同类的大恩人。然而，生活已变得如此复杂，既得利益如此强大、如此值得尊重，在这些事情上实施任何可以想象的法律显然是不可能的，因此我认为今天没有人会提议这样的立法。在更为简朴的时代，在很小的共同体里，这样的法律或许十分有用。对有关财产分配的法律和贸易条例也可以这样说。

103 教育法、兵役法和军纪都包含着极为重要的道德内容。密尔先生会第一个承认这一点；的确，在他的著作的一些段落里，他坚持认为，社会应该完全控制正在成长的一代，但这不应当成为它强迫成年人讲道德的理由。这与正确的结论相反。除非社会对教育内容持有某种道德原则，不然它怎么能够接受教育者的角色？一旦接受了这种角色，对人们进行教育，如何划定一条区分教育和彻底道德中立的界线？一个人教育自己的家庭成员时，他的权威赖以确立的基础主要是他的年龄和丰富的阅历；如果这种个人优势消失，以此为基础的权威也会随之消失。社会和个人的差别则有着不同的性质。社会所固守的原则和制度，不仅体现着共同体统治者的现有观念，而且体现着数百年经验积累的成果，它们构成了据以检验个体行为的标准，并以各种直接和间接的方式迫使人们去遵守这些标准。我想，这就是教育无止境这句话的含义之一。孩子成长为大人，年轻人变成老年人，是在一系列教育者的影响下成长的，每个教育者都会在他身上留下自己的印记。长大成人的孩子用自己与同龄人交往学到的经验教训去教导年迈的双亲，并不是什么不常见的事情。我们都在不断地相互教育，这个过程在任何情况下都是并且只能是道德的，同时也带有或多或少的强制性。[64]

至于密尔先生的学说，即只有出于自卫的目的，才能运用舆论的强制性影响，我认为这是十分明显的谬论，几乎不必予以反驳。简单一想即可证明这一点。它是一条根本行不通的原则。这就像告诉一朵玫瑰花，它只应当为了给花园的主人带来欢乐而散发迷人的芬芳。人们形成并相互表达自己的观点，这些观点共同地构成了舆论，其原因形形色色：为了自娱，为了讨论某事，为了满足这样那样的一时感觉；但是，这些观点一旦形成，其作用就与它们形成的原因无关了。譬如说，一个人被控以杀人罪却免于惩罚，人们出于好奇阅读宣判书，把它作为谈资进行讨论；但是，不管通过什么办法，一旦他们认为这人很可能有罪，他们就会对他唯恐避之不及，就像对待他们痛恨的任何事物一样。不管人们的意见有何起因，都会以这种方式发挥作用。

以上讨论的结论是，在许多情况下，法律和舆论确实对道德发挥
104 着强大的强制性影响，其目标在上述意义上是有益的，其手段适合于实现这些目标，付出的代价在某种程度上也不过分。果如此，则我认为法律和舆论起着很好的作用，而且我不晓得如何能够否定它的前提或结果。

当然，不论法律还是舆论对道德的有益干涉，都存在着一些限制；应当谨慎地遵守这些限制，这在实践中极为重要。这方面的重大原则，尽管不能作出十分准确的表述，但它们数量不多，也很简单。姑举以下数条：

一、无论立法还是舆论，都不应当多管闲事。在人们希望干涉的邻居的事情中，大部分都是鸡毛蒜皮的小事。没事找事、吹毛求疵是庸俗可鄙的人格特征，这种人事事都不放过，不相信别人能照顾好自己。针对这一小撮人的常识是完全有道理的，但是，想通过否认法律和道德之间的关系让他们就范，就像为了免受蚊虫叮咬而把空气和阳光赶出房间一样。

二、无论立法还是舆论，尤其是后者，一旦证据不足，易于造成极大的伤害和极残忍的不公。你并不了解一个人，却认为他很坏；你没有读过一本书，却认为它败坏道德，亵渎神明；你对一个问题并不了解，却对它评头论足。这些都很有可能铸成大错。这是先斩后审，或更经常发生的是根本不审。然而，这样说并不是否认经过公平审判之后再斩首。

三、在任何情况下，立法都要适应一个国家当时的道德水准。如果社会普遍表达的意见没有严厉而毫不含糊地谴责某事，那么你也不可能对它进行惩罚。试图这样做，必然引起严重的虚伪和公愤。要想进行惩罚，道德上的多数必须占有压倒优势。法律不可能比它存在于其中的民族更优秀，虽

> 然它可以并且能够维护公认的道德标准，可以随着标准的提升而日趋严谨。我们极为严厉地惩罚那些在雅典和罗马几乎
> 105 不受责怪的行为。也许，有朝一日，对通奸、诱奸甚至乱伦进行惩罚会被视为理所当然的事情，但就目前来看这种前景十分渺茫，甚至可以怀疑我们是否在朝着这个方向前进。
>
> 四、在任何情况下，立法和舆论都应一丝不苟地尊重隐私。明确界定隐私的范围固然不可能，但是可以对它作出大概的描述。生活中所有亲密、微妙的关系，都具有这种性质，让它屈从于冷冰冰的观察，或以错误方式表达同情的观察，都会造成巨大的创痛，而且有可能造成持久的精神伤害。不仅是陌生人的侵扰，而且强迫或劝说一个人过分关注自己的感受，赋予感情分析以过分的重要性，都有可能伤害他人的隐私。在这件事上，习惯用语提供了一个几乎十分完美的实践标准。凡是可以称为下流的行为，都是以这样那样的方式对隐私的侵犯。

这方面有一个完美的事例，我可以聊缀数语。它便是忏悔和道德决疑论（casuistry）[1]。就我浏览过的决疑论作品而言，它们似乎包含着一部精神刑法典，根据这一法典，人类在其思与行、意图与想象中所能犯下的一切罪，都以法律的精密和具体事例做了描述，并根据是

[1] 决疑论：在伦理学、法学和神学中判断规范与具体行为之是非关系时运用的一门思辨技术，例如一般而言说谎是错的，但能够救人一命的说谎就是对的。但这种技术也经常表现出诡辩色彩。——译者注

否可予宽恕分为两类，有一类罪人要受到永恒的惩罚，另一类只需进炼狱。这些奇怪的作品中的一些讨论，其有趣和令人好奇是无出其右的，虽然也有一些（其数量并不像民众传言所说的那样多）令人生厌。就我的观察所及，我可以说，流行的观点认为道德决疑论者一笔抹杀了道德责任，是极不公正的。就以伊斯科巴（帕斯卡尔笔下的“黑色野兽”）[65] 为例，他给我留下的印象是一个有点儿滑稽的天
106 真汉。

对这种学说的真正反驳、对它引起的厌恶态度的真正辩护是，它大概是有历史记载的、以完全超出法律范围的实体法对隐私的最大干涉，是最鲁莽、最成功的侵犯。当然，如果它建立的前提是真实的——如果确实存在一部神的刑法典，它将人类的全部罪分为重罪和轻罪，分别以地狱和炼狱给予惩罚，牧师也有权用忏悔和赦免把重罪变成轻罪，那就不必再说什么了；但这种假设根本无须认真对待。我认为，读这些著作时不可能不相信，在完全根据罪犯提供的证据执行这些法律的法庭上，审判必定仅仅是一种形式，一种极为有害的错觉，或是一个毁灭受审者的全部自尊、彻底搞乱他的全部是非观和善恶观的过程。没有全面了解与每一项罪行相关的事实，实现司法正义是不可能的。不在很大程度上让这种行为的罪恶本身再次发生，让良心对未来的类似行为变得迟钝，把所有这些事实牢记在心、进行分析、深思和权衡同样是不可能的。人人都将自己的灵魂袒露出来供人审视，然后才能堂堂正正做人，我认为这也是不可能的，尽管有很多人这样表白，但在局外人看来却是不可想象的。

我从这些说明得出的结论是，确实存在着一个地方，尽管我们不

可能划定它的边界，在这里，法律和舆论都是侵害者，很可能带来更
107 多的伤害而不是益处。试图用法律或舆论的强制去调整家庭内部事务、爱情或友情关系，或其他许多同类事务，就像试图用钳子从眼球上夹出人的睫毛一样，这会把眼球拽出来，但绝对得不到睫毛。

我认为，这些就是社会能够而且实际上进行扬善抑恶的主要形式。对社会在这方面取得的成功的程度进行评估是不可能的，但也许可以说，刑法就此所做的一切事情的首要价值是，在一些极端案件中，它给罪恶行径打上身败名裂的深深印记，以这种方式保护公认的道德标准不受粗暴公开的侵犯。简言之，它以特别明确的方式，肯定了与密尔先生的原则完全矛盾和对立的原则，即这样一条原则：有些残忍而放肆的恶行，即使与自卫无关，也必须阻止其发生，无论它给罪犯造成多大的代价；一旦发生，必须予以严惩。

至于舆论对善恶的影响，当然是极大的，但我们很难说清楚它的范围，因为它的影响是不确定的，方式也千差万别。还必须看到，尽管它比法律的影响更强大、更细微，但也更不易受到引导。它同样极易被人滥用，因为舆论是多种多样的，它可能意味着村里的流言蜚语或同行之间的诽谤，也可能是人类理性深思熟虑的判断。另一方面，它的力量取决于它的性质和受其影响者的性质。冷静、坚定和理性的人知道何时该轻视它，何时该尊重它，尽管对此无法定出任何规则，然而十分清楚的是，可以对它作出许多一般性的讨论。如果人们对于邻居的行为，除了影响到本人的以外，既没有任何意见，也不发表任何看法，社会就会失去扬善的一个主要动机和抑恶的一个主要手段。

对于法律和舆论在扬善抑恶方面的作用，我已经尽我所言；我希望自己证明了这就是它们能够并且的确以各种形式促进的目标，至于
108 它们的代价，假如真把它视为代价的话，它与这一目标的重要性相比并不太高。

在结束这个话题之前，我要对与之密切相关的题目说几句，我指的是人类相互之间以最残酷的形式不断进行的强制——战争与征服。这种事情给利害攸关的人造成的影响是难以估量的。战争和征服决定着所有重大的政治问题，在很多情况下对宗教和道德几乎发挥着决定性的影响。我们之所以有今天，是因为荷兰和英格兰在16世纪打败了西班牙，是因为古斯塔乌斯·阿道弗斯❶等人成功地抵抗了北日耳曼地区的帝国。流行的偏见和真正的政治洞察力在以下问题上有着一致的感情和思想：在萨多瓦❷和色当❸决定的道德和宗教纠纷，远比政治纠纷更重要。我们在这里看到的大规模强制，产生了广泛而持久的政治、道德和宗教影响。仅用只有出于自卫的目的才需要强制这条简单原则，岂能评价它的善与恶、对与错呢？

我曾不止一次顺便提到这个重大问题。我已经大略指出，在实践中根本不可能把密尔先生的原则应用于这个问题。上述现象能够使我

---

❶阿道弗斯（Gustavus Adolphus，1594—1632）：瑞典国王，在“三十年战争”中取得过辉煌战果。——译者注

❷萨多瓦（Sadowa）：村庄名，现属捷克，1866年普奥战争期间普军在此击溃奥军主力。——译者注

❸色当（Sedan）：法国东北部城市，普法战争期间曾于此爆发著名的色当战役。——译者注

更全面地讨论它。首先我要说，如前所示，只要人们的行动之间有利害关系，并且受到相互冲突的目标和观点的刺激，人生就脱不了各种形式的冲突。人生的伟大技艺，不在于逃避这些冲突，而在于对它加以控制，使参战者——他们毕竟不是敌人，而是朋友——尽可能少受伤害，不要夸大相互竞争的目标的价值。简言之，只要宽容的目标是减轻不可避免的冲突，它就是恰当的。如果它想彻底消灭冲突，从而导致漠不关心和相互隔绝的状态——这将是它能够导致的最大罪恶——它就是过分的、非理性的。

在很多情况下，或许可以说在绝大多数情况下，冲突能够在不诉诸暴力的情况下展开。在每一个社会的内部，必须采用暴力的那一类
109 事情，是由刑法的范围规定的，只能把刑法用于防止对他人造成侵害的暴力和欺诈行为的原则，可以被当作一条实践规则普遍地予以遵守，尽管我已指出，它仅仅是一条实践规则，即使有规则的性质，它也要向大量的例外作出让步。

然而，在讨论独立国家之间的关系时，我们会有完全不同的考虑。各国没有共同的上司。对于它们的关系，不能像适用刑法时那样给予准确的定义，而且即使这样定义，也不可能具体规定或实施刑法的制裁。因此，一有需要申明和保护国家利益的情况，各国便总是只顾自己，不管这是否要以战争为代价。即使在我们最近看到的涉及仲裁的事情中，情况亦是如此。仲裁者的权威完全来自各方的意愿，它们的裁决的权威性也有着同样的来源。

这就是国与国之间的关系，全部历史尤其是现代史，表明了一个

国家发生的事情强烈而直接地影响着其他国家。的确，一个国家会变成什么样子——疆域的大小，人口的多少——的问题，大大依赖于其他国家的情形。我们所说的国家，有疆域大小、居民多少之分。但是如何决定其边界的划分？是以莱茵河还是以孚日❶作为德法边界，由谁说了算？英格兰人和威尔士人、苏格兰人和爱尔兰人是否具有足够的同质性，可以形成一个政治共同体？对这些问题只能给出一个正确的答案，即只能用最宽泛意义上的实力去决定问题。我的意思是，它包含着道德、智力和物质的实力，以及为不同国家注入活力的信仰、理念的力量和魅力。一切重要的战争，或多或少都是原则和情感之战；一切重大的征服，或多或少都含有道德因素。既然新教徒和天主教徒的一些观念在16世纪突然控制了欧洲各国，宗教战争就是不可避免的，在评价它们的性质时，我们不但要考虑谁具有进攻性，谁先动手，更要考虑在相互对抗的人生观中，在陷入冲突的对立原则中，哪一种最高尚、最真实、最适合人性力量的发展、与人类生活中的事实最协调一致。

对此，伟大的美国内战，大概是人们能够提供的最直接、最令人信服的近代事例。凡是冷静考察过此事的人，对于想用法律界人士有关主权性质的空谈，或阐明宪法的微妙含义以及解释各种文件的原则，去决定南北双方的问题，谁不会觉得自负和愚蠢呢？若是有人想从火器的类型推断战争的运气，那就随他去吧。真正的问题是：争执的要害和实质是什么？双方大动干戈的真正目的是什么？人们可以为

---

❶孚日（Vosges）：现为法国东部一省，法国民族英雄圣女贞德的故乡。——译者注

此提供各种答案，对此我无须详述，也不想讨论，不过我认为，那个恰好成为人们首选的答案，将最终决定接受这一答案的富有同情心的人采取何种态度的问题。

规模最大、最令人畏惧的强制——即战争的强制——似乎是为民族提供生存基础的原则之一。它决定着民族能否生存以及如何生存。它决定着人们的信念、人们的生活方式，以及他们的宗教、法律、道德形式和全部生活格调。它不仅是君主的“最后手段”，也是各种形态的人类社会的“最后手段”。总之，它决定着在特定时间和地点能够存在多少个人自由。

从这个重要事实中可以得出许多结论，有些我已经有所提及。可以把它们概括为一句话：权力先于自由——自由从本质上说依赖于权力；只有在一个组织良好的、既明智又强大的政府保护下，自由才可能存在。

对此我不打算多说，但是我要指出，对战争的方式应当给予比以
111 往更多的关注，因为它表明了公共生活的冲突的性质和界线。需要注意的有两点。其一，经过公平的战斗之后战败者没有受到羞辱并欣然接受失败，这在很多情况下是值得尊敬的和果敢的男子汉的表现。前些年公布了俄国沙皇的一篇重要访谈。据说，在高加索地区长期公然反抗他的部落首领主动宣布，既然沙皇已经没有比他更顽强的敌人，所以他本人应当成为沙皇最忠实的臣民；他意识到让俄国成为统治者是上帝的意志，他知道如何服从上帝的意志。如果这个故事是真实的，这一番讲话也是肺腑之言，那么它就是一个明智、正派和勇敢者

的讲话。

其二，尽管战争是能够设想的最严酷的强制，尽管随着时间的推移、文明的进步使战争的强制性变得越来越严重，但任何时候都要承认一条原则，战争不可以越过某些界限——这是一条以日益强烈和明确的形式不断得到肯定的原则。所谓的战争法表明，即使在利益冲突的极端情况中，仍有一些比敌对状态更牢固的善意的纽带，尽管相互敌对，它仍然受到尊重。战争是对自由最极端的限制。上到战争，下到对某个必须解决的问题的最友好的辩论，虽然强制的程度千差万别，但它们都包含着明确的强制形式，都对自由构成了明确的限制。在多数这样的事例中，能够称为自卫的因素即使起着作用，也不过是微不足道的作用。

密尔先生是有着无与伦比的影响力和十分通情达理的自由派，上面我对他提出的自由学说进行了讨论。然而，密尔先生太讲究理性了，在这个问题上不能把他看作民众感情的阐释者，我愿意就这种民众感情说上几句。感情这东西总是难以评说，因为它太飘移不定，跟它过不去，就像朝着云朵放枪一样。热情的人们总是以各种方式使用“自由”（liberty，freedom）这个字眼。“自由”有时仅仅意味着胜利，有时意味着设定适当的限制然后让人们自行其是的政体。丁尼生先生的生花妙笔所描述的显然就是这种自由：

它是伟业之母，
她在孤岛的圣坛上俯瞰天下，
像神一样紧握三叉戟，

像君主一样头戴王冠。[66]

“自由”时常意味着权威，比如当天主教的大教主谈论教会自由，或（我认为）克拉伦登爵士❶把英王称为“像天下任何君主一样自由和绝对”时，“自由”一词指的就是这个意思。

然而，该词最普遍的使用方式，是用来表示人民的政府。人们在谈到自由时通常是指民主，或比他们生活于其下的政府更接近于民主的某种政体。一般而言，这就是该词在欧洲大陆的含义。民主与自由并没有任何明确或可靠的关系。政府权力对个人的干涉程度，取决于国家的大小、人民共同生活的密切程度以及他们在多大程度上通过相互依赖的实际经验意识到他们的民族气质等因素。政府的形式几乎与这件事毫无关系。

用逻辑的标准去衡量一种民意的含义，评估它的真正价值，是徒劳无益的。理解大众对自由的热情，仅靠单纯的词义分析是不够的。在诗歌以及流行的伤感语言中，自由的含义不限于不存在限制。它既意味着不存在使用“自由”一词的人认为的有害的限制，一般也包含着一些多少明确的积极因素——即存在着某种原始的力量，它朝着使用“自由”一词的人视为有益的方向不受限制地发挥作用。在一
113 般性地使用“自由”一词并且涉及政治和道德世界的现状时，“自

❶这里大概是指乔治·韦里耶（George Villiers，1800—1870），他是克拉伦登伯爵四世（Earl of Clarendon，IV），英国政治家。斯蒂芬写此书时他正担任英国外交大臣。——译者注

由”有这样一种含义：人性中的冲动能量是有益的；不久以前它们还被视为有害的，如今它们正在摆脱过去时代强加于它们的束缚。[67]

简言之，自由的呐喊是对过去的全面谴责，是对不同于过去的现状、对可以从现状的性质中推断出的未来表达的敬意。

如果有人问，该如何看待这个意义上的自由，对此作出回答，显然需要对发生于现时代的、今后仍会继续下去的朝着权威弱化方向的一切变化，进行全面的检讨。这种探讨是多余的，无论说什么都行。然而，对于不断从视线中消失的争论的要点，还是可以做一点儿评论。

要点是，对这个意义上的自由所表现出的狂热，很难与恰当意义上的服从美德和最广泛意义上的纪律协调一致。不断赞扬现时代，对所谓篡夺的和愚蠢的权威的成功反抗，由此形成的精神态度，几乎必然使人们不承认一个事实：服从真正的权威，顺应真正的必然因素，尽可能从好的方面利用它，是一切美德之中最重要的美德——这种美德是取得一切伟大而持久的功业的要素。如果只是笼统地说说，大家都会承认这一点，然而事到临头，能够意识到按此原则行事的必要性，却是天下最稀少的才华之一。能够认出比你优秀的人，知道应该敬重和服从谁，知道何时反抗不再是荣誉、心悦诚服地认输才是勇气和智慧的表现，都是非常难以做到的事情。善思者在这个问题上无论能够说什么，都起不了多大作用。这种困难，就像凡是具有司法经验的人眼中的那个最大难题一样：一个既有机会说谎也确实有这种念头的人，对于他就一个重要问题作出的直接陈述，如何知道什么时候该信，什么时候不该信？

在人生的几乎每一个领域，我们都要经历漫长而艰苦的努力，适当的谨慎通常会使我们有正确的作为，这种过程也会面对一些终极问题，逻辑、分析、经验以及各种思想方法都无法帮助我们，但它们的价值取决于我们给出的答案的价值。我是否听从这个人，是否接受这项原则，是否服从这种强制，等等，诸如此类的问题不计其数。没有能够帮助我们作出回答的任何规则；但是，一旦作出决定，答案便决定着回答者的整个人生的过程和价值。在实践中，自由常识的流行使普通人头脑中产生了一种抗拒服从他人的强烈假定，因为自然反弹的作用，又诱使另一类人在观念上服从以强烈的语调和自信要求他们服从的第一个人。它使公认有益的古老的纪律形式分崩离析，却根本没有缔造许多新的形式。

由此得出的实践推论是，那些擅长使用感伤语言的人，不应再像过去那样赞美“自由”一词，而是应该在着迷于特定的自由之前，尽可能地扪心自问：谁获得了做什么事情的自由？他所摆脱的限制是
115 什么？他们应该强迫自己明确回答这些问题，这可以使他们这方面的事情发生比目前更明确、更有益的变化。

就像所有这类评论一样，以上评论当然也适用于相反的一面。只要有人大肆张扬自由，我们就可以确信，也总会有人大肆反对自由，他们热衷于考虑自由名下发生的一切事情的缺陷。这些人在为权力的行为唱赞歌之前，应该扪心自问相反的问题：谁被授予做什么的权力，通过什么手段？或者，如果用来赞美的词是“秩序”和“社会”，他们也应该问一下，他们赞扬的是哪一种秩序和社会？

为使这些评论更加具体，我要提及两位大名鼎鼎的作家——巴克尔先生和德·迈斯特先生——的作品。他们是文学史上一对截然相反的人物。他们都是摩尼教❶的教徒——是阿里曼和奥罗玛兹德的信徒，即一条善原则和一条恶原则的信徒。但是巴克尔先生的阿里曼，代表往昔或复旧的冲动，是迈斯特先生的奥罗玛兹德；迈斯特先生的阿里曼，代表现在或面向未来的冲动，是巴克尔先生的奥罗玛兹德。巴克尔先生把所有的历史概括为怀疑精神和保守精神之间的永恒斗争，前者意味着进步和文明，后者意味着黑暗和谬说。[68]德·迈斯特先生没有提出如此鲜明的对比，但是在他看来，进步的观念，即相信人类历史是朝着更好的方向、从野蛮走向现代文明的一系列变化的信念，是今天的“一切谬论之母”(erreur mère)。他自己的信仰（表达得十分含糊）是，古人对一切真理具有直观能力，能够先验地获得知识。只用寥寥数语难以公正评价德·迈斯特令人惊奇的多才多艺。因此，为了明白起见，我将只谈巴克尔先生，他的作品在我国更为人熟知，他的理论也更加明确。我提到德·迈斯特先生，仅仅是为了表明，如果这些讨论确有价值，那么把我对巴克尔先生的评论颠倒过
116 来，也可以用在他身上。

在我看来，巴克尔先生大力提倡怀疑主义，绝对谴责他所谓的保守精神，很像是一个人以牺牲向心力为代价赞扬离心力，斥责前者是一种把地球拉向太阳的有害力量。对此可以合理地回答说，不，离心

❶波斯人摩尼（Mani，216—276）所创教派，吸收了基督教、佛教和诺斯替教的因素，主张善恶二元论，认为世界是由“光明之神”阿里曼（Arimanes）和“黑暗之神”奥罗玛兹德（Oromasdes）共同主宰的。——译者注

力才是永久的敌人。它要让世界疯狂地坠入寒冷和黑暗，倘不是我们的朋友向心力顽强地把它拉回光和热的源头，它真的能得逞。显而易见的真理是，地球的轨道是一个结果，不管应当给予它什么赞誉，必须在它的两个要素之间公平分配。

令我好奇的是，人们是应当热衷于结果，还是应当热衷于导致这种结果的两个原因之一？说到一般结果，它是什么呢？大体说来，三亿中国人，两亿印度土著，两亿欧洲人和美国人，以及一亿或两亿形形色色的人种——中亚人、马来人、婆罗洲人、爪哇人、南洋群岛居民，各种各样的黑人；还有无与伦比的大英博物馆的收藏，这就是人类各种力量之间无限漫长的斗争的结果，这就是这些力量在展示自身的努力中呈现出的各种力量。在我看来，热衷于进步的人太奇怪了。"荣耀，至上的荣耀：伟大的时代即将来临，将有六亿中国人，五亿印度人，四亿欧洲人，只有上苍知道还有多少亿形体各异的黑人；将有两个大英博物馆，各有藏书楼。'未来的时代啊，求你别再搅扰我的灵魂了吧！'"在我看来，这真是一首十分奇怪的赞美诗，但是当一个更狂热的声音响起时，却荒诞到了无以复加的程度："是的，没错，要不是暴君把该死的限制强加于人类的力量，现在也许会有八亿中国人，七亿印度人，以及同样比例的其他人种，他们个个生龙活虎，把我们这个世界变得像斯蒂尔顿奶酪❶一样，靠自己的干酪虫❷就能流香四溢。"我要对前一个狂热分子说，人之所好，各有尺度。

❶英国产奶酪，欧洲最著名的奶酪之一。——译者注

❷寄生于奶酪中的一种小虫，可使奶酪散发出特殊香味。——译者注

至于后一个狂热分子，你太不公正了。你的干酪虫能够存在，不仅是因为它有冲劲，还因为有与它对抗的力量。奶酪得喂养它们，才能保有它们。分解的力量，如果让它脱离物质和摩擦力，一句话，让它自
117 由自在，它就不复存在了，它就成了神话中子虚乌有的怪兽了。

如果把这些原理应用于更为有限但与我们的能力相比更不受管束的政治史领域，几乎无须证明，不管我们的现状有什么价值，我们所以有今天（借用巴克尔先生的说法），既因为有保守，也因为有怀疑。一股清泉从山上流下，它在某一地点的流量既取决于两侧和河床的摩擦力，也取决于地球引力。自 17 世纪——且不说更久远的事情——以降，清教徒、辉格党、激进派比保王党、托利党和保守派获得了更多的成功，这固然是事实；但是社会现状是双方共同努力的结果，而不是由单独哪一方决定的，当然也不是进步力量本身的成果。除非有人想说，一切现存的社会罪恶都是因为我们的步伐太慢——钟表走得不对头，仅仅是因为它有个钟摆，拿掉钟摆，让齿轮在重力作用下不受限制地旋转，即可确保天下的幸福——否则他就没有权力将前进的动力视为纯粹的善。可以说，对政治问题的大多数现代思考的“一切谬论之母”是，几乎每个作者都只宣扬众多因素中的一个，而这些因素由于作用方向各异，必定会发生相互冲突，造成决定着人生幸福与否的后果。

也可以用不太抽象的语言把这种理论表述如下：人们希望达到的目标不计其数，可以把它们统称为善、幸福或你喜欢的随便什么说法，只要它足以说明这样一个事实就成，即促使我们有所作为、属于我们人性中最深层内容的愿望——它其实就是我们怀抱着希望的真正

自我——若想得到满足，就必须有某种真正的标准来指导人类的行动。这些愿望的目标不计其数。对它们不可能作出准确的定义，它们也远非彼此完全一致。健康是其中之一。从掌握物质资源可以使人充分发挥能力的意义上，财富也是这种目标之一。知识是第三个目标。发挥才干的机会是第四个目标。美德——即一组特定的能力结合在一起，从而产生美好结果（无论美好是指什么）的状态——则是最重
118 要、形式最复杂多样的目标。理性的人坦然追求这些目标或其中一部分。他们发现，在这种追求中，通过相互激起希望和恐惧，通过许诺奖励某事、惩罚某事，把其他一些事情留给个人的好恶，他们能够极大地相互帮助或相互阻碍。最后一部分目标是正确意义上的自由。有约束力的承诺和威胁总是意味着限制。因此，自由的范围应该多大的问题，其实等同于下面这个问题：如果人们希望实现人生目标，他们必须在哪些方面相互影响，在哪些方面互不干扰？

评说历史事件时，必须这样来表述自由与法律、怀疑精神和保守的问题：事实是什么？哪一些事实、在多大范围内是因为人们相互影响彼此的愿望和恐惧而发生？哪一些是因为个人不受限制和强制地追求特定的目标而发生？各种类型的后果在多大程度上有助于人生目标的实现？提出这些问题，是为了说明它们根本没有答案。讨论自由，其实就是讨论与它对立的因素。用这种讨论去解决政治和社会问题，就像通过探索黑暗和寒冷去发现光和热的性质一样。值得研究并能带来研究成果的现象，是个体和集体的各种力量的方向与性质，这些力量要么结合在一起，要么彼此之间以及与外部世界相互冲突，从而构成了人类生活。我们若想知道水管管口的尺寸应当多大，应当把它设

在哪里，必须考虑水的性质、水管的性质以及取水的目的；但是只研究水管的性质对我们几乎无所裨益。它们的形状仅仅是它们所约束的事物的形状。它们的性质不过是让水流通过，在我看来，对它们的狂
119 热完全用错了地方。[69]

因此，除非我们知道，谁希望做什么，他这样做受到什么限制，出于什么理由解除这种限制，不然的话，对自由的讨论不是走入歧途，就是浪费时间。

记住这些解释，下面我要说的是，民主信条是自相矛盾的。如果人类的经验证明了什么，它所证明的就是，把限制最小化，把最大程度的自由赋予所有人，结果不会是平等，而是以几何级数扩大的不平等。在各项自由之中，最重要、得到最普遍承认的自由，莫过于获得财产的自由。如果你在这件事上限制一个人，那就很难看出你给他留下了其他什么自由。当拜伦爵士把瓦尔特·司各特大人称为“阿波罗唯利是图的儿子”时，瓦尔特先生回敬说:“自强者，天助之。”一切私有财产都起源于劳动并为劳动者带来益处；而私有财产恰恰是不平等的本质。

假设每个人都享有平等的权利，他们十分紧密地结合在一起，所以他们的劳动成果也被集中在一起，靠这一份共同财产养活。这样一来，你确实为平等和博爱赋予了十分明确的含义，但是你必须绝对地排斥自由。经验证明，这不仅是个理论难题，也是个实践上的难题。它是一切社会主义方案无法克服的障碍，它解释了它们的失败。

能够使共和派的著名设想得以全面实现的、既合理又十分一致的

唯一方式，就是把“自由”解释成“民主”。建立一个民主政府，通过平均分配财产承认天下一家，是一个既明确又可以想象的方案，当这种信条得到认真贯彻，而不是一句媚俗的夸夸其谈时，这就是它真实含义。当这样使用自由时，还应加上“不然就是死亡”的说法，以便使这个信条尽善尽美。把“要么实现自由、平等、博爱，要么死亡”这几个词串在一起，并用上述方式进行解释，它们便构成了一种完整的政治学说，实际上十分明确地描述了希望建立的政治体制的本质、它要达到的目标以及使它的命令得到服从所必须依靠的惩罚。这是一种以最激烈的方式表达全部痛苦和怨恨的学说——可以假
120 定，人类中大多数落魄的妒忌者和残忍的复仇者心中，都充满了这种痛苦和怨恨，它所针对的是那些他们视为压迫者的人。只有穷人才会对富人说：通过建立自由——意思是民主——制度，我们现在是主人了，既然人人都是兄弟姐妹，有权平等地分享共同财产，所以我们要剥夺你，不然你就得死。对于这种教义，我们只需说，那些痴迷于共和信条的人最好是扪心自问，他们是否理解其中的缺陷？如果理解了，他们根据什么原则、在哪里画出界线？我想，凡是能够理解这个极其复杂问题的人都会看出，这种信条的解决办法要么太过头，要么根本不是任何解决办法。

对于自由，我已经尽我所言，现在可以做个简短的总结。如果“自由”有任何明确的意义，如果始终从这个意义上使用它，那就几乎不可能作出真正具有“普世性”的论断，更不可能将它视为好事还是坏事。另一方面，如果我们仅仅以普遍流行的方式使用它，没有赋予它任何确切的含义，那么你很容易随意对它作出任何一般性的论

断；但是由于这些论断没有确切的含义，它们既无法作为证据也无法作为反证。因此，“自由”一词要么误导人们诉诸激情，要么具体表达或暗含着一种极复杂的论断，只有通过详细地研究历史才能证明其真伪。“为了自由的事业，汉普登❶战死沙场，西德尼❷惨死于绞架。”这句话既可以指汉普登反抗查理一世和西德尼反抗查理二世都是正确的，也可以仅仅指他们是在反抗国王时死去的事实。在第一种说法能够被人接受之前，显然需要用证据充分说明当时的环境。第二种说法除一个纯粹的事实之外没有告诉我们任何有价值的东西，这就像说汉普登在大路上抢劫被当场击毙或西德尼因为拦路抢劫而被绞死一样。

这有点儿像狡辩，但是我相信，只要考察一下作为缜密思维的首要条件之一，即对基本概念的准确定义，就可使其成立。人们有一种
121 几乎无可救药的倾向，他们用自己的偏见为语言打上烙印，从而使那些与他们有利害关系的所有重大问题受到扭曲。在许多情况下，法律不仅是命令，而且是善意的命令。自由不是指完全不存在限制，而是指不存在有害的限制。正义不仅意味着将普遍规则公正地用于具体案例，而且意味着将善意的普遍规则公正地用于特定案例。有些人自觉不自觉地用“正确”一词同时指正确和有益。诚然，使语言变得绝对中立和没有感情色彩是根本不可能的；但是除非认识到它的模糊性，否则思想的正确也就无从谈起，而且造成的伤害与受误导者的逻

❶汉普登（John Hampden，1595—1643）：对抗查理一世征税政策的英国国会领袖，内战期间与王军作战中受伤致死。——译者注

❷西德尼（Algernon Sidney，1623—1683）：英国政治家和政治理论家，因涉嫌参与谋刺国王查理二世的“莱伊宫阴谋”（Rye Hall Plot），以叛国罪被绞死。——译者注

辑能力、一般精力成正比。不久以前，密尔先生为此提供了一项重要说明。有个政治团体送给他一份他们观点的宣言，其中有“革命”一词，而且是在法国作家通常使用的意义上使用它。密尔先生十分恰当地回复说，这样来使用这个字眼是很糟糕的英语。他说，英语中的“革命”一向是指特定的革命，就像“人”总是指具体的人一样。谈论英国革命和法国革命是正确的，如果泛泛地谈论革命，是在用词语搞乱思想，其实它们只是某些思想幻影的名称。他向他的通信者提议，在追求他们的政治目标时，不要把欧洲大陆最恶劣的语言特点之一引入英语，不要剥夺英语本身最有价值的特点之一。这项提议令人拍案，可是密尔先生在写作论自由的大作时，不是也应当记住这一点吗？

无须多少经验就能看出，人们为了使一些相对狭隘的实践性结论得以成立，往往在思想和政治中宣扬一些大而无当的原理，我认为对自由的讨论就属于这种情况。任何通情达理的人希望做、法律或舆论又阻止人们去做的具体事情是什么呢？对这个问题的真正回答是，13年以前❶，有些人意识到他们的观点不受欢迎，说出来有可能伤害他们的人生前景，他们便在一定程度上有所收敛，没有说出他们对普遍宗教观点的怀疑。我已经表达过我对这类事情的观点，无须再重复。至于旨在压制恶习的立法，我相信，如果有人坦率说出下面这一席
122 话，他是没办法让别人听进去的：“我承认，这种措施能大大阻止和

❶约翰·密尔的《论自由》出版于1859年，即斯蒂芬写作此书的13年以前。——译者注

减少酗酒与卖淫，我也承认，它既不残酷，也没有侵犯隐私——对于促进理智或贞操而言，不能把它说成代价太高。我反对这样做，是基于明明白白的理由：如果有人喜欢酗酒，喜欢过淫荡生活，任何人都无权干涉。我提倡自由——譬如说，一些小伙子和姑娘晚上到专为他们寻欢作乐而设的娱乐场里饮酒作乐的自由；尽管我承认，禁止开设此类场所可以阻止这种恶习，但是至少对于过了 21 岁的人，神圣的自由原则不允许这样做。美德对 21 岁也不会妥协，但我们必须有所节制，21 岁生日一过，自由就获胜了，我承认这个要求。'Fiat libertas ruat justitia'［为了自由，法律也得让步］。”我认为，对于这种高调，公众会说，你和自由可以自行其是，但是对于不伤害他人、使年轻和年老的傻瓜远离有害行为的措施，我们有自己的看法。如果自由不喜欢它，她可以爬上山巅，自我陶醉于她的先知先觉之中，让她洪亮的声音随风飘散。更适合于她的行当，不是声援干草市场❶旗帜下
123 的罪恶，而是站在马特洪峰❷的岩石上吟诵诗章。

---

❶1886 年 5 月 1 日，美国芝加哥等地举行有 35 万人参加的示威游行（“五一国际劳动节”的起源）。5 月 4 日罢工工人在干草市场广场举行抗议，有不明身份者向警察投掷炸弹，导致警察开枪，先后有 4 名工人和 7 名警察死亡，史称“干草市场暴乱”。——译者注

❷马特洪峰（Matterhorn）：海拔 4478 米，位于瑞士境内，阿尔卑斯山脉最美丽的山峰。——译者注

第五章　平　等

我要考察的现代信条的第二个重要条目是平等。在构成这种信条的三大教义之中，平等最有声势，同时也最模糊。它可以指人人应当平等服从适用于所有人的法律，也可以指应当公平执法。它可以指社会的全部收益、人类征服自然的全部收获，应该集中于一个公共库房，并且应该在人们中间平等分配。它也许仅仅反映着——我认为在大多数情况下就是如此——无产者对有产者的妒忌，反映着他们对一种人们的差异不像现在这样大的社会状态的朦胧渴望。所有这些想法都是含糊不清和不充分的，很难归纳成确定的形式加以讨论。反驳一种情感是不可能的，除非只是重复一些常识，而对于这些常识，认为其缺少说服力的人不太可能相信它，已经相信的人又不需要它。

为了把一方的观点说清楚，就必须找出另一方的确切表述。就我所知，对平等学说最清晰的表述，可在边沁的《道德和立法原理》
124 一书中找到。[70]它主要阐述了一条原理，在对既定数量的幸福资源进行分配时，如果它的每一份使接受分配者的现有幸福有最大可能的增加，它就会产生最大数量的真正幸福。不过，这条原理受到的批评是，你也许会把资源切分得太小，使每一份变得毫无价值。假设有10个人分别拥有100镑，每人再给100镑，这10个人的财富便翻了一番。把1000镑只给一个已经有1000镑的人，那么只有这一个人的财富翻番。如果给960000人每人1法寻❶，也要花费1000镑。毫无疑问，这一论证说明，如果在其他方面处境相似的人们的幸福取决于他们占有的财富，那么促进幸福的方式不是让财富过度集中在个人手中，而是普遍提高舒适程度。如果有位慈善家一天早上醒来，发现自己口袋里装满了钱，他会希望分发它们以产生最大数量的享受，但这与我们所了解的世况几乎无关。此外，边沁把幸福视为一种可以被定量分配的东西，也会引起重大非议，尽管他运用这种观点的方式，使他对许多重要问题的观点格外有力和清晰。

密尔先生也就这个题目提出了他的理论，虽然不像他的自由观那样简单清晰，倒也颇为适合讨论的目的。我所参照的他的作品是《功利主义》第五章“论正义和功利的关系”和《论妇女的屈从地位》全书。很难说这些文字提供了一种明确的平等理论，其实这也不是他的写作目的，但它们构成了一种令人难忘的强有力的表述，可以说，它浓缩了当今法国大概还有另一些国家的民众感情，它比自由或博爱唤起的感情更为强烈。

密尔先生对这个问题的观点可以表述如下。在讨论了与功利主义相关的另一些问题（我会在讨论博爱时提到其中一部分）之后，他

---

❶英国旧币名称，相当于四分之一便士。——译者注

接下来讨论了平等与正义的关系：

> 在所有思考的时代，接受这一功利或者幸福原则的最大
> 125 障碍之一是从正义观中得出的对错标准。在大多数思想家看
> 来，强烈的情感、清楚的知觉使人们以类似于直觉的速度和
> 确定性想到“平等”一词，它们似乎指出了事物的内在性
> 质；似乎表明正义原则肯定以绝对的形式存在于自然之中
> ——它在性质上有别于权宜原则，虽然从长远看，它事实上
> 是无法与后者分开的。(《功利主义》, 240)

在评论这个问题时，密尔先生用篇幅不菲、十分有趣的一章，阐述了一种我认为正确的正义理论。它可以这样来表述：就像伦理学的讨论中使用的几乎每一个词一样，“正义”的含义是模糊的，极容易误导它的使用者，除非你认识到它的模糊性并有所提防。首先，它是指把法律公平地适用于受该法律调整的具体案件。其次，它是指以这种方式执行的法律要有利于公益，或至少应该由这样的立法者来制定，他们怀有真诚的意图，要促进作为法律之调整对象的人们的利益。

同样的观点也可以换一种说法：“公正”和“正义”这些词既适用于执法的法官或制定法律的立法者，也可以适用于法律本身。如果法官公平执法，他就是正义的。如果立法者以促进公益为目的制定法律，他也是正义的。当法律本身被称为正义或不正义时，这意味着它事实上促进或阻碍受它影响的人们的利益。

以谷物法为例，如果它带来不便，它就是不正义的。如果批准这种法律的人知道或本应知道它会带来不便，他们就是不正义的。如果在任何情况下它的执行是不公正的，或者负责执行它的人根本没有执行，那么有偏私或疏于执行的人就是不正义的，这与法律本身或法律的立法者是否正义无关。

将这一原则应用于道德领域同样成立。社会日常交往中的正义，与司法正义只在环境上有所不同，道德不像法律那样具有形式上的确定性，其范围却更大。一个人以无聊的借口不再对朋友守信，我们把
126 这种做法称为不义，表明了实际上存在着一个尽管没有成文的表达但得到人们公认和充分理解的行为准则，它要求一个人一旦让另一个人对自己形成信任，没有合理的理由就不应背弃这种信任，但这种准则并非无偏差地适用于具体事例。积极的道德准则可以像法律一样被称为有悖于正义。例如，大多数社会都有对犯下不贞行为的人实施社会惩罚的规则，这种惩罚一般而言对女性要比对男性更严厉。认为这种区别对待大体上没有带来不便的人，会把这些规则看作正义的；认为它们带来不便的人则会将它们看作不正义的。但是，脱离它们的便与不便问题，不可能讨论它们的正义或非正义问题。

我无须详细说明密尔先生在阐述正义与合宜的关系时采用的方式。在我看来，他无可辩驳地指出，正义意味着公平执行以合宜为基础的（法律或道德）规则，它包含着强制的观念和对有过失者给予报复的欲望。他也十分明确且令人信服地指出，有关这个问题的大多数流行观点，经常都被看作正义的定义或准定义，其实不过是一些片面的准则，它们对实践的目的是有用的，但并未触及事情的根本。

当前世界上得到普遍运用的大多数正义准则，都是落实我们现在通常所说的正义原则的简单工具。一个人只能为他自觉做的事或他能够自觉避免的事负责，不经审讯给人定罪违反正义，惩罚应当与罪行相当，等等，这些准则都是为了防止以恶惩恶的正义原则被颠倒成没有正当根据的施恶。这些普遍准则的大部分都是通过法庭实践而得到运用，这与让它自行表现相比，自然会导致对那些能使它们履行有罪必罚、有义必奖这一双重功能所必不可少的规则，有更全面的认识和运用。(《功利主义》，257)

到此为止，我对密尔先生的言论无须作出补充。我认为也可以换
127 一种表达方式：正义包含着权力和仁爱两个要素。权力为人类制定普遍的行为规则，这些规则可能是仁爱的，也可能不是，可能被公平地执行，也可能不会。如果它们是仁爱的，并被公平地用于具体的案例，那么正义就实现了。不管法律本身是否符合正义，不偏不倚地执行法律，对正义的结果而言是绝对必要的。没有得到公平执行的普遍规则，从实践的目的来看，根本就不是规则。

对此我只需表示赞同即可。但是，对密尔先生的如下教诲，“正义”和“非正义”的概念总是包含着“一种违反规则者会受到惩罚的愿望”(《功利主义》，250)，我认为有必要作出重要的评论。这种学说不适用于被定性为正义或非正义的法律或规则的东西。如果说一位法官或立法者不正义，这无疑是针对个人的谴责，它显然多多少少包含着对不正义的人进行惩罚的愿望。但是，称一条法律是不正义

的，在我看来这与把它称为不便是一回事。你不能惩罚一条法律，有理性的人也不希望惩罚一位因真诚的错误而制定劣法的立法者。惩罚一位将劣法公正地用于具体案件的法官，同样是不合理的。也不可以说，劣法是违反它的行为不应受到惩罚的法。使违犯劣法的人免于惩罚，会使法律彻底终结。

若想维护不正义的法和不适当的法之间的区分，就要借助“人权”说中包含的理论。必须说明，有些权利不是法律所创设的，它们存在于法律之外，而且先于法律；侵害这些权利的法律是不正义的；虽然没有侵害它们，但带来的害处大于好处的法律是不适当的。我这里不必说这些理论多么流行，或在世界上有多大影响，对于那些和我一样受过洛克、边沁以及奥斯汀学派思想训练的人，我也不必提醒他们，这种理论与它的基本教义根本就是南辕北辙。

这个学派对规则（政治的或伦理的）的分析如下。首先是暴力的概念，即奖惩的权力。接下来是命令的概念，服从者有奖，不服从者受罚。命令规定义务，授予权利。在这个范围内，让人按自己的意
128 愿行事，任何人不得干涉。财产权就属于这一权利范围，天下人都有义务避免侵害这种权利。这种理论与任何没有普遍合宜性的天赋人权观都无法协调。当然可以说，上帝是最终的立法者，上帝为人类立法，他们在惩罚的强制下必须遵守。如果不搬出上帝的名义，也可以说，自然过程只能是这样，如果你不使制度顺应自然过程，它将土崩瓦解。我不想跟这些说法较劲，但它们都将权利泛化为普遍的功利——普遍性有大小之分。如果你将上帝看作最终的立法者，那么除了发现法律和规则的大趋势是普遍促进人类或假定得到了上帝垂爱的

人们的福利之外，你还能发现上帝意志的其他什么标准呢？如果我们将自然过程当作立法的指南，我们的目标仅仅是知道在什么程度上以及在什么条件下我们能得到我们想得到的。据此我认为，法律的正义性和合宜性不过是同一个事物的两个名称。[71]

我当然期望密尔先生也持有这种观点，但在仔细拜读了他的《功利主义》，并与《论妇女的屈从地位》做了比较之后，我发现，尽管他的其他所有思考都会使他理所当然地持有这一观点，但为了给他的妇女学说找根据，他却抛弃了这一观点。他告诉我们，他最初形成对社会和政治问题的看法时，就持有一种观点，随着思想和人类生活经验的进步，这种观点不但没有削弱和改变，反而变得越来越坚定。（《论妇女》，119/261）简言之，一个可爱的观点一旦被擅长逻辑思维的头脑所信奉，能把一切揽到自己名下。他这种观点是："调整两性之间现有社会关系的原则，即女人在法律上要服从男人，从本质上是错误的，目前它是人类进步的主要障碍之一，它应该被完全平等的原则所取代，这一原则既不承认一方有任何权力和特权，也不承认另一方缺少能力。"（《论妇女》，119/261）我下面会对它做更多的
129 评论。这里我想指出"论正义"一章是如何细心地为它奠定基础的。如我所说，不但具体的论证，而且密尔先生所属学派——他无疑是其在世的成员中最杰出的一员——的理论，都导致一个结论：只有当平等是合宜的，它才是正义的，密尔赋予了平等一种不同于跟正义相关的其他观念的性质。

下面的摘录表明了这一点：

平等的观念与公平的观念几乎是密不可分的；它们经常同时进入正义的概念及其实践，成为它的组成部分，而且在很多人看来，它们构成了正义的本质。但是，与其他情况相比，在这个问题上不同的人有不同的正义观，其不同与他们不同的功利观相对应。大家都主张平等乃正义所要求，除非他们认为利弊的权衡要求不平等……那些认为功利性要求有身份等级差别的人，不会认为财富和社会权利的分配不平等是不正义的；但是认为这种不平等不合宜的人，则会认为它是不正义的。(《功利主义》，243—244)

如果这意味着“正义”一词应用于法律或制度时，有着与“普遍有益”这一说法相同的含义，那么我将完全赞同，然而我并不认为这就是它的含义。上面这些话，似乎传达着更多的意思，它似乎意味着正义包含着这样一种观点：在所有情况下都要作出有利于平等的假定，它与平等之功利性的任何明确的经验无关；如果这是密尔的意思，我就不敢苟同了。在我看来，把平等与正义真正联系在一起的唯一形式是：正义以法律和道德的普遍规则作为前提，处在与它们有关的职位上的法官，把它们用于特定案件。只要坚持这些普遍规则，那么很明显，它们必须平等用于符合其条件的每一个具体案例。如果盗贼张三没有被判坐牢，那么“盗贼都要被判坐牢”这条规则便没有得到遵守。换言之，如果没有把它平等适用于每一个符合盗窃罪条件的盗贼——不论他有其他什么特点——那么该规则就没有得到遵守。

如果规则是“盗贼都要坐牢，红头发的除外”，结果一个红头发的盗贼被判入狱，与他差不多的黑头发盗贼却免于坐牢，这也违反了上述规则。红头发的盗贼被判入狱，这是规则适用上的不平等，因为平等不在于平等对待作为法律主体的人，而在于法律之一般规定要与该法律适用之特定案件的描述相一致。“没有长红头发的盗贼都要被判坐牢”这一规则，相当于“甲是棕头发盗贼，乙是黑头发盗贼，丙是白头发盗贼，等等，他们都要被判坐牢，丁是红头发盗贼，不可以判他坐牢”。从这种意义上说，平等无疑是正义的本质，至于头发的颜色应否影响对罪犯的惩罚，则取决另一些考虑。可以想象，对于那些可能需要特殊对待的特殊情况，头发的颜色可以作为一个可靠的特殊标志。只有经验能告诉我们是否应当这样做。

有一种观点认为，存在着一种与经验无关的支持平等的假设，在我看来这种观点是没有根据的。假设不过是一种公开承认缺陷的通用办法，它当然要建立在经验的基础上。如果你在伦敦大街上碰巧要跟一个陌生人说话，你会对他讲英语，因为你假定他也讲英语，然而这种做法是建立在伦敦的居民讲英语这一经验事实之上。支持平等的假定，也必须以完全相同的方式建立在经验之上，“平等”这个词的含义十分空泛而含糊，本身几乎没有意义，所以，作为假设之基础的经验，必须是有关特定类型的平等对相关者的作用的经验，或至少是有关这样一些事实的经验——我们能够从中推导出平等可能发挥的作用。因此，从各方面来看，我们又回到了原来的结论，即平等的正义性意味着平等仅仅是一种便利。

我没有忽略密尔先生著作中有关这个题目的一章中还有更重要的段落。下面这一段就是：

131 这一重大的道德责任［指坚持平等和公平原则］是建立在更深厚的基础上，它直接源于道德的首要原则，而不是仅仅从次要或派生的学说中得出的逻辑推论。它包含在“功利”或“最大多数人的最大幸福原则”的含义之中。除非假定每个人的幸福在程度上是平等的（允许有适当的偏差），不然最大多数人的最大幸福便是一句没有合理意义的空话。在满足了这些条件之后，边沁的格言“一视同仁，无人例外”便可以作为一条注释写在功利原则之下。受到道德家和立法者尊重的每个人获得幸福的平等权利，包括对获得幸福的所有手段的平等权利，除非是无法克服的人生条件以及对由每个人的利益所组成的普遍利益，为这条定理设定了标准；对这些标准应当给予严格的解释。和其他正义准则一样，该准则也绝不可能普遍适用；相反，正如我已经指出的，它受制于每个人的社会合宜观。但不管怎样，它毕竟被认为是适用的，它被人们当作正义的命令。人人应当享有受到平等对待的权利，除非某些公认的社会合宜要求相反的做法，因此，那些不再被认为合宜的不平等，便不再仅仅具有不合宜的性质，而且有了不正义的性质，它在人们眼里变成了暴政，很容易让人诧异它怎么能一直得到人们的容忍。（《功利主义》，257—258）

理解密尔先生的著作很少会遇到困难，我却搞不懂这段话的意思。如果适用于法律的正义与合宜是一回事，那么法律怎么能不但不合宜，而且不正义呢？如果与法律相关的正义还有普遍合宜之外的含义，那么这种含义是什么呢？据我所知，密尔先生根本没有解释它的内容；我要借此机会当即指出，他关于妇女屈从的论证的很大一部分内容，都假设存在着这种区分，这使他的每一页都带有感情色彩。

至于刚才引用的那段话的其他内容，我只需暂时表明我不赞同就够了。我会在讨论博爱时提出我不赞同的理由。我认为它们揭示了分歧的真正根源，我这样说并不是指我跟密尔先生的分歧，这是无关紧要的，而是指仍处在彻底混乱之中的很有影响的两大派作家和思想家
132 之间的分歧。

我已经尽量说明了正义和平等在什么意义上相互关联，在什么意义上相互独立，接下来我要根据平等的一些重要特点，考察它的合宜问题。

关于这个问题的理论是，平等本身总是合宜的，或至少可以说，可以假定为合宜的，对于所有的不平等的事情，要由为坚持这种观点辩护的人承担举证责任。对于这种理论我是予以否定的，我有理由认为密尔先生是给予肯定的——虽然他给予肯定，却没有表现出他一贯坦然表露的气魄和坚定。

为了证明或解释这一点，我可以引用《论妇女的屈从地位》全书，我不赞成这本书里从头至尾的每一句，但这里我将只从平等这个特定话题的角度来讨论该书。平等大概是当今时代最强大的感情，在我看来它也是最低贱、最有害的感情，就我所知，密尔先生的著作则是对这个题目最为清晰的说明。

密尔先生这本书的目的是对以下观点的理由作出解释:“调整两性之间现有社会关系的原则，即女人从法律上服从于男人，从本质上是错误的，目前它是人类进步的主要障碍之一；它应该被完全平等的原则所取代，这一原则既不承认一方有任何权力和特权，也不承认另一方缺少能力。”（《论妇女》，119/261）

密尔先生十分清楚他的任务的艰巨性。他承认自己是在跟“一种几乎无所不在的观点”（《论妇女》，120/261）作对，但他强调说，这种观点以及建立在其上的实践，是昔日社会状况的遗存。“我们现在生活在——也就是说，当今世界最发达的一两个民族生活在——这样一种状态下，那种最严厉的法律似乎已被彻底废弃了，人们已不再把它作为调整世俗事务的原则了；没有人承认它，对于人类的大多数关系而言，没有人被允许践行这一原则……这种状态是显而易见的，人们得意地说，纯粹暴力的统治已经结束了。”（《论妇女》，124/264—265）他们并不晓得那法律要退出历史舞台是多么艰难，他们尤其没有意识到其实它仍在调整着男女关系。其实，现在这一代女性并非不喜欢她们的处境。密尔在整个论证过程中总是抛不掉对这种现
133 象的意识，每每为它所困扰。他只好想方设法去解释它，说什么“屈从阶层的每一个人，都处在被收买和受恫吓的慢性综合征之中”（《论妇女》，129/268），他援引的例子是古典时代的奴隶在很多情况下都受到主子的影响，以及诸如此类的说法。他反对现状的最重要的论证是，它与他所谓的“现代信念、数千年经验的结论”（《论妇女》，135/273）是对立的：

> 有些只与个人直接相关的事情，只能把它们留给个人酌情处理，不然便绝无正确的可能；用权力去调整它们的任何做法，若不是为了保护其他人的权利，肯定是有害的……现代世界的特征是……人类一生的地位不再由其出身所定，被无情的锁链束缚于出生时所处的地位，他们可以自由运用自己的才能，只要遇到有利的机会，他们就能取得他们最想得到的成果。古代的人类社会是建立在完全不同的原则上。人人生来就被束缚于固定的社会位置，维护这种状态，或禁止人们获得摆脱这种状态的手段，主要是依靠法律……与这种教条相一致，根据某些人不适合做某些事的普遍假设，人们觉得预先作出安排便逾越了权力的适当界限。如今，众所周知并得到公认的是，就算有这样的假定，它们也未尝不是错误的……［因此我们不应当］……硬性规定生为女孩而不是男孩……将决定这个人一生的地位。(《论妇女》，135，134，136/273，272，274)

结论是，“妇女在社会中的屈从地位，成了现代社会制度中一个孤立无援的醒目的事实”，它与“现代世界所夸耀的进步运动”“截然对立”。这个事实引起了一个与之相对的“初步假定”，它“大大压倒了在这种环境下习俗和惯例所产生的任何对它有利的假设”。(《论妇女》，137/275)

我不会全面引述密尔先生的论证，因为其中许多内容与我这里的目的无关，也不适合于讨论，尽管他的许多主张让人忍不住给予反驳。其中一部分——我不知道怎样形容它为好，如果说粗鄙，那是言重了，但我也许可以说，它的低俗取向令人讨厌——冗长而细致地讨
134 论了男女关系和妇女自身的特点。因此这里我要略过密尔有关这个问题的言论，仅仅表明我几乎反对他所说的每一句话。下面这一段摘录，表明了他的理论中与平等问题相关的内容的性质。

> 已婚两性在法律面前平等……是使人类日常生活成为培养高尚道德的大课堂的唯一手段。尽管我们的后代可能无法感受或普遍认识到这一真理，但两性平等的社会才是唯一培养道德情操的真正大课堂。人类的道德教育过去一向主要来自强制性的法律，而且几乎只适用于强制形成的关系。在不发达的社会状态下，人们很难认识到他们之间的平等关系。要平等，就要成为敌人。社会从最顶端到最底端是一根长长的链条，或者更像一个梯子，每个人不是在近邻的上面，就是在他下面，而且不论在什么位置，他都不能命令他必须服从的人。既有的道德观也相应地主要适合于命令和服从的关系。然而，命令和服从仅仅是人类生活中不幸的必需品：平等的社会才是它的正常状态。现代社会生活越是进步，命令和服从越会变成生活中的例外，平等的联合变成普遍规则……我们过去有服从的道德，有侠义和宽宏大度的道德；即将来临的时代则要求正义的道德。(《论妇女》，159—160/293—294)

该书的另一部分，对这种理论做了更充分的阐述。从我的目的出发，我只需引用其中的几行即可：

> 对于许多人而言，只说对［两性之间的］不平等无法给予正当或合法的辩护是不够的，还要告诉他们消除不平等能带来哪些明确的好处。对此我首先要回答说：最普遍的好处是，调整全部人类关系的将是正义而不是不正义。对于那些给文字附加上道德含义的人来讲，任何解释或说明也不可能比直白的讲述更能表明它给人性带来的巨大收益。（《论妇女》，196/324）

这些话表明了密尔先生的平等理论是什么，可以说，它构成了他
135 的妇女屈从地位论的基础和本质。我认为，从各方面看它都是站不住脚的。我认为，它的基础是一种错误的历史观、错误的道德观和荒唐而扭曲的事实观，我坚信把它应用于实践是有害的，因为它的理论是错误的。

可以把他的理论概括为以下观点，我认为前面引述的话要么对它们有所暗示，要么可以归纳出来：

> 一、正义要求全体人民应作为平等的人生活在社会里。
>
> 二、历史表明，所谓人类的进步，就是从“强制性法律”到命令和服从成为例外的进步。
>
> 三、在我国和其他一两个国家，“最严厉的法律”在人

类生活的其他所有关系中已被“完全废止”，可以假定它也不适用于两性关系。

四、有关这种关系之性质的众所周知的事实表明，在这件特定的事情上，上述假设有着充分的事实根据。

我不同意这些观点中的任何一条。先来谈谈第一条主张，即正义要求全体人民应该作为平等的人生活在社会里。我已经说过，它与以下主张是一样的：全体人民作为平等的人生活在社会中是合宜的。这能够得到证明吗？它显然不是一个不证自明的主张。

我想，如果法律创设的权利和义务是普遍有益的，它们就应该适合于享有这些权利、遵守这些义务的人们的境况。它们既应该承认实质性的平等，也应当承认实质性的不平等；对它们应该进行改造和修订，以便总是公正地反映社会现状。总之，政府应该适应社会，就像人的衣服要合身一样。当人们不平等时，却要用法律创设假定他们平等的权利和义务，这无异于削足适履。毫无疑问，或许有必要为消除社会罪恶或保护社会免于特定的危险或弊病而立法。在这种情况下，法律就像外科手术，它所规定的权利和义务，或可比喻为有时为支撑脆弱的四肢或将它固定在特定位置而安装的构件。然而这不是正常状态。权利和义务的形成应该像衣服一样，应该保护和维持社会的自然
136 状态。因此，“正义要求人们作为平等的人生活在社会里”这种主张，可以理解为：“法律不应当承认人们之间的任何不平等，因为这不符合合宜原则。”

在我看来，它包含着如下主张：“人类之间的任何不平等，其重

要性都不足以影响合宜地赋予他们的权利和义务。”我完全反对这种主张。我认为，存在着许多差别，其中一些比另一些更持久、在范围上更广泛，也有一些是如此显著和重要，除非人性彻底改观，我们甚至无法想象废除它们；在这些差别当中，年龄和性别的差异最为重要。

年龄差别是一个十分显著的不平等事例，甚至密尔先生也没有否认。他承认，就像每个人都必须承认一样，在人的一生中，平均下来大概有三分之一或更多的时间——人类获得的最强烈、最持久、无比重要的印象，以及人格的形成，都发生在这一阶段——每个人必须在顺从、依赖和服从命令的状态下度过，而这种命令的目的通常是他们根本无法理解的。其实，正如我已经指出的，密尔先生倾向于夸大而不是低估教育的影响和教育者的能力。难道这不是最严重的不平等的一个明确事例吗？难道它没有提供最有说服力的先例，支持那些得到法律承认的明显的天然差异吗？如果法律把儿童视为与成年人平等，结果会比野蛮社会不知糟糕多少。对于儿童而言，这种做法之残忍甚至到了我们无法想象的程度。简言之，这种做法极其可怕、极其不理性，我估计，纵然平等的最狂放不羁的支持者，也不会产生这样的念头。

在实践中这是没有异议的。再考虑一下它包含的结论吧。它包含着这样的结论：命令和服从并不是“不幸的必需品”，而是站在人生的入口处，掌管着人生最重要的部分。它还包含着这样的结论：在最重大的事情上，权力的行使与约束十分重要，而且必不可少，一视同
137 仁地把它赋予每个一家之主，不管他多么不适合运用它，其弊端要比

不这样做少得多。它还包含着这样的结论：仅仅依靠时间的流逝和强烈感情的刺激，一些人便超过了另一些人，获得不平等的优势地位，所有的民族和时代，从最文明的到最野蛮的，都一体怀着敬畏和尊崇，簇拥于他们身边。“吾父”的头衔，作为表达爱、崇敬和服从最恰当、最准确的名称，被人类最优秀的一群献给了神。最先说出“要孝敬父母，使你得福，在世长寿”❶ 这句箴言的人，他对于民族长久生存和繁荣的根本条件的理解，要比“自由、平等、博爱”教义的创始人好得多。

既然政府和社会应该承认年龄的不平等，将其作为重要的权利不平等的依据，那么在我看来至少同样清楚的是，如果性别不平等是个事实，它们也应该出于同样的目的予以承认。那么这是不是一个事实呢？有些事情很难给予证明，是因为它一目了然，性别不平等便属于这种事情。两性的生理差异影响到人体的每一部分，从头发到脚趾，从骨骼的大小和密度到大脑结构和神经系统的特征。自作聪明的人可以进行辩论，密尔先生也确实就女性话题谈了不少，我已经说过，对此我不想予以讨论。但是，谈论得再多也不能撼动一个事实：男性在很多方面都强于女性。男性的肌肉更发达，力气更大……在任何环境、任何年代、任何国家，都可以观察到这个普遍的事实，它在所有时代和民族都导致了男女之间的劳动分工，其一般状况就像两性差异的一般状况一样普遍和为人熟知。这些都是事实，问题在于，法律和

---

❶引自《新约・以弗所书》6：2。“登山宝训”中也有类似的话：“当孝敬父母，使你的日子在耶和华你神所赐你的地上得以长久。”（《旧约・出埃及记》20：12）——译者注

舆论是否应该承认这种差异？至于它应该如何承认，应该在男女之间作出哪些区分，则是另外一个问题。

需要考虑的第一点是，是否应该平等对待两性，即使如我所说两性并不平等、男性要强于女性？我要举出一两个事例予以说明。谁都
138 不会否认，在某些情况下男性更应该服兵役。我估计，人人都会毫不犹豫地承认，如果我们陷入一场大战，也许有必要为陆军和海军征兵，只要有必要，征兵便没有什么不对。难道在征兵时应当不分男女？如果有人说应该，那么我也无话可说，只能认为再怎么跟他理论也毫无用处。如果承认不应该，也就承认了建立在两性极为不平等基础上的不平等对待，而一旦承认后者，你如何画出一条标准呢？让我们从服兵役转向教育，在德国，这被视为国家活动的一个重要分支，同一个问题会呈现出另一种形态。应该给予男孩和女孩一视同仁的教育，教给他们相同的事情吗？男孩应该学习缝纫、理家和烹调，女孩应该像男孩一样学习打板球、划船和参加军训吗？如果有人说应该，我也没法跟这种人理论。如果有人说不可以这样做，他便承认了教育必须以两性不平等为基础，所以它必须维持甚至扩大这种不平等。

接下来是整个问题的关键所在——婚姻。[72]婚姻是绝对需要法律和道德以这样或那样的方式加以处理的事情之一。就我这里的意图而言，我只需要考虑这样一个问题：与此相关的法律和道德规则，是应该把它看作两个平等主体之间的契约，还是看作强者和弱者之间的契约，出于某种目的要求弱者服从强者。我认为，以前一种观点而不是后一种观点为基础的法律，是建立在完全错误的假设上，它包含着残忍的不公平，也就是说，它极其不符合普遍的合宜性，尤其是对女性

而言。若把婚约的双方视为平等，难免要得出这样的推论：婚姻就像其他合伙关系一样，可以随意解除。女性权利的鼓吹者羞羞答答地不愿意明白说出这一点。密尔先生在《论妇女的屈从地位》也没有谈到它，尽管他有一处言论与此十分接近(《论妇女》，155—156/290—
139 291)。但是，从他的原则中可以得出的推论却是再清楚不过了，而且他也从未予以否认。[73]如果这种观点成了法律，会使妇女变成丈夫的奴隶。与男人对女人失去吸引力相比，女人对男人失去吸引力要早得多。女性与子女的关系要比子女跟父亲的关系更加亲密。如果丈夫能够随意终止婚姻，那么一个容颜不再、已为人母的女人，十有八九会完全受到丈夫的摆布。这是双方地位的不平等，要想使婚约有利于他们的共同利益，就应该承认这一点并加以预防。第二种不平等是，男人结婚通常是因为他觉得自己已在生活中站稳了脚跟。他无疑要付出一大笔开销，但这绝不会危及他的谋生手段。女人出嫁时，除了特殊情况，她实际上只能从事一项工作，这否定了她从事其他任何职业的可能性，除了那项工作之外，否定了她在一个男人的世界里从事一项职业的可能性。这就是第二种不平等。我们很容易开列出其他一些极为重要的不平等，但这些就足以表明，把婚约看作两个有着平等能力保护自身利益的人之间的契约，完全是指鹿为马的愚行。

此外，这种契约也包含着弱者对强者的顺从。在我看来，它的证据就像欧几里得定理一样清楚。具体论证如下：

一、婚姻是一项契约，其主要目的之一是家庭的治理。

二、这种治理必须通过法律或契约，由婚姻的一方授权另一方。

三、如果这种安排是由契约作出的，有违契约的现象只能由法律给予救济，或按契约双方的意愿解除伙伴关系。

四、在这种案件中法律无法提供任何救济。因此违反契
140 约的唯一救济手段，是婚姻的解除。

五、所以，要想让婚姻持久，必须把家庭的治理权通过法律和道德交到丈夫手里，因为没有人会提议把它给予妻子。

密尔先生完全没有能力对付这种论证，而且他显然会接受另一种选择，即应当让双方随意解除婚姻关系。他对契约做了一番在我看来不啻是幻想的论证之后，他又有如下高论："事情绝不可以成为一方权力无边，另一方只有服从，不然这种结合便是一个彻头彻尾的错误，双方从中解脱出来就是一件幸事。"（《论妇女》，157/292）

在我看来，这是彻底误解了家庭治理的性质，误解了可以提出夫妻之间服从与权威问题的事情。没有人会主张，男人应当有权力像对待奴隶那样命令妻子，她若不听话就可以拳脚相加。以法律的眼光看，这种行为是残忍的，足以构成离异的理由。服从问题的出现与此完全不同。它会在最相亲相爱的夫妻之间产生，而且无疑也经常如此，对恩爱夫妻不需要进行干预，就像船长与他的大副有着绝对的友谊和信任，不需要他的绝对权力插手其间一样。

请思考下面这些问题："我们应该以这种还是那种标准生活？我们是否应该与某人合作？作为丈夫，为了使我能够从事这项职业，我

们是否应当搬到别处居住？我们是否应该让儿子上大学？是把我们的女儿送去上学，还是给她们请个家庭女教师?”在这些以及其他许多类似问题上，即使最明智、最恩爱的夫妻也会得出完全相反的结论。在这种情况下我们该怎么做呢？我们必须做出选择。我认为妻子应该让步。她应该听丈夫的话，按照丈夫深思熟虑后形成的看法去办，就像船长下令砍断桅杆时，副手立刻执行他的命令一样，尽管他有可能是个更出色的水手并且不赞成这种命令。同时我还认为，如果把这种事看作羞辱、错误和罪恶，这并不是气概和勇敢的标志，而是恶劣、
141 卑贱和逆反的标志，这种性情对生命中最有价值的东西具有彻底的颠覆性。这里暗含的假设是，让自己的意志屈从于别人的意志是丢人的事，而在我看来，这种假设是所有罪恶的根源，是对任何共同努力的否定。人们为了共同的目标而联合起来，从制作一双鞋子直到统治一个帝国，决定权却无所归属，天底下是找不到这种事情的；这不是命令和服从又是什么呢？当然，如果发号施令者不顾听取建议的好处，固执己见，如果他作决定时闭目塞聪，他便是天底下的头号笨蛋；然而，在实践中可以确定的是，他倾听意见的倾向，是与他赋予决定权的重要程度相对应的。

概言之，在我看来，规范两性关系的所有法律和道德应该建立在这样的原则上：它们的目标是为男女这两大类人提供共同利益，他们通过最亲密最持久的纽带结合在一起，除了一个团体内部不同成员的冲突之外，他们不可能有真正的利益冲突，但在各种形式的能力方面，他们不是也永远不可能是平等的。

法律和道德已经用一夫一妻制、建立在妻子服从丈夫基础上的不

可解除的婚姻，与行为、习惯和服饰差异相对应的劳动分工等，解决了这个问题。在我看来，这种解决方案基本上是正确的，但我要坦率地承认，在许多具体事例中，强者在这种关系中会滥用权力，就像在其他许多事情中一样；他会把规则制定得对自己有利，而这种规则其实给双方造成巨大伤害。没有必要详细说明那些关系婚姻对财产之作用的法律的无聊，这种法律很容易被一般的合法婚姻协议所取代，它类似于谨慎的人在必要时做出的安排。至于对妇女施暴的行为，要使这类法律尽可能严厉，只要不致使其失效即可。而向妇女开放一两个目前将她们拒之门外的职业，这只是个情感问题，没有多少实践意义。这里我无须重启迂腐无聊的讨论。我现在的目标只是肯定一种普
142 遍现象，即男女之间是不平等的，涉及两性关系的法律应该承认这个事实。

接下来我将考察下述观点：承认人类不平等的法律仅仅是历史的遗迹，一切最强有力的假设都与这种法律相对立。

反映在前面引用或提到的段落中的密尔先生的观点，可以归结为以下两条主张：一、历史表明，人类的进步，就是从“强制的法律”向命令和服从成为例外的进步。二、在我国和其他一两个国家，在所有其他生活关系中，“最严厉的法律”已被“完全废除”，可以设想它也不适用于两性关系。

我认为，这两项主张是完全没有道理的。在我看来，它们的基础是一种错误的历史观和对事实的歪解。

首先，它们含有一种假设，社会进步是由坏变好的进步；如果把

它说成由好变坏，而且我们应予促进，那是荒谬可笑的。密尔先生的假设是，社会进步是一个由坏变好的过程；过去几个世纪里，我国、欧洲其他发达国家以及美国，都在向着更好的方向变化。

这是个极其乖张的假设，我委实不敢苟同，虽然我也不是完全否定。我认为，进步是一个混合体，既有好的一面，也有坏的一面。我怀疑它在许多方面是由强变弱；与过去相比，人们变得更敏感了，但创业精神和宏大抱负也少了，他们不再那么急切地渴望得到他们想得到的东西，他们比过去更加害怕受苦，无论是他们自己还是别人受苦。如果真是这样，那么在我看来，其他全部所得，不管是财富、知识还是人道的收获，都不足以抵消所失。力量，无论表现为何种形式，是生命和阳刚的象征。力量越小，阳刚之气就越少，无论你是其他什么人物。这种怀疑至少使我无法对进步产生热情，虽然我不能说这有充分的根据。这是并且仅仅是一种怀疑，但是在这件事上，想象力造成的谬误是如此明显，几乎难以自圆其说，为了不向它作出让
143 步，再怎么警惕也不为过。然而，怀疑也足以阻止狂热。我本人没有看到我们的机械发明普遍提高了人们性格中的活力，尽管它们无疑大大增强了我们对自然的控制。我们人性中的大部分内容，在我看来仅仅是变得更加神经质，这丝毫没有给我带来满足感。哀叹甚至谴责无可避免的事情是没用的。一个人只根据几年内作出的观察，就对延续了数百年的发展的性质得出普遍结论，未免失之草率。但是，对不可避免的事情欢喜雀跃，并把它假定为好事，这至少同样草率。细心观察，从我们正在经历的变化中找到自己的位置，才是理性的。至于我本人，我既不庆贺也不诅咒这些变化，而且我认为谁也无权作出其他

选择，除非他为自己的所作所为表明了理由。

有关眼前这个话题的推论是，即使男女不平等是历史的遗存，它很可能被破坏了其他众多事物的进程所破坏，这也并不构成推动这一进程的理由。对于它接近于被消除，正确的反应是：“这实在令人遗憾。”伍德豪斯先生喜欢喝稀粥，但不能太稀。水加到一定程度，他很可能关掉水龙头。如果艾玛是密尔先生的门徒，她也许会说：“亲爱的先生，好好想想吧，你这是在打断进步的水流。作为你的简单食物原料的粗麦粉所表现出的黏稠度是过去的遗存，所以它很可能给你带来一碗坏粥而不是好粥。”

闲话少说。我们还是来谈谈这个问题：“强制性法律”，即“最严厉的法律”，是否真的已被废除？如果它已被废除，这是否趋向于产生平等？最近的事态是否一直倾向于或现在正倾向于把它丢弃？让我们先来谈谈事情到底如何，同时也把它作为另一个问题的引言。

强制是任何法律的绝对本质性的要素。其实，法律不过是特定情况下针对特定目标实施的强制。所以，废除强制性法律，不可能意味着从法律中剔除强制性要素，因为这将彻底毁灭法律本身。

密尔先生论证的语气表明，他所说的“强制性法律”和“最严厉的法律”，是指不受任何法律制约的强制。如果这就是他的意思，
144 他应当把它说出来；然而他一旦说出来，立刻就会陷入与事实明显矛盾的境地，因为现代欧洲的婚姻制度绝非一个不受强制性法律调整的领域。在这个领域，法律以最严厉的方式管制人类最强烈的激情。谁能否认，在黑暗的中世纪，一夫一妻制和婚姻关系不可解除的原则有

效地控制着天底下有着最强烈意志的种族的最冲动的欲望，或这种控制的结果显然对人类尤其是对女性普遍有利？德·迈斯特宣称，而且我认为他是正确的，中世纪的教士固守这些原则、这些我们道德观的核心原则，在历史上最残暴的时期抵抗着国王和贵族的欲望对它们的不断攻击，实属功不可没。

假设“强制性法律”是对强制之普遍重要性的不太严格的表述，再假设密尔先生是要断定强制倾向于丧失其重要性，下面我来谈谈他对平等理论及其历史的全部认识。

在与我们关系最大的各民族的所有制度当中，尤其是与法律和政府有关的制度当中，无疑确实存在着一种拒绝区分法律、一种使法律简单化的倾向。这是由种种原因造成的。首先，社会有扩张的趋势。我们以及欧洲其他一些大民族，在早期历史上分为许多王国，它们后来逐渐相互融合。数不清的原因造成的财富增长和生活习惯的改变，不仅导致旧制度不再适应新的时代，而且在许多情况下让人感到莫名其妙。例如，数百年里一直是一项罪名的“杀人”（murder）一词，当初似乎是对城镇罚款的名称，城里如有陌生人被杀，除非用“描述英格兰人特征”的程序确证他是英格兰人，从而驳倒他是丹麦人的司法假设，否则就要被罚款。这种奇怪的规定是为了有利于丹麦人而采用的，又因为有利于法国人而得以维持，直到爱德华三世第十四
145 年❶才被最终废除。彼时“描述英格兰人特征”已经变得没有意义，所以才被放弃，罚款的名称也变成了与那种罚款相关的罪行的名称。

---

❶1341 年。英王爱德华三世 1327 年登基。——译者注

这是使平等得以发展的无数事例之一，它否定了对不同种族的杀人者毫无意义的区分。世界上每一个民族的制度中的所有内容，都为这项原则提供了注解。罗马法的历史，从《十二铜表法》❶ 时期到查士丁尼❷时期，就是它的一个持续不断的写照。另外，在前面引用的密尔先生那段话里，他也提到一个极其重要的事例，即给人指定某种人生位置的社会安排，过去和现在是不同的。密尔先生告诉我们，过去“人人生来就被束缚于固定的社会位置，维护这种状态或禁止人们获得摆脱这种状态的手段，主要是依靠法律”（《论妇女》，134/273）。亨利·梅因爵士在谈到这个问题的一段话中对此作了概括，并在一定程度上提出了他的理论:“迄今为止的社会发展，就是从身份到契约的转变。”[74]——即从一种状态向另一种状态的转变，在前一种状态下，人与人之间的关系是由家庭或部族身份、征服者或被征服者的身份决定的，在后一种状态下则是由契约决定的。确实如此，对于梅因爵士就这个问题作出的精辟论述，我没有任何异议。我只想指出，在这件事上，就像在其他事上一样，他只限于对事实进行观察和思考，既没有说明也没有像密尔先生那样假设，只要揭示事态确实从 A 发展到 B，而且有着朝方向 C 发展的趋向，即可证明 B 好于 A，C 好于 B。

我必须应对的问题是，这些事实是否验证了密尔先生的两条主

---

❶《十二铜表法》：约公元前 5 世纪中叶古罗马制定的重要法典，因刻在十二块铜牌上而得名。——译者注

❷查士丁尼（Justinian，483—565）：公元 6 世纪的东罗马帝国皇帝，主持编写了著名的《查士丁尼法典》。——译者注

张。第一条是，最严厉的法律，或强制性法律，如今已被废除了。根据已经提出的理由，我想，这种主张想必是指强制在人类事务越来越
146 不重要；第二条是，强制性法律的废除与平等的发展是一回事。这两种说法我皆予否认，而且我也否认，我所承认的事实能够证实它们。

关于第一条，我要说，梅因先生所说的契约倾向于取代身份这个事实，仅仅证明了强制的形式发生了变化。今天的社会说到底依赖于暴力，就像历史上最野蛮、最动荡的时期一样。比较一下 14 世纪和 19 世纪的苏格兰吧。在 14 世纪，这个国家一片混乱，司各脱最著名的小说之一《珀思丽人》❶（虽然它写于作者的才华受到致命打击之后）为此提供了一幅生动的画面。书中的一位主人公说："我是黑尔戈斯的魔鬼迪克，在安南达尔，谁不知道我属于约翰斯顿的名门世家。我追随在刚毅的万弗雷老爷左右，老爷是威严的约翰斯顿勋爵的亲戚和打猎的同伴；勋爵跟勇敢的道格拉斯伯爵是结了盟的。无论伯爵和勋爵，无论老爷和我这个侍从，只要发现哪里有鸟兽，高兴放鹰就放鹰，从来用不着打听到了哪家土地。"这本书的每一页里都充斥着高地和低地、道格拉斯和军队、市民和贵族、查坦氏族和奎赫尔氏族之间的争斗。

将这幅鲜活的画面与我们熟知的苏格兰——有着祥和的工商业、农业和娱乐生活的苏格兰——加以对比，得到的第一印象就是，14 世纪的苏格兰完全受暴力的法律支配，而 19 世纪的苏格兰已经不再

❶小说讲述 14 世纪末苏格兰城镇珀思一对青年男女悲欢离合的故事。译文采用《珀思丽人》（陈兆林译，上海译文出版社，1992 年），第 94 页。——译者注

是暴力表演的舞台了。但是，如果稍微深入观察一下，这种印象虽不能说幼稚，却是成问题的，这就像一群爱争吵的人驾驶着一艘笨拙的皮划艇，他们划桨的节奏从不合拍，也抑制不住相互争吵的冲动，你却假设它能展示出力量；或有一艘载着一船人要去地球另一头的远洋轮船，以每天300英里的速度十分平稳地航行，他们在大部分时间完全意识不到运动或人力的付出，你便以为船上没有表现出强制。

今天统治苏格兰的暴力较之14世纪为同样目的而采用的暴力，就像一支海上战舰的暴力较之个人角斗士的暴力一样，是不可同日而语的。它能如此平静地发挥作用，是因为没有人怀疑它的存在、它的针对性、它相对于个人的抵抗所具有的压倒性优势。那一长串好战者
147 ——魔鬼迪克是其最后一环——中的暴力，已被储存在无数平和而理性的人当中，一旦需要，这些人就会支持法律，它会随时按需调用。使其陷入劣势从而失效的可能性微乎其微。一个罪犯可以制服一个孤立无援的警察，就像侏儒可以利用有利的位置，拼尽全力掰断巨人的一截小拇指一样；可是，个体故意对抗国家的法律以取得私人的优势，在今天是不可能的，没有人会做这种尝试。暴力不但统治，而且在大多数情况下无争议地统治，这并不说明它已不再存在。

这一主张的正确性，不仅存在于它的普遍而抽象的形式上，而且具体体现在生活的各种关系中。没有任何地方比婚姻关系更引人注目地对它作出诠释。密尔先生说："我愿意承认，许多已婚的人（在英国上层社会，很可能是绝大多数人），即使在现行法律下，生活中遵循着一种平等的合乎正义的法律精神。只有无数人的道德情操比现行法律更崇高，法律才能得到改进。"（《论妇女》，161/295）这等于

说，现行法律之下的大多数婚姻都是幸福的。密尔先生认为，原因是特定阶层的道德品质优于法律。我则认为，这是因为法律的优秀，并且相关的人们也服从法律。比密尔先生对婚姻的立场更进一步，我认为所有阶层的生活在大多数时候都是幸福的；不过我觉得，这是因为作为普遍规则，夫妻双方都信守他们结婚时许下的庄严承诺，包括妻子服从丈夫的承诺。一项制度运行得很好，由此得出的顺理成章的推论是，它建立在正确的原则之上，它符合它的目标。英国司法管理的廉洁独步天下，由此得出的推论不是法官优于法律，而是他们受其训练的法律有利于廉洁的司法管理。

密尔先生在这件事上的观点不是十分一致，他清楚地告诉我们，即使最好的家庭是培养同情心和温情的课堂，“但更为常见的是，就一家之长而言，它却是培养任性、傲慢、极度放纵和根深蒂固的理想化自私的地方，自我牺牲不过是这种自私的一种特殊形式”；“［一家
148 之主］为了自己微不足道的喜好，就会以各种形式牺牲”妻儿的幸福。密尔问道：“在现行体制下，我们还能指望更好的状态吗？”（《论妇女》，153/289）如果真是这样，我便无法理解婚姻除了是或只能是赤裸裸的暴政，是培养各种恶行的课堂之外，还能是别的什么；我也无法将这些言论与前面引用的婚姻普遍幸福的说法协调起来。确实，英国的上层社会对婚姻生活的义务的看法，其严苛的程度不亚于社会下层。很少有妇女喜欢听到别人说，她们是不听丈夫话的妻子。几乎所有的男士，如果知道自己不是一家之主，会把这当作很没面子的事；若是一方大权独揽、另一方唯唯诺诺从根本上说不道德，事情怎么会这样呢？密尔先生的理论中有个可笑的结论，有毒的树上也能

结出好果子。我的理论的自然结论则是，好制度才能带来好结果。无论哪个等级，通情理、有教养的人会有幸福的婚姻，其真正的原因在于人们清楚自己的位置，有相应的举止。权力是存在的，也有人行使权力，但行使权力的权利是无争议的，行使起来没有人抵制，它顺利地发挥着作用，相关当事人很少对它有不愉快的记忆。

与婚姻生活相似的另一个事例是待客的礼节。当你走进一个漂亮的家庭，里边布置得井井有条，客人也都举止得体。你看到有一个人以各种可能的方式尽力让其他人高兴，为他们提供娱乐和消遣，从某种意义上说，他处处谨慎低调地行事。你被告知，这个人无疑拥有合法的权利，他可以随时——比如说在风雨大作的午夜——命令其他所有人离开他的家，或禁止他们动家具、看书或吃面包[75]——这种做法让人觉得很恶劣。但是，假如他被褫夺了这项权利，如果客人的到
149 来使这项权利的存在受到片刻的怀疑，那么他们就谁也无法走出他的房子了；事情井井有条，并不是因为房子的主人没有权力，而是因为没有人质疑这种权力，他希望用它使整个社交活动舒适温馨。

因为强制是讲规矩的，既无人反对，其行使也有益处，于是便说强制性法律已被废除，这就像说既然昼夜更替已成定则，太阳和月亮皆属多余一样。

应该指出，尽管婚姻是所有契约中最重要的，它却远不是使一方对另一方拥有权威的唯一契约。几乎所有的契约都是如此。以一个人在政府公职上度过了一生为例。他签订了遵照某些条款为公众服务的契约，这里的雇主对雇员没有任何权力吗？大多数情况下，在这种位

置上被解雇给一个人造成的伤害，是比不免职但给予短期监禁或巨额罚款更为严厉的惩罚。法国内政部部长对无数下属拥有实实在在的强大权力，就像封建领主对其臣属拥有的权力一样。不错，它是建立在契约而不是身份上。在后一种情况下，人们天生处在一定的位置，而在前一种情况下，人们是通过协议而得到这一位置，但这几乎没有使两种情况有什么真正的差别。在每一种情况下都有强者和弱者，弱者要服从强者的权威。

事实上，这种从身份到契约的转变，远远不是普遍有利于平等的转变。我不打算思考这种转变本身的性质。如果人与人之间的所有关系都可以简化为一方挣钱、一方出钱的简单关系，这将是我们所能想象的最美好、最荣耀的社会状态；但不管现实社会是否如此，可以十分确定的是，这种社会安排的结果将不会带来平等，而是以最严酷、最无情的方式出现的不平等。在这个过程中，社会变成了一架巨大的机器，它的力量全部集中于一个部门，即所谓的公共暴力。它由一个立法机关和一个行政机关组成，它们在需要时有军队和警察作后盾。这种暴力发挥作用的方向是由法律规定的，这些法律以不断增强的精
150 确性和持久性适用于各种事情。人人都以自己的方式、为了自己的目的而利用这些法律。它们可以归纳为以下四点：一、你不可犯罪；二、你不可犯错；三、你要履行自己的契约；四、你和你的家人可以保留你能够得到的一切。如果说，这样的社会状态有利于平等，倾向于消除服从和命令、消除暴力，等等，这听起来就像是可怜的讽刺。贫富之间、强者和弱者之间、好人和坏人之间，哪里有平等可言呢？

具体而言，出身好、教养好的人，父母优秀、谨慎而本分，家境

殷实，遗传给他们健康的头脑和体魄，让他们受到良好的教育，和那些出身贫贱、教养不良、父母没有什么见识传授给他们，也没有什么财产留给他们的人，这两者之间有什么平等可言？诚然，我们现在已经没有太多名分上的不平等了。诚然，我们已经将政治权力切割成了碎块，我们唱着习以为常的胜利赞歌，还在继续把它切碎，直到许多人极有可能认为，每个个体所分享的那一丁点儿政治权力并不值得拥有。但是尽管如此，各种真正的实质性不平等，如财富、天赋、教育、情操和宗教信仰的不平等，以及由此而来的全部责任中的大多数义务的不平等，从来没有像今天这么严重。我十分怀疑，在这个世界的任何一个时代，特定的人对他们的邻居拥有的权力，会像今天这样有如此明确的规定、能够如此容易和放心地得到运用。过去，如果奴隶粗心大意，他的主人毫无疑问会用鞭子抽他、把他打死或打成残废，但主人必须考虑这样做是在糟蹋自己的财产，挨鞭子的奴隶仍然是他的奴隶，鞭打奴隶会使其产生憎恶或报复心理，等等。如果一个现代仆人行为不当，他会被当即赶走，再雇一个仆人就像招呼一辆出租马车一样容易。被解雇者的人品受到否定，很有可能相当于宣判一个人几个月的苦刑和社会身份的永久下降。受到这样的惩罚，既不能
151 上诉，也不能谴责，它不会对日常生活平静的表面造成丝毫的干扰。

组织社会生活的古老模式，就像其他事物一样，已经成了许多浪漫主义夸张的对象，但十分清楚的是，它有着有利于穷人和弱者的一面，尽管它像我们自己的社会准则一样也造成不平等。试图通过改变社会安排实现人人平等，就像试图通过打乱整副扑克牌的顺序把扑克变成一个花色一样。人从根本上说是不平等的，不论你想把社会安排

成什么样子，这种不平等都会表现出来。若是把保护最大多数人的平等作为目标，为此就要建立一种区分体系、一种尽可能符合人们的真实差别的社会等级制，就要使每一个阶层内部的成员相互平等。印度的种姓制度造成的状况就很像这种东西，结果是，印度社会尽管在某些方面是有弹性的，也具有相当大的吸收新观念的能力，但它的稳定性和保守性是欧洲人闻所未闻甚至无法想象的。倘若我们掌握了某种测试方法，能够根据人们本质上的差异，以可靠的精确性对他们进行排序，我们也许就能真正高枕无忧了。

在没有感觉到痛苦限制的情况下，冷静地行使不可抵抗、得到公认的强制，这是在确立了人们的所谓平等之后他们所期待的强制。即使形成了这种理想状态，一些最重要的社会问题仍未得到解决，但是就协调个人利益和普遍的公共利益这个重要问题而言，几乎完全可以认为，它提供了不仅最好而且是唯一完美的解决方案。如果有个国家，人人都拥有最适合自己的位置，并且人人都清楚这个事实，那么人人所过的生活都会既让自己最满意，也最有利于他的邻居，这个国家将使生活中的重大问题得到根本的解决。

不必多言，这种理想显然是无法实现的；不过，维持在特定时间和地点确实存在的广泛而显著的差别，却是向这个理想迈出的一步。年龄和性别差异无所不在，种族差异在特定时间和地点极为重要，不过也没有理由否认它们被夸大和滥用的事实。财富、教育的差异，以
152 及其他一些与财富的获得和保有相关的品质上的差异，也都同样真实。这些差异，不管是否得到法律的承认，不管是否允许它们影响政治权力的分配，它们都将继续存在并产生各种各样的不平等。通过不

受限制的竞争使它们找到各自的位置，它们将以最赤裸裸的严酷的方式表现出来。

举一个简单的例子。让我们假设，利用法律使男女尽可能地平等，舆论也遵守法律。我们再假设，婚姻像其他事情一样，仅仅是一种可以解除的合伙关系；女性要像男性一样养家糊口；一方应给予另一方保护的观念被彻底根除，男性对女性的态度就像男性对待男性一样，对弱者彬彬有礼的谦让，对男人而言几乎带有侮辱性的、从各种不同观念体系继承下来的对女性承担的无数义务，被彻底消除，结果会是什么呢？我想，结果是女性成为男性的奴隶和苦工，她们将感受到自己是弱者，并彻底接受它的后果。服从和保护是相对的，取消一方，另一方也会随之消失，契约法之下的暴力要比身份法之下的情况严酷百倍。不管你怎样掩饰，它都是以各种形式决定着人们之间关系的暴力。如果暴力受制于同普遍原则相关的一般法律规定，它的严酷性要比它根据契约——其各项条款是个人根据自己的判断作出的——发挥作用轻得多。在欧洲，婚姻关系的条款是由法律和宗教确立的，这是——当然是在无限广阔和更为重要的范围内——一项原则的具体写照，正是这项原则，导致了当下对某些工厂雇用童工和煤矿雇用女性的禁令。

概括来说，我认为，平等与正义没有任何特殊关系，除非是指狭义的司法公正；在社会生活的大多数重要关系中，无法肯定平等是合宜的。历史没有证实下面的观点：在漫长的时间里存在着持续的进
153 步，其大方向是消除人与人之间的所有差异。尽管它的确证实了这样一种观点：人们之间天生的不平等的表现方式，以及产生结果的方

式，是随着时代的发展而变化的，它倾向于通过个人订立的契约而不是公共权力为固定人们之间的关系而制定的法律发挥作用。

下面我要谈谈“平等”一词的其他含义中最重要的内容——政治权力的平等分配。这大概是能够赋予“平等”这个模糊概念的最明确含义。确定无疑的是，在数代人的时间里，我们这个国家一直延续着一个过程，把它称为政治权力的划分或无不妥。得到公认的政治理论似乎是，人人都应享有选举权，立法机关应由这些选民选举产生，它应通过一个获得其信任的委员会管理国家的一切公共事务。这种理论表现出的征服力是不容置疑的，无论过去、现在还是将来。它获得的成功如朗朗明月，它的成功将持续很长一段时间，其可能性是无须我们多想的。问题是，一个理性的人会怎样看待它呢？我想他会像对待其他任何现有的事实一样去评说它，对任何一方面都没有偏袒；然而我完全无法理解，它怎么能使任何人生出由衷的赞美之情呢？由于这样或那样的原因，它的确做到了这一点。几乎所有的报纸、大多数现代政治思想著作，都以类似于宗教的狂热看待民主的发展和即将到来的普选权。对于这些我是一概反对的。

首先，应该恰当地指出一种区别，尽管它相当清楚并且极为重要，却不断被人忽视。按你们的意志去立法吧，倘若你们认为恰当，就把普选定为不容违抗的法律吧。但你们离平等仍然像过去一样遥远。政治权力的形式变了，其实质却未变。将政治权力切成碎块的后果，无非是让那些能够赢得最大多数碎块的人去统治其他人。这样或那样的强者永远进行统治。若是军事政权，造就伟大军人的品质会使他成为统治者。若是君主政体，国王在大臣、将帅和官员身上所看重的品质将带来权力。而在纯粹的民主政体中，统治者将是那些操纵玩偶的人及其朋党；但他们与选举者之间的平等不会大于君主政体下军人或大臣与臣民之间的平等。政体形式的变化更多地改变了上层的状况，而不是它的实质。有些年代是坚强的性格，有些年代是狡诈，还有些年代是应急能力，有些年代是滔滔辩才，还有些年代则是对流行意见的出色把握以及把它用于实践目标的能力，这些禀赋都可以使人对其邻居作威作福、颐指气使。但无论什么年代和环境，平民百姓都要听从支配着其集体力量的这样或那样的领袖调遣。工会领袖是工会会员的上级和统治者，会员团体是每个会员的上级和统治者，就像一家之主或工厂头目是仆人或雇工的上级和统治者一样。

简言之，政治权力的划分更多地与自由而不是与平等有关。[76]它是好事还是坏事的问题自有依据，必须直接参照它的效果才能决定。这种效果繁多而复杂，试图全面描述它们或对它们的性质作出全部说明，无异于白费心思。我希望引起人们注意的，是其令人不快而一直受到忽视的一点——我们所了解的广受欢迎的制度，不论有何强势的一面，它们也都有弱势和危险的一面，不配得到它们的进步引起的那种盲目崇拜和一致赞美。

倘若有人问我，你打算用什么取代普选？在实践中你要推荐给我们什么？我会立刻回答，什么也没有。思想和感情的整个趋势，人类事务的大潮，正势不可当地朝着那个方向发展。许多古老的生活方式在当时是有害的——就像今天我们许多做法也是有害的一样——在整
155 个欧洲它们都在瓦解，就像被潮水席卷而去的干草垛一样。我固然看不出，任何明智的人为何应当费尽心思去拯救它们的残骸，覆水难收

啊。但我也无法理解，随波逐流可矣，何必还要为河神唱赞歌呢？我并非徒劳地假定，我之所言可能有某种程度的好处或危害，但是对于这一方或那一方兴致勃勃谈论的过程，尽力做一点儿中立的观察，也许能够打动少数读者。

对于普选的理论与实践的缺点，我的看法的要点是，我认为愚智之间有着真实而自然的关系，普选权则倾向于颠覆这种关系。我认为，聪明善良的人应该统治愚蠢而恶劣的人。如果说，聪明善良的人唯一能发挥的作用就是劝诫他们的邻居，应该一视同仁地允许每个人为所欲为，应该以选票的形式让他们分享一定比例的主权，这样做的结果是智慧引领权力，那么在我看来，在那些曾让相当多的人陷入的想入非非之中，这算是最疯狂的一种。

至于我们当今统治者的特点，让我们听听密尔先生在 1859 年说了些什么吧，我认为自那时以来事情并没有多大改变。密尔先生在谈到英国的统治阶级（《论自由》第三章）——“主要是中产阶级”（《论自由》，66/268）——时说：“他们是由一些与他们非常相似的人代他们思考，这些人凭一时的冲动，通过报纸向他们发言，或是以他们的名义发言。”（《论自由》，66/269）他补充说：“我对此没有怨言。我认为，任何较好的事物都不适合现在人们低下的精神状态。但这不能阻挡中庸的政府变成平庸的政府。从来没有民主政府或多数贵族制政府——无论它的行动还是它所培育的观点、品质和心态——曾经超越或能够超越中庸精神，除非统治的多数能够让他们自己接受具有极高天赋或良好教养的一个人或少数人的影响和指导（他们在最好的时期总是这样做）。”（《论自由》，66/269）

那句括号里的插入语在我看来，主要适用于雅典历史的寥寥数
156 年；但无论怎样，我前面从同一章引用过的密尔有关“社会已对个人取得了相当大的优势”（《论自由》，61/264）的方式的言论，就无须再重复了。它的实质是，那些压垮所有个性的无聊乏味的舆论构成了沉闷的规则，而我们就生活在其中。其含义是：“英国的伟大全部属于集体，个人是渺小的，看起来只有通过联合的习惯，我们才能成就伟业；我们的道德和宗教慈善家们对此也十分满足。但是，成就今日英国的，是另一类人而不是这一类人；阻止英国的衰落所需要的也是这另一类人。”（《论自由》，70/272）“精神本身被套上了笼头：甚至只为乐趣而做事时，首先想到的也是从众；他们喜欢成群结队，他们只在大家都做的事情中做出选择。”（《论自由》，61—62/265）这种论调还有很多，我就不必一一说明了。

在密尔先生后期著作的一些地方，很容易发现他对人类整体评价不高。[77]他的《论妇女的屈从地位》全书都是要证明，在构成人类整体的两性当中，一方拥有暴君的全部恶习，另一方则有奴隶的全部奴性。家庭通常是培养“根深蒂固的、理想化的”自私的课堂。所有的妇女要么被收买，要么受到胁迫，是男人使她们陷入这种境地。有这种家庭和教育者的儿童会变成什么样子，就无须多说了。

所有这一切，以及其他所有诸如此类的事情，在我看来都是残酷而不义的，也是夸张的；不过我有权问一句，一个对自己的同胞有如此看法的人，怎么还能是否定一切政府权力这个意义上的自由的拥护者以及任何意义上的平等的支持者呢？这两者之间有任何一致之处吗？假设有一群愚顽之人，他们从未受到强制，他们不允许任何人提

高到他们自己的水平之上，那么到头来除了一群愚顽之人外，你还能得到什么呢？在这种制度下，人类将成为一群施特劳斯所说的“古猿”或达尔文理论中的猿人，他们的意识刚好足以用来战胜自然选
157 择的作用，他们唯一的行为准则是找出初步具有人之特征的猿人，不是让他当他们的王，而是用石头砸死他。“Non meus hic sermo”[1]。我仅仅指出了一种著名理论的趋势，即使退一万步讲，我认为它还是包含着一些毋庸置疑的真理。

我当然不同意密尔先生的看法，他认为英国人普遍愚钝，缺乏创新精神，彼此之间十分相像，就像我们看到的一桶鲱鱼一样。我所了解的许许多多渔民、普通海员、工人、劳工、猎人、警察、军人、仆人和小职员，他们之间的差别，他们以各自方式表现出的原创精神，他们的全部性格，就像处于人生更高等级的人一样。

我本人的观点是，能够以连贯系统的思想从事一件事的人，或能够把握某个包含着诸多因素的问题的影响的人，总是极少数。我还应该补充说，要想真正做好统治一个伟大的民族这项工作，需要大量特殊知识，需要坚定、有节制和冷静地运用这个国家各种最优秀的人才。

至今我还没有遇到一个人否认，假如在建立统治我国的各项制度时只考虑有效处理公共事务，这些制度会具有完全不同于现在的形态。尽管可以作出解释，但没有人能够以历史作为根据，为这样的安排提供正当性：国家的全部统治权被授予一个类似于下院的民众会议，它

[1]语见贺拉斯《讽刺诗》2. 2. 2。意为“这话可不是我说的”。——译者注

通过一个委员会像国王一样进行统治，而这个委员会随时可以用一纸公告予以解散。这种委员会在掌握权力时，必须通过一些公共部门开展工作，而这些公共部门中几乎没有一个可以谎称它特别适合自己的职能，更为重要的是，建立它们所依据的是早已过时的事物状态。好政府的第一要素是，它要有某种程度的持久性、一定的自由裁量权以及制订和落实重要计划的一定空间。在普选为我们提供和正在为我们提供的制度中，几乎完全缺少这些要素。无休止的辩论，持续不断的解释，对政府需要处理的每个问题一而再再而三地向议会陈述，这一
158 切都极大地影响着政府的活动。除非事情的重要性在最低能的人看来也一目了然，不然什么事情也做不成；凡是能让这些低能的人觉得显而易见的事情，迟早都会做成，而在那些视野更宽广的人看来它显然是不应该做的，一旦做成，再想废除它，就成了天下最难办的事情。

这些弊端的结果是由一种体制直接导致的，它使政府直接受当时多数选民的统治，换句话说，这几乎使它成了变化不定的公众感情和意见的忠实代表。对于这种结果，从未做出全面的说明，我想也不可能做出全面的说明。不过，对这个问题稍作评论还是值得的，它能使我们大体上知道我们为了某些好处——比如做任何事情都要得到普遍同意，让众人关心公共事务——而付出的巨大代价。

假设已做出某些制度安排，它使一批能人可以连续不断、有条不紊地把时间用于为共同体的普遍福祉行使公共权力的任务；让我们再假定，他们能够贯彻他们的意图，不必每走一步都要停下来获得民众的认同。他们是否会无事可做呢？我认为，国家的任何一个部门需要完成的工作，比任何一代人希望完成的工作还要多。我还要进一步

说，这些工作中的大部分都没有做，而且也不会有人做，大多数已做的工作很差劲，这完全是因为在我们的体制下，没有授予任何人具有连续性和持久性的权力。

为了证明这一点，我要简单谈谈政府主要部门的工作。对于首相，我只想说一句话，在现有状态下，他在议会里的工作几乎就是一切，他的行政职能相对很小。在他之下，国家的第一要职是大法官❶。他在适当的协助之下能在法律改革方面做些什么，我就不必多说了。把国家的法律和司法制度简化成理性的形式，仅仅是个时间、精力和专门知识的问题。姑不论那些无法克服的困难，真正的困难存在于议会的构成、存在于政党政治——它使不在位的人可以对在位者的工作指手画脚——的制度当中，还存在于下面这样的事实之中：在
159 位者考虑的不是最应该做什么，而是即使受到反对最有可能做成什么。熟悉这个问题的人都不会怀疑，系统的法律改革可以使这个国家的每一件事处理起来更便捷，可以大大增加我国每一寸土地的价值，可以使法律成为正义的化身，使它成为每一个生活领域真正的行为标准，从而对国民的思想和风气产生巨大影响。

大法官之后是枢密大臣。按我的设想存在的政府（当然不必事先假定要建立这样的政府），需要做的第一件事就是深入思考内阁和公共部门的现有建制，不管它多么适合政党政治的迫切要求，对于切实处理事务而言它却是一种再糟糕不过的拙劣安排。枢密院最初的构

❶英国政体中特有的官职，议会开会期间为上院议长，上院兼有最高法院职能。在美国国会参议院拥有投票权的美国副总统一职，便是仿此建制而设。——译者注

想，按处理事务的过程来说十分符合该目的，尽管我不认为它适合今天的情形。这里不是讨论几乎无人能懂的专业问题的地方，但我大体上可以指出，为了切实处理事务而存在的枢密院，应当对政府各部门行使直接的监督权，应当利用委员会等方式，做到对政府各部门出现的所有重大执行问题了如指掌，并对它们下达命令。照目前情况来看，每一个部门都是一个“小政府”，都有自己暂时的“小国王”，整体对部分的掌控极其松散和含糊。每一位大臣都可以在自己的地盘上为所欲为，以至于摆在他面前的任何问题都很可能引起议会的关注并威胁到部门的稳定性。这不是解决重大问题的办法。如果内阁是一个真正稳定的行使治权的委员会，它的职责是对可能发生于不同部门的所有最重要事务形成和下达命令，那么内阁大臣们就不能像现在这样只是发表演说、回答议会质询，而是要更努力做些别的事情。

枢密大臣之后是五位国务大臣。在这些部门中，殖民部、陆军部、海军部和印度部，由于任期的不确定性，以及始终要通过选民的
160 代表向每个选民负责，所以它们几乎无所收益，反而会失去一切。英国和殖民地的关系，以及英国和印度的关系，几乎不可能通过议会以令人满意的方式处理。对于这些事务，一般而言，议会最好的处理就是置之不理，它在很大程度上也的确如此。由一个受过良好教育的小部门去稳健而平静地处理这些问题，会使大英帝国的每一部分受益，甚至使两个帝国——殖民地和印度——的每一部分从中受益。至于陆军和海军的组织，很难否认它们是一些需要特殊知识的特殊问题，这些知识与政党政治几乎完全无关。

内政部大概为政府可以涉足的范围提供了最鲜明的写照。如果有

人想说明英国国内的政府是什么样子、如何工作或受到怎样的监督，他会被各种法案、章程、专员、理事会、议员、法庭和形形色色的教区代表搞得喘不过气来。这些东西从来没有统一过，在大多数情况下也不受中央权力的控制，据说可以用法国人赞赏的“自治”去抵消所有其他缺陷，而这种所谓的自治，往往意味着对自己的邻居胡来的权利，却不必向比你更聪明的人负责。有谁会怀疑，如果既有决心也有权力去理顺事物关系的人，仔细审查这些制度，他就会以全新的眼光去看待教育、犯罪、贫困、健康以及不胜枚举的其他事情？尽管如此，近年来在这类问题上还是做了大量事情了，而且很可能还会做更多的事情；不过，假如显而易见的好事只需要得到极少数人的同意，做起这些事来也许要快捷和完美得多。

外交政策大概为专业知识的重要性提供了强有力的例证。一般知识水平在涉及这个公共部门（如果不把印度和殖民地事务算在内）的事务时是最为低下的。民众的激情之强烈，受到误导或可能造成无法估量之危害的，也是非这个部门莫属。大多数英国人对法国和德国
161 的无知程度，只有战争进程使他们产生的亢奋情绪以及泛滥的非理性同情的程度可以与之媲美。在涉及外交事务时，真正需要的不是立法或行政措施，而是获取知识。外交部门的组织，可以说是一个国家在外交事务上的眼睛，它往往决定着是战是和，甚至能让我们避开一场入侵。

至于财政事务，以某种明确而切实的方式获得民众同意，当然是课税所必不可少的，这也是英国下院逐渐接过主权的历史解释。毫无疑问，这个因素必定总是限制着受过良好教育的少数人的统治范围，

它也是最显而易见的决定性原因，使得任何理性的人都不敢指望政府的运行原则发生重大改变。这里我不是建议我们能够换一种统治方式。我完全同意，从实践的角度考虑，最好的做法是摆脱我们的手段，工作起来不受它们的束缚。我仅仅希望指出一个事实，事物都有两面性，并请大家原谅我没有分享对我们的制度表现出的普遍热情。我不想说现在或过去还有其他更好的制度。人们的愚蠢、软弱和无知，在所有人类制度中都留有深深的烙印，就像其他任何时代和地点一样，它们现在仍然清晰可辨。

平等，就像自由一样，在我看来虽然享有盛名，内容却贫乏得很。我认为，近来对它的狂热主要归因于两种环境：大革命之前法国特权阶层令人厌恶的地位，美国财富的巨大增长。前者无疑属于这样一种情况，特权早就不再具有任何实质意义或不再有任何用处，却仍被维持着。这种情况十分常见。人们喜欢用一些东西自我炫耀，以示与邻居的不同，一方张扬，会让另一方产生欲望。法国特权阶层的事例，确实是世界上曾经有过的最没有差别基础的特权，而法国人又以很张扬的心态对待它，不是待之以理性从容的改造，而是悲痛和无聊的大发泄，世界将长期感受到它的影响。在我看来，法国人在这种事
162 上沉溺于激愤的程度，堪称历史上最不体面的事情，对于这种事，任其发展固然可耻，但不能以平和的、避免大张旗鼓的方式将其消除，就更加可耻。

我认为，平等在美国的成功主要归功于它的环境，在较为重要的方面存在着实质性平等的很多人认可平等的事实，而且没有设立毫无根据的特权。他们现在的平等实际上达到了什么程度，人口变得稠密

之后他们的平等还能持续多久，就要另当别论了。还有一个我在这里只能说上三言两语的问题：平等在美国的巨大发展，大量平凡、自我满足和本质上卑微的人的快速出现，能否算是一项天下人都应顶礼膜拜的功绩？

总而言之，我认为对于平等我们所能说的少数几句真话就是，人类事实上是不平等的；他们在相互交往中应该承认存在着真正的不平等，就像承认存在着实质性平等一样。他们既倾向于夸大真正的差别，这是虚荣的表现；也倾向于否认其存在，这是妒忌的表现。这两种夸张都是错误的，而后一种错误尤其卑劣和懦弱，属于弱者和心怀不满者的错误。对存在着实质性平等予以承认，仅仅是为了避免犯错误，这并不影响那些公认为平等的事物的价值，并且这种承认通常是朝着内在不平等发展迈出的一步。如果平等地禁止任何人犯罪，人人都要信守契约，冷静、有远见和明智的人就会胜出，轻浮、放纵和愚蠢的人就会失败。由此可见，平等是一个表示关系的词，自由与此不同，自由是一个表示否定的词。平等没有直接告诉我们任何事情，除非我们知道哪两种或更多的事物被确认是平等的，以及它们的本质是什么，当我们对这些要点有了了解之后，我们得到的只能是关于事实问题的陈述，不管是对是错，也不管重要与否，它是事实本身。

第六章　博　爱

现在我来考察民主信仰三教义中的最后一条——博爱。在某些条件下和一定范围内，人们相互怀有良好的愿望和相互帮助是一件好事，这对于每一个人都是常识。同时我也不得不想，许多人和我一样，看到或听到博爱的大话时会感到厌恶。这种爱经常是一种无礼的干涉。麦考利❶爵士因为巴雷尔❷痛恨英国而为它庆幸。他说，痛恨英国可算是巴雷尔能为这个国家作出的一点儿贡献。[78]我在读卢梭的《忏悔录》时发现，几乎很少有文学作品能像他对人类表达的爱那样让人恶心。“你把爱留着自己享用吧，别用它来烦我们!”——这便是他的书总让我想到的评语。斯温伯恩❸先生对法国有一番怪论:“您

❶麦考利（Thomas B. Macaulay，1800—1859）：英国政治家和历史学家，晚年所著五卷本《英国史》为“辉格党历史解释”的巨著。——译者注

❷巴雷尔（Bertrand Barère de Vieuzac，1755—1841）：法国政治家，大革命时期最激进的政治人物之一。——译者注

❸斯温伯恩（Swinburne，1837—1909）：英国诗人，以猛烈抨击维多利亚时代的英国道德风气著称。——译者注

虽罪恶累累，却因你博大的爱而得到宽恕。”我是不屑于与他为伍的，在我看来，法国人爱人类的方式，是他们众多最不可宽恕的罪恶之一。能够要求于绝大多数人类的，不是爱，而是尊重和正义。给爱下一个定义虽然迂腐，但可以说它至少包含两个要素：其一，与互爱之人的境况相适应的友好交往带来的欢愉，不管它是什么；第二，彼此都希望对方生活幸福。如果两个人由性情所定，相互交往在他们看来是不可接受的，或他们的幸福观相互冲突，那么我看不出他们怎么能够互爱。一边是罗马天主教神甫，他热衷于让异教徒皈依天主教，他深信异教徒的最大幸福就是皈依罗马天主教；另一边是长期坚决抵制罗马天主教，也不愿深入探讨这个问题的人。在这种情况下，如果神甫爱这个异教徒，他这种爱对于后者而言便是实实在在的麻烦。神甫的社会对异教徒来说没有任何快乐可言，神甫视为异教徒幸福要素的东西，异教徒会视为苦难。

164

两性之间的爱如果不是相互的，也是一种恶。大凡体面的男人或女人，除非打算对爱给予回报，是不会要求另一个女人或男人来爱自己的。诚然，没有人怀疑，人类的大多数幸福，来自于相互给予的各种形式的友情，以及由此导致的各种互助；但是有这种感情是一回事，相信对全人类的爱注定取代所有传统的爱，成为一种“普世”信仰，则完全是另一回事。

有关崇拜和献身于抽象的人道精神的教诲，有着多种形式。我打算考察的形式可以在密尔先生的《功利主义》中看到。它也具有密尔先生所有著作的优点，表述得极严肃、极清楚、极有分寸，使我了解了民众情感的教条形式。下面是密尔先生阐述其学说的一些话，它们分别见于《功利主义》二、三、五各章：

> 功利的标准……不是当事人自己的幸福，而是最大多数人的最大幸福；高尚者是否总是对自己的高尚感到幸福，或可置疑，但它无疑能使其他人幸福，整个世界也大大受益于它……在他本人的幸福和其他人的幸福之间，功利主义要求他［当事人］严守中立，做一个无私而仁慈的旁观者。我们可以从拿撒勒的耶稣的黄金法则中，读到功利伦理的全部
> 165 精神。像别人待你一样待别人，爱邻人如爱自己，❶ 这构成了功利主义道德的完美理想……除非假定每个人的幸福在程度上是平等的（允许有适当的偏差），不然最大多数人的最大幸福原则便是一句没有合理意义的空话。在满足了这些条件之后，边沁“一视同仁，无人例外”的格言便可以作为一条注释写在功利原则之下。受到道德家和立法者尊重的每个人获得幸福的平等权利，包括对获得幸福的所有手段的平等权利，除非是无法克服的人生条件以及由每个人的利益所组成的普遍利益，为这条定理设定了标准；对这些标准应当给予严格的解释。(《功利主义》，213，218，257—258)

这就是密尔先生对“道德的目标是什么，你所说的对错的含义是什么”这个问题的回答。让我们再来看看他如何回答“我们为何

❶参见《新约 · 马太福音》5。——译者注

应当做事端正”这个问题。在论述这个问题的章节中，他正确地指出，适用于任何体系的外在道德约束，也适用于功利主义体系，对良心的约束同样可以这样说，但是他在一种既类似又多少有些不同的观念体系中找到了最后的约束，他把它称为“功利主义道德情感的自然基础”（《功利主义》，231）。

一旦承认普遍幸福是伦理标准，它便构成了功利主义道德的力量。这一坚实的基础是人类社会情感的基础；同胞形成统一体的欲望，原本就是人性中的强大因素，并且幸运的是，无须明确的教诲，它就倾向于在先进文明的影响下变得更强大。群居状态对人类而言是如此自然、如此必要、如此习惯，除了一些反常的环境或故意拆散他们的努力，人们绝难设想自己不是某个团体的成员；随着人们逐渐远离野蛮时代相互隔绝的状态，这种联合也变得越来越密切。所以，作为群居状态之本质的条件，便日益成为每个人对社会状态的认识的一部分，因为他天生就处于这种状态，它是人类的必然命运。人与人之间的社会交往，除了主人和奴隶的关系之外，显然只能建立在尊重所有人的利益的基础上。要让人人平等的社会能够存在，就必须明白应该平等对待所有人的利益。

在文明状态下，除了绝对君主之外人人平等，每个人都要在生活中与他人一起遵守这些条件；每个时代都会取得一些进展，使人们不可能与别人永久生活在其他条件之下。这样成长起来的人无法想象可以完全漠视他人的利益。他们必然认为，至少要摆脱一切严重的伤害，要（即使仅仅为了自卫）生活在一种不断抵抗这种伤害的状态中……不仅社会纽带的加强，而且社会整体的健康成长，都会使每一个个体在实践中越来越强烈地关心他人的福祉；它还会他引导他让自己的感情更多地与他人的利益保持一致，或至少在实践中越来越多地考虑它。他就像出于本能一样意识到，自己会理所当然地尊重他人。对于他来说，他人的利益理当而且必须给予关注，就像对待我们生存的任何物质条件一样。（《功利主义》，231—232）

每个人都愿意在其他人中间促进这种感情，即使他本人没有这种感情。“随着文明的进步，这种认识自己和人类生活的方式，日益成为一种自然的感觉。”（《功利主义》，232）最终它会获得信仰的特点。“如果我们假设，把这种休戚与共的感情作为宗教去教育人们，教育、制度和观念的全部力量，就像过去的宗教所做的那样，都用于从小培养每一个人，使他身边充满了这方面的信念和实践，那么我认为，凡是认识到这种观念的人，都不会对这种终极约束为‘幸福道德观’提供的充分保障有任何担心。”（《功利主义》，232）在谈到孔德的《实证政治体系》时，密尔先生又补充说：

我强烈反对这本著作中阐述的政治和道德体系。不过我
167 认为它大大证明了这样一种可能性：即使不依靠对上帝的信

仰，也可以使人道的奉献具备一种宗教的精神力量和社会功效；使它以这样一种方式——所有宗教曾经发挥过的最大优势不过是它的一种范式和预演——去控制人类的生活，熏陶所有的思想、感情和行动；它的危险不在于它做得不够，而在于它可能做过了头，对人类的自由和个性进行不适当的干涉。对于承认功利主义道德的人来说，使这种道德具有约束力的感情，没有必要等待能使人类普遍感受到其责任的社会影响。在我们现在生活于其中的人类进步过程的较早阶段，一个人确实无法产生对其他所有人的全面的同情心，这种同情心会使他们生活中的一般行为方向没有任何真正不协调的因素；然而，对于一个社会感情已经得到充分发展的人来说，他不可能将他的其他同胞视为争夺幸福手段的对手，他不可能为了自己获胜而把打败别人作为目标。每一个个体现在已把自己视为社会存在，这种牢固的认识使他倾向于有一种自然需求：他的感情和目标与他的同胞的感情和目标应当和谐一致。即使意见和精神教养的差别使他不可能分享其他人的许多实际感受，甚至会使他谴责和蔑视那些感觉，但他仍会意识到，他的真正目标与他们的并不冲突；他并不反对他们的真实愿望，即他们自身的利益，而是要去促进他们的愿望。就大多数个体而言，这种感情的力量要大大弱于他们自私的感情，并且经常完全没有。但是，对于拥有这种感觉的人来说，它具有自然感情的全部特点。它在他们的头脑中没有表现为教育的迷信，或社会力量以专横手段实施的法

> 律，而是一种一旦失去就令人不快的品质。这种信念便是最大多数人的最大幸福这一道德观的最终约束。它使有着发达感情的头脑与关心他人的外在动机结合在一起，而不是与之对立，这就是我所说的外在约束；当缺乏这种约束，或它向着相反的方向作用时，上述信念便构成一种内在约束，其强弱取决于人的感受能力和思维能力，因为只有那些道德上一
> 168 片空白的头脑，才能为他们的人生旅程安排这样的计划：除非受到他们私利的驱使，根本不去关心别人。(《功利主义》，232—233)

我大段引用这些话，本会显很乏味，好在它有着重大的内在优点。对于多年研究密尔先生著作、观察他的公共生涯的人，这些话显然反映着他最深刻、最持久的信念。我希望，那些瞧得起我、始终跟随着我思考的人，不会因为我看出这些话标志着我与密尔先生之间最深刻的分歧，便指责我只顾自己。这种分歧，其实完全超出了能够论证的范围，而且毫无疑问影响着我对他的后期学说的全部异议。对于人和人类生活，他跟我想的完全不同。他似乎相信，如果人类摆脱了一切限制，尽可能给他们一个平等的起点，他们就会自然而然地如同兄弟一般彼此相待，为他们的共同利益一起和谐地工作。我则相信，有不少人是坏人，但绝大多数人既不好也不坏，还有许多好人，这个无所用心的广大群体随着环境左右摇摆，而这种环境中最为重要的一项，就是当时占优势地位的是好人还是坏人。我还相信，在所有类型的人之间，都存在并将永远存在敌意和冲突的真正诱因，甚至好人也

有可能相互为敌，他们经常是被迫如此，这要么是因为存在着使他们发生冲突的利益之争，要么是因为他们对于“善”有着不同的理解方式。

在我看来，如果把密尔先生的人生学说简化为它的最简单要素，似乎可以成为一种次要的正统学说。一方面，我们拥有一个外部世界，就它与人类的关系而论，可以被视为一堆幸福的原料。另一方面，无以计数的人实质上是平等的和相似的，他们确实都受到相同的欲望和冲动的刺激。如果在他们之间平等分配幸福原料，让他们各行其是，他们将生活在和平之中，将在无限的范围或无限增长的范围内共同增加彼此的幸福；人人都具备某些能力，如果像假定的那样，让
169 它们得到充分的发展，这会给他的邻居和他本人带来同样的幸福。人类具有一种性情，或者说，如果对他们放任不管，经过一段时间之后就会发现他们具有一种性情：为了共同利益而一起努力。随他们去吧。造成这种结果的重要手段是一种社会情感，它在许多人的头脑中已经很强大，而且今后会变成一种主导性的信仰。作为结语，我将概括地谈谈我本人对这个问题想法，但是在这样做之前，我要先说明这种观点在我看来为何站不住脚。

首先，我确实不同意密尔先生对功利主义标准的陈述，即“不是当事人自己的幸福，而是最大多数人的最大幸福”，或用边沁的话说，“一视同仁，无人例外”，尽管密尔先生又为它补充上了限定条件。从某种意义上说，我本人也是功利主义者。也就是说，我认为从事情的本质来看，必须提出某种可以用来检验道德原理的外在标准；幸福就是一个可以用于这个目的的最重要、最不易引起误解的概念。

它也是为了获得支持唯一有可能诉诸的目的。公然宣布在任何意义上都与这个概念无关的道德体系，不过是一种任何人都不会关注的智力游戏。如果不把合宜——无论是广义的还是狭义的——作为基础，我不知道怎么有可能讨论道德法则或法律规章的价值。

同样十分真实的是，无论是立法还是与它有许多共同之处的伦理学思考，都不可能承认个人的差异。“你不可杀人”这句话必定意味着，任何人都不应该做被法律定义为杀人的事，只要有这种行为，就要受到惩罚。同样，“说谎是错误的”意味着某些假话被定义为说谎，不管是谁说了，他在道义上就是错误的。可见，一切法律和道德法则必然是全称命题，因此肯定不加区分——虽然不是同等地影响着所有那些受其影响者的利益。然而，如果说道德思考或立法是以道德
170 家或立法者的平等促进所有受到他们的道德体系或法律影响的幸福这种愿望为前提，我认为是不正确的。法律和道德体系是通过政治权力或论证的力量强加给人们的生活条件。立法者对他的法律对象说，你应当这样或那样生活，道德家对他的听众或读者说，我建议你们这样或那样生活，此时他是在对他视为一个整体的一群人发言，他强加于他们或建议于他们的，是他希望他们接受的生活方式，而不是他假设他们愿意接受的生活方式。法律或道德法典的性质是由它所包含的人生理想决定的，这是它的作者的理想，而不是将它付诸行动的那些人的理想。

总之，立法者视为其法律标准的幸福，是他对法律对象的愿望给予他认为适当的重视之后，他希望他们拥有的幸福，而不是他们希望拥有的幸福；道德学者的情况更是如此。立法者总是有义务对法律对

象的愿望予以最大的关注，尽管在特定情况下他或许能够反对、抵制有时甚至改变它们。道德家必须完全依靠劝说，所以他不受这种限制。如果他对自己的观点信心十足，或者他不在乎别人是否接受它们，那么只要他愿意，他可以将自己的学说建立在一种幸福观之上，它不同于他的时代和国家流行的观点，但它往往并不是最没有影响力的学说。个人的缺陷是使法律成为可能的条件之一，与此相似，自觉的无知也是道德体系拥有权威的一个重要来源。人们意识到自身的缺陷和无知，同时他们也觉得，生活在没有任何行为规则或准则的状况下，像我们所设想的动物那样，纯粹受一时冲动的引导，这在道德上是不可能的，这种感情促使他们接受那些声称拥有权威者为他们作出的规定。如果人人对自己的头脑了解得一清二楚，道德说教就派不上多少用场了。

正是出于这些原因，我应当将密尔先生的学说修改如下：功利主义的标准不是最大多数人的最大幸福（如果幸福是一个像身体健康
171 一样清晰的概念，倒是可以这样说），而是设立标准者所形成的理想的最大可能扩张。我拿不准密尔先生是否或在多大程度上反对这一观点。他在很多地方都坚持各种幸福之间的差异，比如他说："有两种快乐，如果所有或几乎所有体验过这两种快乐的人，都对其中之一表现出明确的偏好，那么不管道德责任的感情是否偏向于它，它都是更值得追求的快乐。"（《功利主义》，211）他的意见似乎是，立法者和道德家可以分别决定他们所要促进的幸福。如果是这样，我们的看法便是一致的，但是我认为，这样一来，密尔先生的表达方式便很不幸了。立法者可以把荤餐作为他要促进的幸福的一个要素，但猪、牛、

羊很难把屠夫视为朋友。立法者可以认为罪犯因其罪行而受到惩罚是正义的，罪犯却很可能另有想法。立法者可以把人的活力纳入幸福的理想，并建立契约自由和强迫人们遵守契约去发展它。可是，那些软弱无力、没精打采的人，以及在某些情况下那些热心肠的人会觉得，他们更喜欢把较少的事情留给个人的喜好以及对生活中各种关系进行更多干预的法律体系。在所有这些事例以及大量其他事例中，人与人之间总是对幸福的本质和享有幸福的条件存在着认识上的冲突。假设存在着一件或一组明确的事物，它们可以用“幸福”一词来表示，以此为基础建立普遍的道德体系，无异于在流沙上盖房子。

确实，在任何时代和国家，所有的共同体出于一般的实践目的，在这件事上都有相当明确的观点，这种环境使边沁等人的思想具有实践上的重要意义，这也是实至名归的事情。假设英国、法国、美国和其他一些民族要建立起生活的共同体，每一个共同体中都流行着某种有关人生的本质和一般目标的观点，并且边沁的法则拥有最高价值。如果进一步把这些法则转化成理论，用来解释和说明这些社会的力量
172 以及它们的人生观的本质和相对价值，那么这些法则不仅会失效，而且会变得自相矛盾；因为它们先是告诉我们，每个人的幸福都有同等的价值，接下来却制定了建立在一种普遍幸福观上的法则，而这种幸福观会使并且必定使所有不接受它的人变得不幸福。为了避免这种情况，便对不同意这种观点的人说，你们的幸福观是错误的，我的才正确，这不过是在顾左右而言他。这就像鞋匠对买鞋的说，这双鞋不夹脚。也许它确实夹脚，但是鞋到底是不是夹脚的问题，只有买鞋者的感觉才是唯一可能的标准。我的一个朋友曾因为一位阿富汗酋长和他

的乡民共有的一些恶习向他发出规劝，并根据欧洲的观念指出这些恶习的凶残。那位阿富汗人说："朋友，你何必要跟我讨论你自己并不理解的事情？给我们的生活方式一个公平的试验机会，你就会对它有所了解的。"如果有人极其放荡，一向行为不端、冷酷无情，只顾自己不管别人，我们对这个人说，我们为了让自己安心，会以各种方式压制和指责你的生活方式，在某些情况下惩罚你的率性而为——这是一种可以理解的、坦率的说法。倘若我们对他说，我们这样做是因为我们爱你，是关心你自己的幸福，那么在我看来这不啻是双重的谎言。首先，我并不爱这种人，而是恨他们。其次，如果我想让他们幸福——这并非我所愿——那么我应纵容他们的恶习，但我不会这样做。

不可能将密尔先生检验不同类型幸福的标准付诸实践，这也许是件无足轻重的小事。我们在哪里能找到这样一个人，他凭借经验有资格说，更幸福的是埃尔登爵爷这种人还是谢利这种人，是阿诺德博士这种人还是晚年的赫特福德郡的马奎斯这种人，[1] 是愚钝富足的农民，他度过了健康的一生，最后寿终正寝，还是优雅无比、风情万种、才华横溢的女人，她去世时青春未谢便已红颜老去，从欢天喜地陷入无尽的烦恼。谁能起德拉瓦利埃小姐于地下，向她询问，是做路易十四的情妇更幸福，还是在自己的隐修室里忏悔更幸福？而我们又如何能够知道，相信无神论的真理会使她对这件事的看法发生什么改

173 变？提出这些问题，是要表明它们根本不可能有答案，就像问一点钟

[1]这四个人皆不知具体所指，估计是当时英国家喻户晓的人物。——译者注

与伦敦桥相距多远一样。立法者和道德家无疑会而且必须对人生的这个问题形成他们自己的观点，这种观点要与他们所关心的那一部分人相适应，他们还必须尽力迫使或劝说人们接受这种观点；不过，他们应该知道自己在做什么。他们的目标是使人们接受他们的幸福观，而不是让人们以自己的方式获得幸福。爱远远不是使他们承担这项任务的唯一动机。他们的动机不计其数，就像促使人们从事其他事业的动机一样——对权力的爱，对行使权力的爱，对好奇心的满足，对他们所信仰的教义的热情，不一而足。对人类及其福利的关切，或根据某些条件对一部分人的福利的关切，无疑也位列其中，不过它并不是唯一的。

最后一段话形成了对我所想到的密尔先生观点的第二项重要限制。它适用于他的一条教义：按照功利主义的道德学说，应该把每个人的幸福看作与另一个人的幸福具有同等价值，但应允许“适当的偏差”。什么样的偏差才是适当的，或如何对它进行计算，我不想深究这一问题，但是他在这里宣布的原则在我看来毫无根据；而且据我所知密尔先生其实没有做过证明它的努力，然而却有着强有力的、明显的理由去反对它。我要再说一遍，法律和道德法则由其性质所定，必须做到一视同仁，从这个意义上说，它必须平等对待受其管辖的人，但是无论在其他什么意义上，每个人的幸福都不会或不应该被道德家、立法者或无论什么人看作具有同等价值。如我所说，不管是立法者还是道德家，他们想要促进的并不是人们简单的幸福，而是他们自己的、符合某些条件的幸福观。例如，他们希望诚实勤奋的人，只要一直诚实勤奋地做人，就能得到诚实勤奋带给他们的满足。

然而，除此之外，无论是立法者、道德家还是其他什么人，关心他们自己和亲戚朋友的幸福要远胜过关心别人的幸福。密尔先生好像认为，“在他本人的幸福和其他人的幸福之间，正义要求”［每一个
174 人］“严守中立，做一个无私而仁慈的旁观者”（《功利主义》，218）是不言自明的头号真理。果真如此的话，那我只能说，几乎所有人的全部生活都是一个持续不断的非正义过程，因为每一个人在其一生中都在为自己以及与自己关系密切的人提供幸福的手段，根本不去考虑其他人。不仅如此，由人性所定，个人动机和社会动机是分不开的，不是分别存在的。我们想给别人带来快乐，是因为使他们的快乐能让我们开心。乐人而自乐者，善人也；乐人而不能自乐者，不厚道或无善心之人也。害人以取乐者，歹毒之人也。但是无论何时，要判断一个人的善心，就必须判断别人的苦乐对他产生影响的方式。人人都完全是以自我为中心，所以他同与他最亲密的人关系的性质，必须根据他本人的苦乐加以说明。“她是他的欢愉之所在”，“他根本不拿她当回事”，是描述最深情和最冷漠的丈夫对待他们各自妻子感情的十分自然的方式。

自爱（self－love）是人类之爱以更广泛形式传播的基础，是善行的终极基础，我认为，我前面引述的论述功利主义道德之终极约束力的全部文章，都承认这个事实。我和密尔先生的分歧在于，他相信这种对自己和朋友的自然情感会逐渐改变它的性质，最终升华为一种及于天下的大爱；这种形式的爱能够形成一种新的信仰，对于这一信仰我们唯一需要担心的是，它有可能过于强大，不利于人类的自由和个性。

说明我与密尔先生的观点有何不同以及为什么不同的最佳方式，大概是从正面陈述我本人的观点，顺便提及我所反对的观点。

概括地说，我认为道德依赖于宗教，也就是说，依赖于人们对事实问题尤其是对上帝和来世所持的意见；但是，单纯的宗教本身无法对人类产生普遍的约束力。我认为，如果我们从头脑中不但完全消除
175 对上帝和来世的信仰，甚至消除对它们是否存在的怀疑，那么人们的一般道德观，尤其是人们对于自己与他人的关系所持的观点，必然也会发生改变。我承认，禀赋不同寻常的少数人可能不是这样，但那些能够不借助外力把道德观转化为宗教的不同寻常的头脑，绝不值得大加赞美。我认为，在很多情况下，能够做出这种事的品性和力量，并不是强大的象征，而是软弱的标志，并且几乎总是包含着相当大的自欺成分。

我承认，[79]在一定限度内，宗教的基本教义是否正确的问题与道德无关。如果我们假定今生今世就是全部，不存在我们需要思考和关心的上帝，那么我称为普通功利主义——与密尔先生所说的先验功利主义相对——的道德体系，仍然有它自己的立足之地。举一个具体的事例吧，休谟认为，“个人的品德完全取决于一个人所具备的品质对他本人或与他有交往的人是否有益或得当”，而且“凡是关心自己的幸福和福利的人，都能从道德责任的实践中发现自己的利益”。[80]这种观点就完全独立于我所理解的那种意义上的宗教。“真正的自爱与社会生活是一回事”[81]，这一观点在某种程度上是不容置疑的。所以，到此为止，我与密尔先生以及更热衷于他所谓的人道奉献的人，仍然有着共同的基础。在挂起“自我牺牲”招牌的地方，便是我所

理解的普通功利主义止步不前的地方；许多虚伪的社团都与这个说法有关，我必须先对它做一简短的考察，然后再继续我的讨论。

对于“自我牺牲”一词，我不可能按人们经常使用它的方式——把它看成好像是某种神秘美德的名称——去使用它；从密尔先生的思想的一般特点来看，我估计他也不大可能这样使用它。所谓的“自我牺牲”，我只把它理解为——虽然事情通常与之相反——这样
176 一种状态：与他人直接相关而与自己间接相关的动机强于与自己直接相关而与他人间接相关的动机。在大多数情况下，以殷勤好客的方式取悦于他人所带来的快乐，要大大强于这种行为中包含的自我节制所引起的微不足道的痛苦。但我不能因此就说，彬彬有礼是一种自我牺牲的举动。另一方面，供养那些依赖于他的令人讨厌的穷亲戚带来的快乐，比不上一个男人放弃他所向往的婚姻所带来的痛苦。因此，如果有人为此而放弃这种婚姻，我将把他的行为称为自我牺牲。然而，在我看来这似乎也是自我牺牲的边界。只要人还是人，我就不相信有人可曾或愿意故意采取绝对的自我牺牲行为，也就是说，毫无理由地伤害自己。

在任何可以想象的环境中，有人会不按照自己当时最强烈的愿望行事，在我看来这种说法既不可信，亦无意义，这就像宣称在某种情况下可以用两条直线画出一个方框一样。如果有一个杀死自己孩子的母亲，她一向把他视为掌上明珠，她有一千条具体理由去关爱呵护自己的孩子，没有任何伤害他的动机，如果她始终坚信，杀死孩子是滔天大罪，肯定会永远受到自己内心的惩罚，也会受到孩子永远的诅咒；最后，如果她绝对没有任何理由做这种事，那么她的行为就是绝

对的自我牺牲。我认为这种行为是根本不可能发生的。倘若真发生了这种事，那就只能得出推论说，要么这个女杀人犯有着不为人知的、强烈的杀人动机，例如复仇、冲动、妒忌等，要么就是疯子的行为，确切来说，它根本就不是行为，而是一个纯粹的事件。如果这一点得到认可，不可能有绝对的自我牺牲这一普遍命题就得到了证明，由此也可以断定，在谈论自我牺牲时，我们仅仅是指那些所谓“自我牺牲”的人不是受到某种普遍的愿望或动机的反常刺激，就是受到某种反常的愿望和动机的影响。

再来看看普通功利主义在自我牺牲上有欠缺的说法。它的意思
177 是，这种学说没有提供理由说明，假如普遍采用这种学说，为何应当打乱那些与自己直接相关的愿望和动机同那些与他人直接相关的愿望和动机之间在具体事情或整个人群中的一般比例。普通功利主义仅仅是对流行于人世间的普通道德观的一般描述。我丝毫不想指责这种道德，我由衷地赞同它，只要它正常发挥作用，我认为它就是有益的。问题是，它是否应该更上一层楼呢？如果存在上帝和来世，我就说应该；如果没有上帝和来世，我就说不应该。关于前半句肯定的回答及其限制条件，我会在后面进行评说。这里我只讨论后半句否定的回答，在这一点上，我与密尔先生以及其他一些人是有分歧的，他们认为，不管我如何理解宗教，可以、也有可能把现行的普通功利主义改造得比现在更为严格，社会愿望和动机与个人的愿望和动机之间现有的平衡很可能因此而大为改观，使前者的相对力量得到加强。

在考察这个题目时，我们有必要先对普通功利主义的适用范围作一概述。在我看来，它充分考虑到了我们在日常生活中熟知的所有善

行，并为它提供了辩护；因为就像其他所有道德体系一样，它要想合理地发挥作用，就必须考虑到人类行为中的两大要素，即习惯和感情。我不认为，在生活的一般关系中采用这种或那种道德体系会有重大的差别。夫妻之间，父母和孩子之间，亲戚、朋友、邻居、同行、生意伙伴、国民等之间的感情，是自然而然发展起来的。道德体系必须考虑到这些感情，并且或多或少地对它们加以规范。然而，人类生活为所有值得拥有的道德体系提供了起点。现在的普遍经验表明，有一些关心他人显然胜过关心自己的愿望和动机，在几乎所有的人中间都要强于那些关心自己胜过关心他人的愿望和动机，如果我们接受普通人中间这两类愿望和动机的相对力量的平均值，那就总是必须把相当多的个人作为例外看待。

例如，在每一支军队中都有一个勇气的平均值，你据此可以信任
178 几乎每一个士兵。但是，每一支军队中都有一定数量的士兵，他们的愿望和动机所形成的勇敢习惯，上升到了我们可以称为英雄主义的高度；也有一定数量的士兵，他们的愿望和动机卑之如懦夫。如果一名军人完全置自己的生命于不顾，死守在战线的缺口，那么你是否愿意把他的举动称为自我牺牲，是一个喜好和语言的恰当用法的问题。如果采用这种说法，也就等于说普通功利主义将规定一个自我牺牲的平均值。如果不采用这种说法，则可以说普通功利主义在自我牺牲问题上有欠缺；但是不管采用哪种说法，它们都传达着同样的意思。如我们所知，人类社会的一般动机能带来社会善行——如果你喜欢说博爱，那也无妨——但它们也会止步于一定的界限。

对这一界限是不可能作出具体规定的，它因具体的人的处境而有

很大不同，不过可以从否定的角度描述如下。普通功利主义一般而言没有为人们提供任何理由，要他们爱邻居如爱自己，或者要他们爱大多数人尤其是爱那些利益与自己相左的人。一言以蔽之，普通功利主义的信条是："你当爱你的邻居，恨你的敌人。" 你的邻居多么亲近你、激起你的热情和同情，你就应在多大程度上爱他们。恨你的敌人时要牢记一个事实：仔细想想他与你本人以及与你的朋友的关系，想想你的持久而长远的利益，把它与眼前的利益加以比较，你对他的仇恨可能不会像直接刺激之下产生的仇恨那样多。宗教对此有何影响，下面我还会讨论。这里我只谈一点：不论这种影响可能是什么，密尔先生的学说并没有给以下想法提供理由：普通功利主义事实上将变形为先验功利主义，只有少数特殊情况除外，而这些情况不值得给予特别的赞赏或同情。

简言之，密尔先生的学说是，文明的进步将使人们产生强烈的"普世"之爱，随着时间的推移，它将具有宗教性质，发挥比所有现存宗教更大的影响。密尔先生承认，这种感情目前还不常见。他说："在大多数个人中间，这种感情的力量要大大弱于他们的自私感情，
179 而且经常完全缺乏。" 他又补充说："对于拥有这种感情的人来说，它具有自然感情的全部特征。"（《功利主义》，233）这意味着他知道自己喜欢什么。我承认存在着一种真实的感情，它或多或少符合密尔先生的描述，不过我认为，有这种感情的人，对于它的本质、它的重要性以及它增长的可能性，是有自欺之嫌的。

先说它的本质和重要性。密尔先生似乎假设，一心希望别人好，很可能也会使自己好。这在多大程度上与他的自由学说相符，我这里

不想深究。在这件事上他本人也心中没数，因为他说，危险存在于由此产生的影响会“不适当地干涉人类的自由和个性”（《功利主义》，231）就算是这样吧，但十分清楚的是，除非你一开始就知道一个人的幸福是什么，否则你根本无法促进它。但是，人们除了在寥寥无几的寻常事上有着实实在在的共识——社会无疑能够随时给予解决——人类的幸福观是大不相同的。在我们的幸福中，依靠一般的社会组织、依靠我们彼此的感情、依靠各种政治制度等因素的那些内容，存在着许多相互冲突的理论。与所有的事物相关尤其是与这些事物相关的自我，是每个人都无法割舍的中心，就像他不能跳过自己的影子一样。因此，弥尔顿有关长老和牧师的诗句，也适用于人性和自我。[82]人性不过是大写的“我”，对天下人的爱，通常意味着热衷于我本人有关人类应当是什么样子、他们应当如何生活的观点。它经常意味着对现状的不满。一个对自己见过面的兄弟都不爱的人，特别易于觉得他会去爱他从未见过也永远也不会见到的远房表兄。例如，密尔先生总是带着轻蔑的口吻，不失时机地谈论我们现行的“肮脏的社会安排”、社会的低劣状态（《功利主义》，214）以及同代人的普遍卑琐，但他又期待着一个“普世”之爱使人类获得新生的时代。

有这种想法的人的预期，会对没有这种想法的人产生独特的影
180 响。如果世界普遍接受了这位理论家的人生观，他们看起来会喜欢关于世界应是什么样子的很多理想版本。“普世”之爱，奉献于天下人或“普世主义”，等等，不过是对某种得势的手段论的迷狂，通过这种手段，可以把无数默默无闻的人（他们的存在满足了理论家的假想癖）带入理论家称为幸福的状态。一个人的思想感情，他对现状

的评估以及他针对现状采取的行动，只要真沾染上了这种理想，那么正如经验一再表明的那样，他通常会为了他本人所理解的后代的幸福，毫不犹豫地牺牲现在活着的人所理解的幸福。确实，他这种行为在某种程度上提升了自己，或者说超越了自己。同情别人，关心别人的事，对自己眼中别人的错误行为难以容忍，这些动机在他身上确实变得比在其他人身上更为强烈，更加有力地影响着他的行为，但是这种事本身并不是优点。它肯定没有赋予任何人得到别人信任的权利。

正如我已指出的，最令人厌恶的事，或者说，在很多情况下最严重的侵害，莫过于你不想得到其爱的人所表示的爱。每个人的最大幸福，是他能让自己觉得最幸福，这要由他本人也只能由他本人来判断。如果张三认为，自己的最大幸福就是促进他所认为的李四的最大幸福，但李四从未要求他这样做，张三除了普遍的同情心之外对其他事一概没兴趣，那么李四十有八九会对张三说，你还是替自己操操心吧。如果张三代表一小群感情敏锐、才思活跃的人，李四代表一大群无知的人，如果不去管他们，他们根本不会思考那些劝告者在他们耳边喋喋不休的话题，那么那一小群人很可能会把多数人逐渐带入一种暴戾、兴奋、不满的状态，狂躁地渴望他们一无所知的东西，这种状态并不令人愉快，也不会给任何人带来真正有益的成果。

如果一个人从自己出发，他的行为受到普通动机的支配，他以明确可靠的方式采取行动，着眼于他自己的利益以及与他相关者的利益，那么与那位总是倾向于牺牲自己和邻居的道学家堂吉诃德相比，
181 他会自然而然地给其他人带来更多的幸福。如果一个人想得到工资和津贴，只要安排得当，他愿意为此付出公平的劳动，当你必须与这样

一个人打交道时，你知道自己应该做什么。与这个人公平地打交道，在具体事务中，如果他有正气，有担当，他不仅会对你很公平，而且会很大度。以善意和公正赢得这个人的感激，很多时候他会为你带来不能用金钱买卖的东西。另一方面，如果一个人对人类怀着无私的爱，也就是说，他对管理人类利益的方式有自己的成见，那么他就是没有责任感的人，很难遵照众所周知和公认的原则与之相处，他能够把自己对全人类的大爱，变成对具体人采取一切暴力行为的理由。

此外，人类中的绝大多数，会在或深或浅的程度上成为他们相当一部分同胞宣称的敌人；在任何事情上都是如此，要么是出于某种目的，要么是在某个时刻。爱全人类的人肯定要在这种敌对状态中选择某一方，很可能是选择反对双方，这将增加原有的麻烦。这就引出一个极为重要的问题，对于这个问题我只能一笔带过，但是那些奉献于人类的人和博爱宗教的信徒，在为他们的宗教找到立足之地以前，应当加以解决。这个问题就是：全人类有一致的利益吗？我们都是兄弟姐妹吗？我们全都沾亲带故吗？难道我们没有很多的家庭纠纷需要解决，然后才能用另一种眼光去看待我们的关系（倘若有任何关系的话），不把它视为争执的根源？

一个从他自身以及他与别人的明确关系出发的人，是不会为这些问题烦恼的。这样的人会满足于少管闲事。他可以说：“我希望过得好，我希望自己的家人和朋友过得好；我关心自己的国家；跟我有缘的各种人，我也会好好待他们；但是，如果在我的人生旅途上有哪个人或团体把我和我所关心的人当作敌人对待，那我也会把他当作敌人对待，至于我们能否从亚当或类人猿那里找到某种关系，我绝不会在

乎这种问题。告诉我某个人做的某件事，我就能告诉你他是我的朋友
182 还是敌人；但是，不加区分地把天下人统称为我的兄弟姐妹，我是不会这样做的。我十分看重真实的人际关系，是不会把这么动情的称呼送给那些人的，因为我对他们一无所知，而且说实在话，我根本就不关心他们。”[83]

相信博爱宗教的人是不能这样说的。他必须去爱全人类。如果他想让我也那样做，他必须给我一个理由。然而，他通常不仅不给我理由，还全面否定唯一可能的理由——上帝创造了人类，并要求他们彼此相爱——的真实性和恰当性。这个理由是否属实是一个问题；然而我不能理解的是，没有这种信仰，如何能够主张让人们彼此相爱？需要有能够想象的最为清晰的神启，才能使我作出尝试，去爱那么多根本不必提及的人，或是去动情地关心那些跟我毫不相干的大众。

这就是我有以下看法的理由：博爱的性质存在着大量的自欺；在某些情况下出现的希望对全人类表示无限同情的朴素感情，不值得给予人们经常要求给予它的赞扬。

在结束这个话题时，我要对下述观点说几句话：文明的进步，财富和自然科学的发展，舒适生活的普及，都会激发或加深这种同情心。但是我认为，它更有可能产生相反的影响。现代文明的整个趋势是使每个人都能独立自主，关心自己的利益；正像我已经说过的，自由和平等的发展将强化这种感情。它们会使所有的限制减少到最低程度，使人们变得死气沉沉，不会提供任何对想象力或爱心有吸引力的

183 东西。在这种社会状态下，你会看到大量的公共集会，埃克塞特大厅❶和博爱团体，但是爱国心或公共精神根本没有施展的机会。1870年的法国有流动医院和日内瓦会议的代表，它与三百年前的荷兰相比没有表现出任何优势。关于爱国精神的衰落与奢侈的增长之间的关系，存在着大量老生常谈。它们无疑有自己的缺点，但是在我看来，与当前流行的另一些有关文明与“普世”之爱的关系的老生常谈相比，它们似乎更接近于事实。

毫无疑问，文明使人们一想到自己或其他人遭受痛苦和不适就觉得不痛快。它也使人们以相互同情和祝福的方式议论彼此的事务，不时还为此陷入极为兴奋的状态。但是，所有这一切并不是爱，甚至跟爱不搭界。真实情况是，人类如此庞大，如此复杂，对他们的所知如此有限，所以没有人能够真正去爱全人类。你尽可以陷入幻想，你爱其中某个想象中的代表人物，但仔细审查之后你会发现，它仅仅是你个人的幻想而已。那些导致人们不断为幻影增添价值的进步，在我看来无论如何都不是光彩的事情。它是迈向一个巨大的“贪图虚名者协会”的进步，它包含着所有已经诞生或设想过的埃克塞特大厅。

所有这些讨论的一般结论是，博爱，单纯的“普世”之爱，从本质上不适合成为一种信仰。也就是说，它不适合控制人类的能力，为它们提供指导，与其他能力进行比较之后为一种能力指定一个位置——而如果没有这种干涉，它就没有这样的位置。

---

❶伦敦北区一著名建筑，建成于1831年，能容纳3000人，是个经常举办各种宗教和慈善活动的场所，1907年拆除。——译者注

我本可以沿着一条捷径得出这个结论，因为我本可以指出，最基本的宗教观念意味着，人类的任何能力或欲望，从本质上说都不可能成为宗教。它只能是许多竞争因素的一端。如果我们对人类完全放任自流，他们的能力、愿望和激情将发现某种标准。它们将产生一些共同的人生过程和一些社会安排。你若改变特定欲望的相对力量，你也将改变社会结果；但是宗教的意义要比这多得多，一般而言，它意味着有关人生，有关人与人之间以及人与世界关系的学说的建立并得到普遍承认，这种学说可以决定人们的行为。每一种宗教必定包含着事实因素，无论是真的还是假定的，同时也包含着感情因素，从长远看
184 是事实因素决定感情因素的性质和重要性。以下是宗教的要点，我表述得尽可能笼统，但仍然具有足够的精确性来表达我的意思。

一、使徒教义中所说的话都是真理。相信它们，并根据它们实行自律。

二、神是存在的，穆罕默德是神的先知。要按照穆罕默德的吩咐做事。

三、一切实在都是罪，如果你头脑清醒，就应当希望摆脱它们。某种人生过程会使你快速摆脱实存的苦难。

四、至上全能的神为你们全体指定了等级，每个等级都有自己的人生规则。你们若不按自己的等级规则生活，将受到各种方式的可怕惩罚。大自然也充满无形的力量，它们或多或少都与自然目标相关，它们必须受到崇拜和尊敬。

这便是宗教一词的原意。以寥寥数语表达的这四种教义中的每一种，在本质上都是完备的。它所陈述的主张可能正确，也可能错误，但是，如果它是正确的，它便为人生提供了完备的实践指南。对于密尔先生所说的功利道德观的基本约束，就不可能作出这样的陈述。你从中只能得出这样的说法——“爱全人类吧”,“各种影响正在发挥作用，在遥远的未来它将使人们彼此相爱”。它们分别是一条建议和一个预言，但它们不是宗教。如果有人不听从这建议或不信这种预言，那么对他而言它们就如同耳旁风。它们根本没有逼迫的能力，而对大众一向是要逼迫的，或者，即便在最不麻木的情况下，他们也只会尊重任何一个宗教。这些格言要想成为宗教，就必须伴之以某种有关人类和人生的事实，把它们作为宗教接受的人，也必须随时愿意证明这些陈述的真实性。

这类陈述可能是什么呢？“人类是一堆巨大的泡沫，泡沫不断涌现，又不断消失。它来历不明，没有人知道与它相关、值得知道的事情。多好的泡沫啊，爱它们吧。”这无疑是一种宗教，但在我看来它是极为无聊的宗教。“尽情地吃喝玩乐吧，因为你终有一死。”“别活
185 得太认真，你何必要毁了自己呢？”

Huc vina et unguenta et nimium brevis
Flores amœnos ferre jube rosæ,
dum res et ætas et Sororum
Fila trium patiuntur atra.
……

Omnes eodem cogimur.❶

这也是宗教，如果它是正确的，那么我认为它比泡沫论更合理。人类中有很大一部分人一向都相信它，今后很可能还会相信，把它当作行动的依据。我从未见过对它有其他任何严肃的回答，唯一的回答是，它所预设的理论其实是错误的，关于存在着上帝和来世的两条重要的基本教义是正确的，至少有合理的可能性。看到这些教义被否定，不会使任何有理性的人感到吃惊。每一个人必须意识到与之相关的困难。真正让我吃惊的是，有能力的人也对它们付之一笑，认为它们并不重要，仅仅是些无解的形而上学难题，不再去思考它们不会对道德产生任何特别的影响。我不时提到密尔先生，为了对他公正起见，我必须说明这里指的不是他。尽管他确实从与宗教无关的思考中找到了道德的最终约束力，但是就我所知，他从未低估宗教信仰的重要性。这种做法与他的思想特征不合。

不冒着陷入老生常谈的危险，是不太容易坚持道德与宗教之间的相关性的；不过，鉴于道德独立于宗教的主张已成流行的习惯，还是有必要指出，若不明确参照宗教的基本问题，就不可能解决“博爱”

---

❶吩咐你的仆人拿来美酒、香料，
还有别墅花园里短暂盛开的鲜花；
青春、堂堂的仪表，秀发如丝的美女，
方能承受这样的享乐。
…………
永远离去后，何人能再返回？
（贺拉斯《颂歌》卷2，第3篇）——译者注一词所暗示的任何重大问题。

首先，博爱意味着对某人的爱——促进某人幸福的一种欲望。那么幸福是什么？具体说来，能够被恰当地称为美德的事物，是不是它的本质？如果是，那么美德——使人成为人的生活方式——又是什么？能够就这些问题作出的回答，都取决于另一个问题：人是什么？今生今世就是全部，还是仅仅是更深远、更广大的事情的一个阶段？
186 更强烈、更持久的人类感情和与它相关的目标之间存在的严重不对称，经常被当作支持不朽说的论据。能否赋予它这种能力姑且不论，但是我认为，据以作出这种推论的事实是确定无疑的。我们确实关心着所有类型的人和事，如果只有今生，这种关心就没有一点儿合理性了；如果从我们的头脑中剔除所有关于来世的想法，如果我们决定把坟墓视为一切的终点，那么减少同情与关切，修正我们对许多事情——比如健康和诚实——的相对价值的估计，不仅是自然和恰当的，而且不这样做是完全不可能的。

我们现在的有关具备美德之人的观念，完全是建立在美德高于跟它竞争的目标这一观点之上。我们在这个问题上使用的每一个词，尤其是“我”这个词，意味着个体的永恒性和连续性。良知和自尊意味着我与二十年前的我和二十年后的我——如果那时我仍然在世的话——是同一个人。人们极为看重自己的人格、名声，以及过有尊严的体面生活的意识，这是因为他们相信，是非善恶的问题与每个人自己有关，与他的自我有着最密切、最本质的关系；而另一些事情，不管多么不幸——比如肉体上的痛苦或贫困——某种意义上都是外在于他的。密尔先生写下的最令人难忘和叹服的段落，便与这个问题有关。这一段话如下：

> 因此，以感觉的可能性作为背景把“精神”分解成一系列感觉的理论，能够有效抵制那些反对它的最令人厌恶的论证。但是，外在的反驳固然没有根据，理论本身也有着我们尚未阐明的内在困难，并且我认为它超出了形而上学分析所能解决的范围。构成精神生活的意识过程，不仅包括当前的感觉，而且包括一部分（几乎可以说是全部）记忆和期望。那么这是些什么呢？……对这两种意识状态所包含的现象，如果不说明它们所包含的信念是我过去拥有或我本人而不是别人今后会拥有的记忆中或期待中的感觉，是无法给予
> 187 充分说明的。可靠的事实是，感觉确实形成了或以后会形成一系列的意识状态或过程，而感觉对它们的记忆或期望则是它现在呈现出的内容。因此，如果我们认为意识是一系列感觉，那么我们为使这一表述变得完备，就必须把它称为一系列清楚自己的过去和未来的感觉，我们不得不在以下两者之间作出选择：相信意识或自我不同于任何一组感觉或可能的感觉，或是接受一个悖论［我应该说，是作出毫无意义甚至矛盾的断言］，即基于假设的东西不过是能够意识到自身的一组感觉。事实上，我们在这里遇到了一个不解之谜，正如汉密尔顿先生所说，当我们寻找终极事实时我们必然要遇到它，并且一般而言，一种表达方式只会比另一种更令人费解，因为人类的整个语言只适合其一而极不适合其二，所以

不可能用任何不否认其真实性的词语来表述它。真正的障碍也许不在于有关事实的理论，而在于事实本身。真正不可理解的也许是，某些已经不存在或尚未存在的事物，仍然能够以某种方式出现；一系列的感觉中——绝大部分属于过去或未来——能够被概括为一个单纯的现在的概念，并伴随着真实的信念。我认为，我们所能做到的最明智的事情，就是接受这个无法说清楚的事实，不需要任何有关它如何发生的理论，当我们不得不用假设了某种理论的词语来谈论它的时候，那就采用这些词语，同时对它们的含义有所保留。[84]

我由衷赞成这段话的大部分内容，但是在我看来，密尔先生似乎怀着不必要的谨慎回避他的话语中所暗示的推论。他的理论是这样的。人类所有的语言、所有的观察都暗示着精神，即“我”，是一个自在之物，是变化的世界中的一个固定的点，它本身的肌体构成了变化世界的一部分。它在昨天、今天和明天都是同一事物。即使它的肌体有不同的形态、其构成质料不同于它们现在的形式和质料时，它仍然是它本身。我不能说这证明了一种信念，但它肯定暗示着它，使它成为可能，这个信念就是：这个终极的事实，这个一切知识、思想、感觉和语言的起点，这个“说不清道不明的东西”（一个十分醒目的说法，虽然有些笨拙），独立于它的肌体，在后者收拢各种元素而成形之前，它可能就已经存在了，而且在它们重新分解成各种元素之后，它仍会继续存在。

因此，世界上所有语言的几乎每一个词所记录下的最深刻、最持久、最广泛的经验——姑且不说普遍经验——所暗示的这种信念，便是我所说的来世信仰，也不妨把它称为过去、现在和未来三者合一的状态，一种超越时间和变化的状态。我不想说它已经得到了证明，但我确实认为，有一种高于逻辑、论证、语言、情感甚至明确思想的知识，一种可以使我们说“我就是我”的直接意识，对它作出了强烈的暗示。这种信念就是，人身上有一种高于词语和思想的东西，一种无以言表的东西，毋宁说人就是这种东西；对于我们每个人来说，“我”是使思想和语言成为可能的最终的核心。其实有人甚至走得更远，把“我”称为某种意义上的外部世界的原因——尽管这种说法很晦涩，但我认为并非毫无意义。无论如何，有一点是很清楚的，我们的词语，我们用嘴唇发出的声音，仅仅是一些十分不完美的符号，它们都是以物质和感情为前提，因此不适合用来表达——姑且用这种贫乏但必不可少的比喻——物质和感情背后的事物。大多数词语都是源于感官对象的比喻。“精神”的意思是“呼吸”，但是我想没有人会用语言去表达更多的意图，除非他感到并且理解，只有当语言的表皮覆盖着结实的骨骼和肌肉，修辞才能够是修辞，逻辑才能够是逻辑。在我看来，我们是被囚禁的灵魂，只能相互传达信号，但是我们拥有一个有待思考和讨论的世界，我们的信号却无法描述它。

当真正强大的冲突来临时，你只能用手中残破的工具去工作，正是这种窘境提供了一种论证的优势，使低贱者压倒了高贵者，使那些能够回答很容易理解的事情的目的的人，压倒了那些把自己的思想衣
189 衫撕得残破不堪的人。它也很好地诠释了“沉默是金”这句格言。语言不能充分表达之事要比它能够表达之事更重要。不仅如此，把并

不深奥的思想转化成语言的努力，甚至是成功的努力，都是有缺陷的。这就像卖出那些如果放着不动本可以增值的股票一样。这也是我们的语言在谈到最深层的事物时为何如此贫乏和令人不满、诗歌有时为何比逻辑更有说服力的原因。诗歌的本质在于它诉诸读者或听众的善心和感受力。逻辑则是把思想强行灌输进你的头脑。诗歌就像光明，如果你愿意，你可以闭眼不看，但是只要你睁开眼，它就会展示给你一个奇妙的世界。可以说，我刚才引用的那段话，是我们这个时代那位伟大的逻辑学家❶对这个问题发表的最新言论。为了具体说明我试图表达的意思，我要引用下面这段话，它也许是这个时代最伟大的诗人最令人难忘的言论。在我看来，诗似乎比逻辑更能抵达人的心灵深处：

> 我们不但使每个人身上有未来的幽灵，而且我们自己就是幽灵，这样想想就觉得既奇妙又可怕！我们是从哪儿得到了这肢体、这狂暴的力量、这激情燃烧的生命之血？它们是尘土，是幻影，是聚集在我们的“我”周围的影子系统，经过一些时刻或若干年后，神圣的本质会在肉体上显示出来。勇士骑着强壮的战马，眼里燃着激情，臂膀和心灵充满力量，但是勇士和战马都是幻象，都是启示的力量，仅此而已。他们趾高气扬地踩踏着凡尘，仿佛那是硬实的东西。愚蠢啊！凡尘不过是一片薄膜，它裂成两半儿，勇士和战马就

❶指约翰·密尔，他写过一本《逻辑学》。——译者注

会跌进连铅锤也测不出深度的地方。铅锤？幻想女神是不会随它而去的。不久前它们不存在，过一会儿它们也不存在，甚至连它们的灰烬都不存在。所以，从开始就是这样，到结束还是这样。一代人接着一代人，都采取躯体的形式，在上天的使命显现时，从西米里人的黑暗[1]中走出来。在每一种事业上，他张扬着多大的力量和激情啊：在工业磨坊里拉磨；如猎手一般攀登上令人目眩的科学的阿尔卑斯山高峰；疯狂地与同胞开战，在冲突的岩石上撞得粉身碎骨。然后，被上天派来的，又被召回，他凡间的外衣掉落了，很快，甚至对于感性，也变成逝去的影子。因此，就像天庭的大炮吐
190 着烈焰，阵阵轰鸣，这神秘的“人类”也发出轰鸣，吐着烈焰，显示着长长的、一个紧接着一个的壮观景象，穿过那未知的深渊。所以，像上帝创造的吐火灵主，我们从那虚空中涌出，暴风骤雨一般疾行于令人诧异的凡间，然后又掉进虚空。我们所过之处，地球的山峦被夷平，海洋被填平；大地只是死物，只是幻象，它能抗拒实实在在活着的灵魂吗？最硬的硬石上也留下了我们的脚印，最后的主人将读到先锋的印记。但是从哪里来？哦，从天上吗？天又在哪里？理智不知晓，信仰也不知晓，只是从神秘到神秘，从神那里来，回到神那里去。

我们是这样的原料，

[1]西米里人（Cimmeril）是史诗《伊里亚特》中生活在黑暗里的人。——译者注

是造梦的原料；我们的小生命，

被睡眠所包裹。❶

我引用这些话，当然是因为应当引用诗，也就是说，不是为了提出明确的命题，而是为了给人留下生动的印象。逐句审查它精确的逻辑价值，就会误解它，但是我不知道还有别的什么语言能够像它这样，用如此强烈而令人难忘的形式，表达我视为一切道德之根基的信仰——这种信仰就是：我是一个整体；我的器官不是我；我的幸福不同于别人的福祉，而且很有可能相互冲突；快乐和痛苦的性质、程度都是不同的；分别起源于善、恶的那一类快乐和痛苦，是不能用健康和疾病带来的快乐和痛苦去衡量的，因为它们影响的主体不同，或是以完全不同的方式影响同一个主体。

我是谁？我同其他人有怎样的关系？一切道德和社会问题的解决都取决于我们对这两个问题的回答。如果我的肉体就我的全部，用一位出类拔萃的文学家概括他认为一个大科学家信奉的观点时所说的话，假如我们都是"逍遥自在的肉身"，仅此而已，再无其他，那么好身体和适度的财富就是最大的幸福，其他任何事物都不可能与之相比。我认为，一个理性的"肉身"会系统地压制许多所谓的美德，因为它经常有碍于健康和获得适当数量的财富。然而，如果我不仅是"肉身"[85]——准确地说，如果"肉身"根本不是我，而只是我的工具，如果

❶译文采自中译本《拼凑的裁缝》(卡莱尔著，马秋武等译，广西师范大学出版社，2004年)，第246—249页。略有改动。——译者注

我是一个神秘的、永恒的存在,它有可能进入各种未知的命运,那么这立刻就为我的能力和欲望确立了一个标准,其中的一些自然要服从另一些,必要时还得作出牺牲。

只举一例。通过一些很容易提供的手段,人人都能染上人们通常所说的各种恶习,甚至无视得到普遍承认的各种责任,他们不会为此而懊悔。明智的人会这样做吗?如果他把自己看作一个精神的存在,他当然不会,因为良心深植于他的心中。是构成他的永恒性的最重要的成分,或者是最重要的成分之一。如果他身上确实存在某种永恒性的因素,他的良心无论如何都不会受到破坏,虽然它可能受到遮蔽和忽视。因此,试图伤害它,破坏它,是所有能够想象的行为方式中最危险的,它可能铺平一条道路,那是已经觉醒的、自我肯定的良知连想一想都会感到害怕的道路。但是,假设肉身论是正确的,假设人不过是世间来去匆匆的影子,他会如何看待自己的良心呢?毫无疑问,一个对自己的本质持有这种理论的理性人,必然要决定这样一个问题:他是否应该像理发和修指甲一样对待自己的良心。一个人,如果他认为人生最好的装备是冷酷的心和健全的胃,他会为自己的观点提供很多说辞。所有这些福祉都能获得,那些不把它们视为“至善”的人,也只能根据肉身论,对有这种看法的人说:“我们志趣不同”。

我由此得出的结论是,博爱会如何诱导我们的行为这个问题,取决于对我所解释和阐明的来世说持什么观点。

“谁是我的兄弟姊妹?”这个问题,大概更为明显和直接地取决于另一个问题:是否存在一个关心人类社会的神——一种天意?如果不存在，道德就是个纯粹的事实问题。某些行为规则事实上倾向于促进人类幸福。这些规则的基本约束力是个人的喜好。具有关心全人类
192 利益这种喜好的人（必须承认这种人很罕见），会对没有这种喜好的人说：“我觉得你们禽兽不如。”只关心自己和自己亲友的人，可以回答说：“在我们看来你是傻瓜。”任何一方都不能再有进一步的说辞。

另一方面，如果有神的存在，道德就不再是纯粹的事实问题，而是变成了律法。信上帝的确切含义是：物质世界和精神世界都是受到有意识的安排和规划的领域；人类作为道德世界的成员，超越了他们所处的物质世界，为他们施行的律法是美德，也就是说，是遵守某些原则的行为习惯，这些原则有利于促进人类的普遍幸福，尤其是那些与人的永恒性因素相关的幸福；这种习惯关系到它的实践者的个人幸福，从长远看它能促进他们的幸福，尤其是与他们的永恒性要素有关的那一部分幸福。反之，则是真正的恶习。[86]

这是不成文的、无言的律法，它的约束力也是不明确的（那些相信千真万确存在着天堂和地狱的人除外）。这些情况构成了对人生的道德检验，它们无疑大大缩小了这种律法的威力，使任何有意否定它的人都可以否认它的存在。然而，如果有人在引导之下接受了这种人生观，它就会为道德提供真正的约束力。如果一个人相信，有一种冥冥之中的力量能够把物质世界和精神世界安排成我们所知道的样子，并且通过这种安排暗中命令他如此行事，那么我无法理解他怎么会对服从这种命令的智慧犹豫不决。

在我看来，功利主义有它自己的基础。它是从人类拥有各种能力

和愿望这一基本事实得出的推论。如果为它增添来世，你便为幸福赋予了一种特殊的内涵，在不同的幸福之间确立了某种标准。再增添对上帝的信仰，美德就不再是一个纯粹的事实，而是变成了社会的律令，社会成员只要服从这一律令，就可以用形象的比喻把他们称为兄
193 弟姐妹。作为律令的美德意味着社会关系，而“做有美德的人”这条律令几乎不会得到人们的服从，除非一个人希望好人幸福，并且在一定程度上希望使人成为好人。脱离了来世信仰，对上帝的信仰也就不再具有任何实践意义了。幸福意味着每个人喜欢的无论什么东西。道德变成了纯粹的事实陈述——如果你需要它，这也就是你能得到的；这就是得到它的方式。“普世”之爱变成了一个喜好问题，它所受到的约束，也许是担心被与你看法不同的人称为傻瓜或禽兽。

这两种看待世界和道德的方式都是完备的、前后一致的和可以理解的，而且都是以事实为基础。它们之间的实际差别是，前者对人有讲美德的责任这种感觉提供了合理的解释，而后者没有。如果美德是神的律法，讲美德就是人的责任。没有立法者的地方不可能有律法，没有律法的地方不可能有责任，尽管如果存在律法，当然就会存在对做什么才是责任的不同喜好。据我所知，这种喜好是可以继承的。我认为，它能否继承，只是一个好奇心的问题，因为当人们知道自己的责任感仅仅是一个事实，不论它是否给他人带来便利，它易于给自己带来不便，而且没有任何根据，那么他很容易放弃责任感。我们的祖先佩宝剑这件事，或许会为下述事实提供一个很好的说明：裁缝们习惯于在他们子孙的外套后腰处缝上两颗纽扣。只要它们看起来不错，也没有什么不便，就会把它们放在那儿，但是如果发现它们带来什么

不便，就会毫不留情地剪掉它们。责任经常带来不便，它既需要现实的理由，也需要历史的解释。如果有人要求提供理由，却又不同意上帝是立法者、美德是律令是正确的说法，那是无法为他提供这种理由的。

系统讲述宗教信仰和责任感的关系是一件既困难又有趣的事。当然，这种关系取决于宗教的性质。有些宗教形式显然不利于社会责任感。还有一些宗教形式与它没有任何关系。在提倡责任感的宗教形式（在不同程度上与各种形式的基督教有关）中，有一些比另一些更强有力地促进了这种意识。我要说，那些以一个智慧无限、全能的立法
194 者作为核心，其本质人类显然无从知晓，但它缔造了现在这个世界的宗教，是为那些谨慎、坚强、勇敢和有耐力的人提供的，他们既不是傻子，也不是胆小鬼，他们对这种人没有特别的爱，他们清楚地知道自己需要什么，他们决心用各种合法手段获得它。这样一种宗教已经不声不响地成为英格兰民族根基深厚的、坚实而稳定的信仰。他们构成一块砧板，它已磨损了许多铁锤，并且还将磨损更多的铁锤，不管是狂热分子还是人道主义者的铁锤。[87]

这种宗教为其提供了正当理由的责任感，对于许多感觉到它的人来说虽然这已经成为他们的本能，但是我认为，一旦这种信仰失效，那么由此而来的责任感也会逐渐死亡。当一个理性而进取的人发现它仅仅是一种本能，只要他不愿意，他就不必屈从于它，那么我相信，任何本能都不可能长久控制这个人的行为。那些另有高见的人最好记住，尽管风俗习惯使某些责任在一些人看来不成问题，履行起来如同家常便饭，但是对另一些人来说，履行责任却极其困难；而那些显而

195 易见的眼前私利，以极其狭隘的形式，却在不断啃蚀着道德的边界，如果除了历史和生理解释之外，没有更深层的事物来支撑道德，这些私利就有可能把它毁掉。从那些接受过信仰上帝的教育的人的行为中间，以及在一个信上帝的民族中间，我们无从判断无神论的影响。如果我们看到一代人，尤其是一代英国人，“上帝”一词对他们没有任何意义，我们也许就会对这个十分凄惨的问题有所领悟了。

人格的伟大力量，在深沉的责任感的限制和管束下，是最为高贵的东西。取消责任感施加的限制，强者便易于成为纯粹的暴君和压迫者。贝克莱大主教在上世纪初对他的国民说：“不管纯粹的理论对某些选定的特殊灵魂或世界上的其他地方有何作用，我确实认为，在我们这个国家，理智、宗教和法律加在一起也不足以使外在行为臣服于人的内心；若是假定没有这些东西人也能迷上中庸之道，这一定是头
196 脑荒谬和理解力低下的明证，因为我的国民大概比其他民族更缺少这种倾向，英国人的头脑中天生就有走向可悲极端的既幽暗又热情的气质。”[88]这段话今天依然正确，一如当初。

针对这些观点，可以提出一种非常重要的反对意见，我很乐意十分公正地对待它。我无法引用这方面的明确言论，不过我经常观察到，而且我认为别人一定也有类似的观察，如今有些人，他们认为信上帝不但不对，而且有损于道德。在一个无法确切证明的问题上，他们当然会倾向于持否定态度。他们认为，以某种方式对我们这个世界负有责任的某种冥冥之中的力量，肯定是一种坏的力量，建立在对这种力量的信仰之上的道德是恶劣的道德。十分坦率地说，这就是许多现代作品的要点。这为重大的道德和宗教问题以各种面目不断出现提

供了一个古怪的说明。这种教义是去掉了两个神祇的摩尼教。我们肯定既有一个恶神，也有一个善神（摩尼教信徒如是说），因为这个世界上既有善也有恶。如今有一类人从同样的前提得出的结论则是，除非存在着一个还不如没有的神，不然神就不可能存在。

这不是一个可以轻易绕开的观点，也不容许作出浅薄的回答。它提出的不是恶的起源问题，而是如何对待被归因于神的善恶的态度问题。追问“恶的起源是什么”这种问题，无异于浪费时间，因为我们根本无从回答；但是另一个问题，即“你如何看待发生在眼前的恶”，则是一个十分合理的问题。任何人，如果他持有上述观点，就一定要说明，对这个世界负责的神是不是一个坏神？信这样的神是否会起到为人生的许多谬误辩护的作用？通过普遍忠诚于这个神的律法而形成的兄弟会，是不是一个与人类为敌的团体？

这些问题暗示着一种信仰，它尽管很晦涩，但并没有因此而对人
197 类先验的权利体系缺少影响。有些人似乎认为，神肯定承认人类的平等，人类拥有平等的幸福权利，即使人类事实上不平等，那也是因为它不是人类意志的产物，而是盲目选择的结果。他们说，与其承认一个不承认人类平等的神，还不如不承认任何神，尽我们的所能去建立人类的平等，即使我们将我们的起源归因于命运，我们对它没有也不会有敬畏之心。未来的人，我们有可能塑造的人，才是我们崇敬和爱的对象；人类之外没有任何东西和任何神明，更没有以任何方式对我们在周围看到的一切负责的神明。

这就是现代人道主义革命形态的根源。那些跟我一样把它视为毫

无根据、自以为是的空想的人，肯定不会被以它为基础的问题所吓倒。要爱一切人，无论好人还是坏人，无论别人还是自己，无论想象中的后代还是过去或现在实际存在的世世代代的人，对此我已经说了我必须说的一切。“爱人类”在我看来就像幻影，就像其他人眼中的神一样靠不住。此外，我还知道这幻影的来源，能够衡量它的重要性。不过我承认，任何关注它的人，都有资格对前面所说的问题作出自己的回答。

这一回答触及万物的根源，然而我认为，作出这种回答的道德困难要大于认知困难。如果我们在物质世界和精神世界看到的秩序向我们暗示神的存在，那么我们肯定无惧于作出这样的推论：上帝的性质，就我们与它有关而言，是可以从这种秩序中推导出来的。说这个世界的创造者是一种至善的力量，在我看来这是在说某种并不真实的事，至少就它本身而言是极不可能的事，它是无法得到证明的，与许多人尽皆知的事实不相符，除非建立在它几乎不可能表述或理解的假设上，而这种假设也绝对没有任何证据。因此，对于下面的问题：“如果你承认上帝的存在，你相信他是至善的吗？”我会说，如果“善”意味着“绝对促进人类幸福的属性”，我的回答就是否定的。如果“善”意味着讲美德，我的回答则是，这个问题没有意义。对于有美德的人，我们能够形成一个或多或少清晰的看法，但是几乎不
198 可能把善恶观应用于一种冥冥之中的力量，它超越了所有或几乎所有引起善恶的条件。如果进一步问，如果你赋予它任何属性，那么你会赋予它什么道德属性？我会回答说，我认为它有自己的意识和意志，无限强大，不管它的本质可能是什么，它这样来安排我们生活于其中

的社会或世界，使我们能够明白美德是它为我和其他人指定的律法。如果进一步追问，你会爱这样一种力量吗？我会回答说，我不会选择“爱”这个词，而会选择“敬畏”。我们生活于其下的律法是严苛的，就我们所能作出的判断而言，也是不可更易的，但它是高贵的，它激发对它的创造者、对受它统治的世界所建立的体制的敬畏感，激发尽可能实践和落实它的真诚愿望。如果我们信上帝，我想，这就是思考他的一种理性而果敢的方式。

这带来了进一步的问题：对这种力量的信仰会怎样影响一个人对现实生活的看法？或许可以说，这种信仰会不会为生活中的许多不义和许多谬误正名并使之神圣化？我对于这个问题的回答是这样的：万物的一般格局，使有些人过得比别人好，有些人在各方面都很糟糕，但这是无所谓正义或不义、对或错，这仅仅是个事实，它关系到它的创造者的仁慈问题，而不是它的正义性的问题。正义和正当的观念是发生于法律观念之后。从词源学的角度看，将这些观念应用于我们生活于其中的万物的状态是十分荒谬的。如果我们宣称，张三生来就有患癌症的体质，所以他“受到了不公正的对待”，或李四“应该”长翅膀，或王五“有权利”具备某种自制力，这些说法都是毫无意义的。不管你喜欢什么，只要与上帝和命运作对，人类是没有任何权利可言的，甚至连生存的权利都没有。正确、错误以及义务，是发生在被恰当地称为法律的东西得到确立之后，我们有理由相信其存在的、被恰当地称为最初的法律的东西，是施加于人类的道德律法，有一些这样的律法比另一些更适合保护他们。一切道德法典和风俗习惯，它们或多或少是正确的，或多或少得到了充分表述，便是这些律法的许多不同版本。人类的全部历史，从《圣经》中所说的人类始祖该隐和亚伯，到今天的报纸，便是它们管理人间事务的记录。

因此，对于“如此解释的上帝的信仰如何影响我们的人生观”这一问题，可以这样来回答：人生在世，会发现自己处在一定的位置
199 上，他在这个位置上有着许多欲望、激情、能力和各种力量，他能实现一些或好或坏的目标。人生的宗教理论会采取以下命令或建议的形式：尽力为自己做到最好，但要采用明确规定的方式，不然你的处境会更糟。你们中间有些人生活幸福，这对他们来说很不错。还有一些人生活悲惨，尽一切努力让他们以指定的方式自救，让其他人按指定的条件帮助他们，但是在付出这一切努力之后，仍要承受许多事情。尽你的所能去承受吧，不管处在幸福还是痛苦之中，你要牢记这种思想，你生活于其中的陌生世界不是全部，生活于其中的你本人也不是这个世界的全部。

不管作出什么假设，事实还是那些事实，无神论只是把事情变得毫无希望，对上帝和来世的信仰则为我们扬帆航行的黑暗海洋投下了几缕光线。

这不是在证明或有可能证明存在上帝，而仅仅是表明了信上帝并非不道德。无保留地接受使我们得以生活的条件、按这些条件诚实努力地生活，如果这是不道德的，才能说信上帝是不道德的。如果某种有关人类幸福、平等和博爱的理论规定以卵击石是我们的责任，规定我们要像自己的处境——不管它是什么——的反叛者那样生活，那么信上帝便是不道德的，不然的话就不能这样说。在我看来，暴跳如

雷，忍受不了不可避免的恶，毫无必要、不分青红皂白地去爱各种人，不管他们是否值得爱，特别是向那些因自己的过错而遭罪的人表达软弱而无节制的同情，这才是不道德和懦弱的表现。至少我本人认为，不应期望减缓或避免这种苦难。我愿意让事物的法则正常发挥作用。世界上为什么有坏人这个问题，就像世界上为什么有毒蛇一样。虽然没有人是绝对的好人或绝对的坏人，但只要人有善恶之分，他们就不是兄弟，而是敌人，或者更确切地说，他们是有敌意的兄弟，这种敌意必然一直存在，直到它的原因消失。

有人或许会再次提问——这也是我要思考的最后一个此类问题——“这些事与基督教有什么关系？你如此鄙视的人道主义，与‘登山宝训’和神的寓言之间难道没有历史上和理论上的密切联
200 系吗？”

我的回答是：被视为神启的基督教真理，依赖于某些我在这里确实不想讨论的事实问题。对于格劳秀斯❶、杰里米·泰勒❷、拉德纳❸、佩利❹及其继承者所说的话，以及对立的一方，从克里索❺到施特劳斯等各种学者所说的话，谁还能作出更多的补充呢？Securus ju-

❶格劳秀斯（Hugo Grotius，1583—1645）：荷兰法学家，著有《战争与和平法》等，现代国际法的奠基人之一。——译者注

❷泰勒（Jeremy Taylor，1613—1667）：英国内战时间的著名神学家，享有“神学莎士比亚”的美誉。——译者注

❸拉德纳（Dionysius Lardner，1793—1859）：英国 19 世纪著名的科普作家。——译者注

❹佩利（Paley）：所指不详。——译者注

❺克里索（Celsus）：2 世纪的罗马哲学家，以激烈反对基督教著称。——译者注

dicabit orbis。❶ 证词已经审查完毕，辩护律师也已作了他们的发言，陪审团正在考虑他们的判决。不管最终判决是什么，有一点是十分清楚的。几乎所有的神学理论和所有的道德理论，都与“登山宝训”和道德寓言相一致。人们已经说过千百遍了，它们显然不是哲学话语。它们在本质上是大众的，除了极少数不重要的例外，从未有人试图用对待道德哲学体系的方式去对待它们。毫无疑问，它们以最真挚、最热烈的方式表达着仁慈的情感，但是人类的理论与实践都清楚地证明了，相信基督拥有超自然权威的人都把它理解为而且无疑会继续把它理解为对责任的动情的夸张，每个人都要承认这些责任、这些特别容易被忽视的责任。每个人都会承认，与大多数人的实际作为相比，好人至少应该更加关爱自己的很多邻居，但他们不太可能在“登山宝训”或其他任何训诫的引领下，犯下爱他们爱过了头的错误。

还必须牢记在心的是，基督教固然热烈表达着温柔仁慈的情感，但它也有令人恐惧的一面。基督教的爱只是一时的，是有条件的。它会在地狱门口停下来，而地狱则是整个基督教学说的本质部分。[89]无论我们观察它的外在教义还是它的实质，温柔与恐怖是相互暗示的。对短暂的痛苦倾泻同情与悲伤，是一种过分的表现，毕竟，在第一个
201 世纪这种痛苦并不特别强烈，神也没有用幸福去特别缓解它。如果宗教没有直接表现出温柔和同情，地狱说的恐惧对于人类的承受力就显得过于强烈了。

---

❶拉丁语。“可靠的宣判终会到来。”——译者注

因此，只能把基督教看作为道德观——特定的人们也许会把它建立在另外一些基础上——提供了各种强有力的支持（不同程度的爱、希望和恐惧），而不可把它当作特定的道德秩序。有过基督教的斯多葛学派，也有过基督教的伊壁鸠鲁学派，有无数的人喜爱或自以为喜爱基督教的仁爱精神，尽管他们从未听说或从未理解任何伦理学说。总之，与道德相关的基督教是一种手段，可以用它把道德转化为超验的道德——也就是说，如果理性的人按照今生就是人生的全部这一假设，简单地算计正确和错误行为的特定后果，那么他们赋予善恶之分（你可以按自己的愿望去理解它们）的重要性要大大小于宗教赋予这种区分的重要性。现代博爱说的最薄弱环节是，它虽然自称为特殊的基督教，却完全抛弃了它不喜欢的基督教成分，并在实践中否定这种成分的存在。如果一个体系在本质上利用多种情感，而你只采纳其中那些利用温柔情感的成分，你便误解了它的整体。

历史的事实是，如果基督徒的含义是只把四福音书中的博爱语言作为人生唯一的完备指南，那么没有任何一个规模可观的人类团体是、曾经是或宣称自己是基督徒。假如他们这样做，他们就会以冷酷而真诚的态度把世界翻个底朝天。他们将是一批热情的集体主义者，摧毁一切公认的行为准则和人类制度。总之，如果基督教真是我们经常听到的许多说法所暗示的东西，那么它就是错误的、有害的。天底
202 下最荒谬的事情，莫过于因为人类的行为不符合他们并未真正承认的理想而对他们横加指责。例如，如果我们听到有人说，一个自称相信“登山宝训”的民族，每年却把大量的金钱用于军事开支，一想到这事就觉得可怕。对这种人的回答是，如果用军力捍卫国家的独立、荣

誉和利益不符合“登山宝训”，那么任何一个民族都不曾或不可能相信“登山宝训”。如果“登山宝训”真的意味着禁止这种事，那就不应当把它当回事。

我已努力完成了我当初承担的任务——审查一些教义，它们与其说是“自由、平等、博爱”这句话所表明的，不如说是暗含于其中。我还宣布了与它们相关的两个观点：第一，即使最合理地使用这些概念的人——也就是说，把它们当作社会生活之要素的名称，就像其他要素一样，它们也因时间、地点和环境的不同而有利有弊——也严重倾向于夸大它们的优点，否认他们的弊端，或在一定程度上低估其缺陷严重性。第二，不论赋予这些字眼多么重要的意义，它们都不适合成为宗教信条，它们所指的事物本身不是目的，把它们一并使用时，不管多么模糊，都不代表一个理性人应以热情和自我奉献去对待的任
203 何社会状态。

第七章 结 语

对于前一章阐述的学说，可以作出如下正面表述：

一、管理和引导人类的全部生活，有赖于对是否存在神和来世这一问题的回答。有神而没有来世，神对我们便毫无意义。有来世而没有神，关于来世我们便不可能形成任何理性的推测。

二、如果既没有神也没有来世，理性的人就只能要么用他们的喜好，要么用普通功利主义来规制自己的行为。

三、如果既有神也有来世，理性的人就会用一种更宽宏的功利主义规制他们的行为。

四、不管人类用什么原则规制他们的行为，“自由、平等、博爱”这句话所暗示的思想体系，都没有为他们表现出合理的热情留出空间，因为不管采用什么原则，总是存在着人们不应享有自由的大量事情，他们从根本上说是不平等

> 的，他们根本不是情同手足的兄弟，或只在特定条件下才是这样，而这些条件会使博爱的主张变得微不足道。

进行得出这些结论的思考，就不可能不问一句这些结论有怎样的重要性。我上面讨论的问题，已经以各种形式争论了上千年。这是否与它们终将获得解决的可能性相称呢？如果不相称，那些对永无尽头、周而复始、不断使人间烽烟四起满目疮痍的冲突不感兴趣的人，
204 何必要去争论它们呢？

答案是这样的：这些思考也许永无止境，它们的结果多是破坏性的，然而它们大有用处，而且确实必不可少。它们能够证明，一组特定的意见是自相矛盾的，所以恰当地说它们根本不是意见。这种思考可以把特定学说被夸大的可能性减少到适当的范围，可以戳穿它们夸大其可能性的谎言。最后，这种思考可以揭示特定的观点是相互关联的。这是一个广阔的领域。只要人们还有任何精神活动，他们就会思考他们自身、他们的命运和他们的天性，就像他们一直以来所做的一样。他们将操着不同的语言，提出“是什么，在哪里，为什么”的问题。他们对这些问题的回答既大胆又丰富，不管它们有什么其他内容。在我看来，对于这些问题中的任何一个，谁都绝无可能得出让全人类世世代代永远接受的定论。人生扑朔迷离，从中可以得出完全不同的推论。对于从不同视角观察它们的人，它不会呈现出完全相同的面貌。社会呈现给科学家的面貌，是他所关注的面貌，它完全不同于社会呈现给那些与人打交道的人的面貌。

此外，有关人类的所有思考当中，最大也是迄今为止最重要的部

分，是建立在我们自己的经验之上，并要依靠别人行为的动机和原理在本质上与我们相同的假设。各种喜好之间存在一定程度的差异，只是可靠地证明了一条真理，即这种假设含着可以容许的偏差，尽管它是任何人都无法摆脱的偏差。列出一大堆类似的观察并非难事，不过对我而言，一般性地指出以下一点也就够了：在我看来，人类处于一种我看不到有任何出路的困境之中，他们要么必须把他们的结论限定在能用实际经验证实的事情上，在这种情况下，那些他们最为关切的问题，便只能作为无解的谜团被排除在思考之外，或者，他们只能满足于这些问题可能的解释，在这种情况下，他们的解释将总是包含一
205 定程度的错误，需要世世代代随着环境的变化而不断修改。此外，有可能存在着不止一种答案，而且没有办法得出其中哪一个正确的定论。在我看来，经验表明人类会接受后一个选择，而且我认为它也是一个理性的人应该接受的选择。我认为，人们应该坦然接受它，并且清楚地了解它的性质和后果。

许多被这个结论搞得惊慌失措的人，其实也接受了它，尽管是以一种乖谬的方式。所有信仰的教义中都包含着一种认可：如果仅从认知角度思考问题，对宗教的怀疑便是一种恰当的思想态度。从未有人宣扬过信仰欧几里得定理是一种美德。这种定理，以及其他许多远没有得到如此无可辩驳的证明的命题，是自证其真的。人们根据证据，自然而然地相信它们，不必规劝人们要把相信它作为宗教义务。倘有人真的死而复生，发现自己来到一个完全不同的世界，那就不必告诉他应当相信来世了，他自己已经知道了。当圣保罗把透过昏暗的镜子观看和面对面地观看加以对比时，当他说我们只是部分地知、部分地

信时，他承认了信不是知，[1] 他或许已经发现，在信仰和根据可能性行动之间——换言之，在信仰和某种怀疑之间——作出区分是不可能的（至少迄今尚无人作出合理的区分）。这两种精神状态之间的不同是道德上而不是认知上的不同。信仰说：“是的，尽管我没有把握，但我愿意信。”怀疑则说：“不，我没有把握，所以我不愿意信。”但在没有把握这一点上它们是一致的。信仰和怀疑都有可能被实际知识和直接经验所吞噬。

不难理解，热诚渴望传播其信条的人，为何要顽固地抵抗这种论证的力量，他们为何要拼尽全力证明，在事关信仰的事上，不充分的证据有可能，也应该带来超自然的结论。他们的目的很明显。如果应当做某事，那就义无反顾地去做好了，不要在乎这样做的理由是什么，一种可能的意见，就像充分的论证一样，可以成为充足的理由。确信死期将至，或怀疑死神是否正在逼近，这两种思想状态都可以使人立下遗嘱，他死后这遗嘱同样有效，不管是他确信预见到了死亡，
206 还是只有模模糊糊的感觉。

感觉则另当别论。人生无常的一般知识所带来的感觉，十分不同于对死亡直接而确信的预期。同理，觉得宗教的主要信条有可能是正确的，这可以成为一种动机，它所导致的行为方式，与确信它们正确所导致的行为方式，可能完全一样，但它会产生十分不同的思想状态和感觉，会给生活带来十分不同的色彩。

---

[1] 参见《新约·哥林多前书》13。对知识与信仰的关系的认识，为保罗留给后世最重要的思想遗产之一。由此形成的“保罗神学”这方面的辩难甚多。——译者注

这不是在为赋予证据它并不具备的价值这种做法强作辩解。我们的感觉应该受制于使它们产生的事实。屈从于诱惑，让我们的感情去支配对事实的评价，是一个严重的错误，是人世间半数错误的来源。合理的宗教感情，无论它可能是什么，是对我们所知道的宗教事实的正确评价在心中引起的感情。如果我们的所知不足以让我们产生热情，那就尽量冷静地感觉吧；但是，想把激起的感情变成能够证明其正确的确凿证据，却是不诚实的。如果我们说“我爱上帝，所以他肯定存在”，这就像说“我恨那个人，所以他肯定是个无赖”一样。很多人都在这样说，但这是不明智的。现在有些有能力的人，或被誉为有能力的人，所做的许多思考，都可以被解释成试图用爱去强化证据，从而增加它的分量。纽曼博士的《同意的原理》[90]就是一个很好的事例，他对不同程度的同意，以及由此给确定性和必然性造成的种种变化，做了十分烦琐的描述。可是他就像一个在原地兜圈子的毛毛虫，或者像是儿童有时想用两条直线圈出一个方框，想在纸上一笔画出一个十字而又不重复已有的笔迹。随便你怎么折腾，永远也无法真正得到一种见解——即基督教历史的可能面貌就是证据所证明的面貌，它只能是那样；给予它更大程度的同意，或者换一个或许更可取的说法，对基督教历史具有比证据所能证明的更大程度的可能性这种主张给予无保留的同意，无异于完全抹杀了它作为一个历史事件的
207 性质。

其实，证明我们在人类知识的任何分支中都无法超越或然性，并不是多么困难的事情。这方面的一个简短论证如下：现实不过是在我们眼前不断消散的一缕青烟，我们对过去的知识要依靠记忆，我们对

未来的知识要依靠预见，而记忆和预见都容易出错。最牢靠的结论和判断都要依靠一些事实，就我们所知，这些事实过去也许不是那样，未来可能会是另外一种面貌，即便此时此刻，它们呈现给另一些聪明人的面貌，也有可能完全不同于呈现给我们的面貌。可以提出一些假设，驳倒在我们看来不言自明的真理，甚至是超越思想和逻辑的真理。暗中以“我”的名义提出的命题，在一个智力更为优秀的人看来也许是错误的，因为在他的眼里，我们中间的每一个人并不是个体，而只是整体的一部分。乘法表设想有一个可以计算的世界。“1 加 1 等于 2”要么仅仅是“2”这个字的定义，要么是宣布每个 1 都是 1，过一段时间以后仍旧是 1。生活在万物不断变化状态下的人，是永远不会提出这种命题的。把万物视为一个单一整体的人，也许会怀疑它是否正确。

还是不谈这些想象之事吧，它们多少有点儿离谱。显而易见，所有的自然科学都仅仅是或然性，不仅如此，它还是一种我们没有任何评估手段的或然性。归纳和演绎的整个过程，都是建立在一个未明言的假设上：无论过去、现在还是将来，自然过程是始终如一的。这无疑是它留给我们的印象。它是我们所能达到的最高程度的或然性。它是一切系统思维的基础。人们用能够想到的方式对它做了令人称奇的细致入微的检验，然而还是无人能够从根本上回答这个问题：你有什么证据来证明，你称之为定律的始终如一的事情，不会在明天中止或改变？在我们所能达到的最高程度的或然性这个问题上，我们就像一个人沿着一条路线划船，眼睛却盯着另一条路线，他在把握船的航向时，是让船尾对准船后面的目标。我无意贬低科学，只是想说明人类知识的状况而已。最确定的事情，莫过于用科学方法建立的结论。它比现在的单纯感觉或对以往感觉的单纯回忆要确定得多，然而它仍然只是一种或然性。遵照自然科学的结论行事，我们也面对犯错误的风险，而我们是无法避免这种错误也无法评估它的价值的。如果对我们可以衡量、测算和处理的感性问题，我们得出的结论尚且只是可能之事，那么超越感性之事、以感觉作为条件的语言所表达的思考，岂能有更高的或然性呢？

如果有人就此问道，是否根本不存在确定性这回事？我的回答是：确定性或必然性（对于习惯用语不加区分的字眼，我也不打算区分）是从恰当的意义上表示一种思想状态——处于这种思想状态中的人事实上没有怀疑——的名称，而不是表示命题之性质的名称。合理的确定性是一种谨慎地不去怀疑的思想状态。它可能以许多不同的方式产生，也可能涉及各种各样的主题。千万要记住一句老生常谈：一个人十分肯定，并不说明他正确；谨慎地设想他也许应当肯定，同时接受他犯错误的可能。

在大多数事情上，人们相当准确地知道使特定问题的确定性成为合理的或审慎的确定性的条件，尽管无法对这种条件作出十分精确的描述；在任何情况下，它们所保障的确定性都带有临时的性质，易于受到干扰，它的稳定性的程度完全随环境的变化而变化。我们在许多问题上的确定性，都是建立在可疑的基础上，而且我们清楚这一点。在这种情况下，推翻我们的确定性，就像建立它们一样容易。还有一些情况，我们的确定性是建立在十分广泛的基础上，虽然无疑可以想象有可能推翻它，但任何理性的人都不会赋予这种可能性以丝毫实践价值。一旦真正理解了科学的含义，谁都不会真正怀疑科学的结论。可靠证人的证词只要得到充分的验证，陪审团不会怀疑他为其作证的可能之事。在日常生活中，理性的人既不会怀疑他自己的感官和由此得出的推理，也不会怀疑这一些人的严肃主张，因为他十分了解他们在个人知识范围内的问题上十分诚实，那些主张本身未必没有可能性。但是在任何情况下，一个中庸的理性人只要看到理由，就会随时承认自己可能搞错了。天底下很可能不存在这样的命题：在环境并未
209 发生任何可以想象的变化的情况下，对于任何时间或任何地方的任何理性人来说，它看上去都是虚假的或至少是让人怀疑的。

人类在这个问题上编织出的思辨体系，数量之多大概超过了其他任何主题。我只能就其中之一略作说明。它采取了各种各样的形式，在现代罗马天主教徒和一些神秘主义新教徒的著作中，它以五花八门的方式现身。我们可以把它表述如下：既然确定性经常是通过可能正确的证据而得出的，既然人们利用可能正确的证据所确定的命题经常是对的，那就不应当用证据的价值去衡量它应当产生的精神作用。这一错误和赌徒的迷信极其相似。我连赌三把红色赢。我确信我会赢，我确实赢了，因此算计运气是多此一举。这样的计算，充其量不就是给人提供了必然性吗？我用更容易的办法就得到了必然性，而且事实证明我是正确的。猜测往往是必要的。猜对了总是幸运的，但任何幸运的猜测都无法改变猜测的真正性质，或降低猜测者在猜测时所依据的基础的不可靠性。

也许会有人反驳说，我把一些问题说成处在语言甚至思维所能企及的范围之外，可是我又把它们作为与我们密切相关的事——其实比

其他任何事情更密切、更持久地与我们相关。有人可能会问，你怎么能既承认有一些超越所有语言和所有思维的问题，却又宣称我们无法超越或然性呢?

当然，我十分清楚，对有时被称为超验事实——换句话说，感觉无法告知我们的事实——的信念，经常伴随着另一种信念，即有关这些事实的一组文字命题不仅是正确的，而且对它给予关注的某种特殊能力也领悟到它是正确的。这看起来总是不合逻辑。如果有一些事实我们意识到了，而感觉又没有告知我们，如果我们所有的语言都是来自于我们的感官，并且诉诸我们的感官，那么语言似乎只能以极不恰当的方式进行描述，它只能用取自于感觉到的事物的隐喻，去暗示和
210 尽量表达处在感觉之外的事情。“我”这个词的所指，是看不见、摸不着、听不到的。它是深奥莫测的神秘之物，但是“我”这个词使我们大脑中产生一个特定的人的形象。认为与我们最密切相关的事实超越了语言和思想，与另一种观点，即词语——不管是说出来的还是未说出来的——无法表达那些事实，只能或多或少错误地、不恰当地、猜测性地传达它们的可以感觉的形象，其实是同一个观点的两种相反的说法。人类的语言不适合表达这类事实，由此得出的正确推论是:“神在天上，你在地下，所以你的言语要寡少。”❶ 在这些重大问题上，既然我们只能以十分不完美的方式表达看法，我们的处境十分不利，所以我们还是少说为妙，尽可能不陷入用推论得出推论的过程，因为推论越多，离实际观察就越远，就会以几何级数变得越来越

❶这句话见《旧约·传道书》5：2。——译者注

不可靠。既然我们只能猜想，那就让我们的猜想尽量适度、尽量简单吧。以或然性为基础的或然性，几乎等于没有或然性。

切不可忘记，对语言准确反映事实的可能性表示怀疑是一回事，怀疑事实本身的真实性和永久性则是另一回事。我已说过，尽管我们在周围见到的事实可以有多种解释，但同样真实的是，这些解释当中只能有一种是正确的。皮洛士听到的神谕“Aio te，Æacida，Romanos vincere posse”[1]，它的意思不是他能战胜罗马人，而是罗马人能够打败他，尽管对皮洛士来讲它可能同时传达这两种意思。不论我们多么彻底地承认，对于人到底是天使还是魔鬼这一问题，仅用论证的力量得不出定论，但我们十分清楚，如果一种观点是正确的，另一种就是错误的。在人生的几乎所有重大事务上，确切地说，在有关未来的所有事务上，我们不得不在黑暗中摸索。虽说人生无常，但我们的整个生命历程假定，我们的生命将延续很长时间，尽管拿不准它到底多长。当我们要作出重大决定、要从事某种职业、要谈婚论嫁、要深入
211 思考问题或写一本著作时，总之，要做任何重要的事情时，我们只能往最好处努力，而且几乎总是只能根据十分不完备的证据去行事。

有一种才能，它的价值可以与一切人类事务中的所有其他才能加在一起相媲美，这就是用不完备的证据作出正确判断的才能，或者，如果你乐意的话，也可以把它称为作出正确猜测的才能。它是任何原

---

[1] 语出普鲁塔克《希腊罗马名人传》。皮洛士是小国伊庇鲁斯的王，曾帮助希腊人对抗罗马。这句无法翻译的拉丁语，既可以理解为“听我说，艾阿齐达，你能打败罗马人”，也有“听我说，艾阿齐达，罗马人能打败你”的意思。——译者注

理都教不会，甚至经验也不是总能提供的才能。它往往与大量的迟钝木讷、很差的表现力并存。对于这种才能，我们只能说，它的本质是看清事物的本来面目，既不夸大，也不带情绪。可是，我们如何才能看清事物的本来面目呢？简单来讲，就是睁大你的双眼，运用你可能具备的全部能力去观察它们。就一切真正重要的问题作出决定，并不是通过一个从正确前提到必然结论的证明过程，而是通过在几种可能的观点之间作出明智的选择。

我相信，对宗教信仰而言，事情同样如此。在某个问题上可能有若干种具有内洽性的观点，而且，由于它们有事实的佐证，故可以称为可能正确。日常用语意义上的理性能够揭示有多少种这样的观点，能够通过讨论它们所涉及的不同的事实问题，找出它们与其他思想的关联，揭示它们的相对可能性。这一过程的最终结果可能是，那些既有事实佐证也具有内恰性的人生观，被削减得所剩无几。

不过，在做了所有能做的事情之后，下面的问题依然存在：你怎样看待你自己？你怎样看待世界？你是一架纯粹的机器吗？你的意识真如人们所说，仅仅是被动的结果吗？这个世界仅仅是一个事实，除了它本身之外，没有暗示任何值得思考的问题吗？这是一些人人必须应对的问题，因为这对于他们似乎是有益的。它们是斯芬克斯之谜，我们必须以这样那样的方式去看待它们。我们决心把它们丢在一边，不做任何答复，这是一种选择。我们的回答犹豫不定，这也是一种选择。不管我们如何选择，我们得自担风险。如果有人选择了完全背弃上帝与来世，没有人能拦住他。没有人能无可置疑地证明他是错误的。如果有人不这样想，并且按自己的想法行事，我同样不知道人们如何能够证明他是错的。每个人都要按自己的想法往最好处努力，如果他错了，他也只能自食其果。

212 我们伫立于大雪弥漫、浓雾障眼的山口，我们只能偶尔瞥见未必正确的路径。我们待在那儿不动，就会被冻死；若是误入歧途，就会摔得粉身碎骨。我们无法确知是否有一条正确的道路。我们该怎么做呢？“你们当刚强壮胆”[91]，往最好处努力，抱定最好的愿望，坦然接受后果。总之，我们不要心存幻想，不要说谎，我们要睁大双眼，昂起头颅，走好脚下的路，不管它通向何方。如果死神终结了一切，我们也拿它没办法。如果事情不是这样，那就以大丈夫气概坦然走进下一幕，无论它是什么样子，不要做巧舌之辩，也不要掩饰自己的真
213 面目。

附　　录

附录一　关于功利主义的笔记

下面的内容是1869年6月我在《蓓尔美街报》上发表的两篇讨论“功利主义”问题的文章概要。它们的写作动机来自莱基先生的著作受到的若干批评，现在人们对这本书已经失去兴趣，所以我删去了莱基先生的全部引文和相关评论，但我重述了两篇文章的基本内容，因为它系统阐明了我对一个问题的看法，本书曾多次提到它，但都是匆匆地一笔带过。

一切道德争论都可以归结为四个问题。第一，道德的范围是什么，它们涵盖人生的哪个部分，它们假定人性中存在着其他哪一些要素？第二，善恶之分的本质是什么？第三，我们如何确定特定行为的善与恶？第四，我们为什么应当趋善避恶？在这四个问题当中，第二、三、四个问题自古以来人们就以各种可能的方式进行讨论。而极为重要的第一个问题，至今很少有人触及。分别标举直觉和经验的两大学派，它们之间所表现出的并将继续表现出的分歧和一致，都与后面三个问题有关。

为了搞清楚这一点，有必要先介绍一下这两大学派的主要学说的含义，然后看看它们各自如何具体对待上述三个问题。首先，直觉和经验之间显然并不存在矛盾，因为所有的经验都体现着直觉，并且是以直觉为前提。无论哪个年代，对其他人的行为的思考一直深刻影响
215 而且仍在影响着所有人。从来就没有这样的时代或国家，人们习惯于冷漠地观看他人的行为，就像观看潮起潮落和天体运动一样。我们所说的同情和厌恶、赞赏与责备、爱与恨，无论怎样解释这些感情，它们事实上都是通过观察特定时间、特定人物的行为而产生的，他们的感情是不知不觉产生的，就像挨打之后的疼痛或悦耳的声音和美味给人带来的愉悦一样。断定道德是一种直觉现象或有赖于直觉，如果这意味着对人类行为的深思会在每个观察者身上产生各种各样不受其意志支配的感情，那么奥斯汀和边沁会像他们最激烈的反对者一样承认这些主张的真实性。他们甚至会进一步承认，在不同的年代和世界上相距遥远的地方，受到同情和厌恶的行为，让人或褒或贬的行为，有着普遍的相似之处。谁也不曾怀疑，无论哪个时代和地方，对受苦受难的现象麻木不仁，都会被称为冷酷无情；在这样那样的环境下，促进他人幸福的愿望都会被称赞为慈悲心肠。那两个道德学派的争论与事实无关，而是关系到解释事实时的态度，只要看看它们各自如何对

待上述三个问题，就可以清楚地揭示这种态度。

第一个问题是，善恶之间有什么不同？事实上，某些类型的行为在大众语言中被称为善或恶，世人都在赞美或指责它们。这是一个我们无法超越的终极事实吗？

对这个问题同其他领域的相关问题之间的相似性——它经常受到忽视——应当给予关注，以“重”和“轻”、“上”和“下”、“湿”和“干”这些词为例。它们的意思看起来再清楚不过了，然而经验表明，我们不可能从哲学上使用它们，除非采用某些普遍原理去解释它们，揭示它们之间的真实关系，不然的话，我们若想把它们纳入理论体系，只能得到最混乱、最不可理喻的后果。例如，除非我们能够
216
证明，在特定环境下所有物体都相互吸引，地球是一个沿着一定轨道运行的椭圆形球体，不然的话我们不可能以真正科学的方式使用“上”和“下”、“重”与“轻”这些词。对于“善恶之间有什么不同”这个问题，功利主义用这样一种努力——无论成功与否——来回答：他们要为伦理学做些事情，它与那些在物理学上作出重大的根本发现的人，针对大量观察到的事实以及描述那些事实——即世世代代积累起来的、用不系统的方式进行观察的关于天体运行和自然界普通物体的事实——的富有表现力但未加定义的词语所做的事情是一样的。

当然，如果我们在这些问题上满足于毫无结果的夸夸其谈，那么这样做也无妨。不管什么样的行为方式，都可以为它找到褒贬之辞。对于任何既定的行为，把它称为严肃或是残忍、勇敢或是鲁莽、固执

或是坚定、温柔或是软弱，皆无不可，这全看它在说话者心里引起的是同情还是反感。在没有多少困难的事情上，如果唯一的目的是使舆论影响某种行动，它的道德性质没有任何疑问，那就不需要语言有更大的精确性。然而，当双方都能合理地引用一些老生常谈时，这种语言显然只能用于纾解感情，它不能为行为提供任何指导。以施舍这件事为例。一边是慈善的美德，另一边是独立自主的美德，个体的要求和公众的要求可以不加限定地达到相互平衡，但是这一过程根本不会导致任何明确的结论，除非能够确立一些普遍原则，使我们能够为所采用的一般用语确定准确的含义，当我们想让争执有一个确定的结果时，我们可以采用这些用语。

对“善恶的含义是什么”这一问题，功利主义的回答是努力为它们提供精确的含义，不管成功与否。我发现，功利主义说，人们大体上想得到同样的东西，我把获得了这些需要的东西称为“幸福”。我还发现，某些行为方式倾向于促进、另一些行为倾向于阻止或妨碍人们获得这些需要的东西，而“善”与“恶”的日常用义，显然普
217 遍对应于这两种行为方式。一般来说，我们称为“善”的行为，确实促进或有益于促进普遍幸福；我们称为“恶”的行为，则确实减少或倾向于减少普遍幸福。因此，我认为，这就是“善”和“恶”的含义，就像“上”和“下”这两个字是指离地球引力中心较远和较近的位置一样，尽管千百万人在使用这些字眼时，完全没有意识到这就是它们的含义，尽管人们在意识到或能够意识到它之前，已经使用了它们千百年。我们的语言最初是生动而模糊的，只有当经验告诉我们语言所指的事物之间的关系时，我们才能使它变得精确，才能赋

予它我们习惯上所说的真实含义。

相信道德直觉的人，对于“善恶的含义是什么”这个问题，或许会用另两种方式之一来回答。他们会说，你不可能超越事实，这些词及其同义词是用来指人类的某种行为方式。给出这样答案的人肯定会接着说，这些词所指的行为方式在任何地方永远是相同的，而且它们就像红和蓝这些字一样，是指一种特定的性质，凡是思考这个问题的人，立刻就能明确地理解这种性质，因为他们若是不理解，那么结果将是除了使用这些词语的人用它们表示对相关的人的个人好恶之外，这些词语再无其他任何意义，而这种好恶，众所周知，是随着时间和地点的不同而不同的。另一方面，他们也许会说这些词语具有功利主义者赋予它们的含义，但是在他们面对第二个问题之前，有可能只字不提他们的道德直觉。

这第二个问题就是，我如何知道善恶的不同？这个问题不依赖于前一个问题，虽然不是毫无联系。功利主义者的回答是，善恶知识与其他学科的知识并无不同，也必须以同样的方式获得。直觉派的道德学者会说，有一项特殊的精神功能——我们称之为良心——对于人们所说的这两种知识之间的区分，它一眼就能分辨出来，无论这种差别存在于它们对幸福还是对其他事物的影响。然而可以说，几乎所有功利主义者也承认确实存在着良心。也就是说，他们承认人类确实对他们自身的行为和他人的行为作出道德判断，而且道德品质一旦成形，这种道德判断就会变成无意识的，无论它们是应用于自己还是其他人的行为。例如，他们也许会说，我们这个时代的一个普通英国人，他在一夫一妻和一夫多妻问题上持有英国人的普遍观点，所以不可能赞成重婚行为，就像他不可能同意地球有一天会不再绕着太阳转一样。然而他们否认良心是善恶的终极标准，也就是说，他们认为它不能确定无误地告诉我们一种既定的行为是否符合促进人类普遍利益的原则，也不能告诉我们在某个特定事务上相关的原则是什么。他们同样否认良心能分辨出善行与恶行的具体差别，以及除了已经得到承认的差别之外还有其他任何具体差别。另一方面还应指出，相信善恶取决于导致幸福的行为倾向，与相信我们的良心具有某种特殊性质或能力，使我们能够从我们注意到的任何行为中分辨出这种倾向，这两者之间并不存在任何矛盾。

第三个问题是，我为何应当做个好人？在这个问题上可以提出一向受到忽视的若干看法。第一，人们通常在著书立说时好像在说，每个道德学者必须为它提供一个令人满意的答案；然而完全可以想象也许根本没有答案。或许能为健康下一个十分明确的定义，可以指出某种标准，据此区分健康症候与疾病症候，但他几乎不可能制定出能为健康提供保障的原则。因此，赋予“善”与“恶”这些词以某种统一的含义，指出分辨它们的适当方式，这都是有可能的，然而还是可能不存在人们一般说来为何应该趋善避恶的充足理由。

第二个看法是，人世间有那么多劣迹，这与直觉能够分辨善恶的理论似乎难以调和；再者，只要一种行为的正义性得到确认，那么这一事实本身就为这样做提供了充分的理由。

第三个看法是，除非假定功利主义的回答是唯一可能给出的答案，不然根本不能提出“我为何应当做个好人”的问题。这个答案

219 就是，我应该做个好人，因为这有助于我的最大幸福。除此以外，不可能赋予“为何应当”这个说法或其他类似说法其他任何含义。“我为何应当”这个说法的意思是“我能得到什么”，在这种或那种行为中“我的动机是什么”。在你为做一个好人确定了某种动机的那一瞬间，不管它是爱上帝、爱人类、听从个人良心甚或做个好人本身带来的快乐，你都承认了一个原则，即这一问题与动机的价值有关。唯一不能归入这一原则之下的事实是那些无可奈何的行动——如果它们可以被称为行动的话。如果人们承认某种既定行为是对的，他这样做几乎别无选择，因为他就要死于致命伤，那么这种行动便脱离了功利主义原则的范围。

这些评论又使我们回到了那个问题本身，毫无疑问，它是所有重大伦理问题中最重要的，也是最困难的。我已经给出了功利主义的回答，但是在指出对它的标准反驳之前，可以先对它进行详细的解释，以揭示它意味着什么。它意味着，行为端正的理由，是随着这种行为的性质以及行为人的环境而变化的。任何一种良心的约束力，不可能对每一种可以想象的正确行为有完全相同的作用。比方说，为什么财政大臣不会犯盗窃罪？因为无论如何，他若犯下盗窃罪，他的地位就会一落千丈。为什么惯偷就会犯同样的盗窃罪呢？因为他恶习难改，甘冒受惩罚的危险，但他的人品和地位没有任何损失。可见，两人为何会或应该背弃他们各自的责任，其原因是不同的。用杰里米·泰勒那句虽已过时但颇为恰当的说法，他们没有“拴在同一根绳子上”。责任不过是把人拴住的一种比喻。这当然表明了该问题的典型困难之所在。当某种正确行为恰好与一个人的利益相对立，他为何应当去做呢？

通常给出的答案不是十分令人满意。它的回答是，功利主义标准不是一个人的最大幸福，而是最大多数人的最大幸福；整个理论提供的行为规则是人类应该按照那些能够产生普遍幸福的规则来行事，而
220 不是在具体的事情上计算自己的行为所产生的特定后果。这一答案与其说是不真实的，不如说是不完善的，因为它毕竟导致了更深层的问题，即为什么一个人应该考虑人类的普遍幸福？为什么他应该服从规则，而不是具体事情中的特殊考虑，毕竟服从规则的唯一理由就是由此可以获得利益，而这种利益在具体事情中，根据某种假设并不是一种利益，而是一种损失？一条既有的道路也许标明了可以从一地通向另一地，但是如果有一条捷径，上述事实不能构成走原来那条道路的理由。投资不可企求百分之五以上的利润，这也许是个不错的一般规则，但是，如果恰好你有投资获利百分之十的十足把握，拒绝投资岂不是傻瓜？

回答这个问题，涉及对“应该”一词以及它的同义词“应当”的含义进行考察。当我们从潜在的歧义当中摆脱出来时，答案就变得很容易了。这些词总是意味着，默认的原则适用于正在讨论的事例，而且很好地发挥作用。事实上，它们被最频繁地使用意味着发言者认可了将他假定的原则应用到他假定的事实当中，然而情况并非总是如此。下面的例子就说明了这一点：“我的仆人把我的消息告诉你了吗？他应该已经告诉你了。”这意味着仆人接到了传达消息的命令，如果他服从了命令，他就已经传达了消息，而说话者也根据服从命令的原则认可了仆人的行为规则。“火车昨晚离开了巴黎，他们此刻应该已

经在城里了。”这意味着从巴黎到伦敦的旅程按特定路线将花费一定的时间，而说话者假定这也适用于他正在说的事情。“我的钱包里应该有五先令，可是里边只有三先令。”这意味着，说话者对他在特定时间有多少钱以及后来花了多少钱进行过计算，他把计算法则运用于他所知道的事实，结果与事实不符。既然无人怀疑计算法则的正确性，这等于说，他假定其存在的事实是不完整的。在这些事例当中，“应该”一词并不表示说话者同意。

现在我们可以回答这个问题，像“他不应该说谎”或“他应该
221 说谎”这类说法，到底是什么意思呢？首先，它们表明说话者假定人类行为受一定原则的支配，将那些原则应用到现实中将导致或不会导致说谎；其次，它也可能意味着，这人或那人，说话者或相关的人，会赞成这种做法。因此“应该”一词，即使做过解释，仍是模棱两可的，它既可以指说话者本人所接受的原则，也可以指相关者所接受的原则。“作为基督徒，你们应该相互关爱”，这句话本身就是一种诉诸感情的说理。你承认了运用于实践可以使你们相互关爱的原则。“我不能说穆斯林不应该实行一夫多妻制”，这句话根本不表示说话者一方认可一夫多妻制。它仅仅意味着，伊斯兰教徒所接受的任何原则都不谴责一夫多妻制。

因此，如果有人问功利主义者，一个人完全认为行骗对自己有好处，那么他应不应该这样做，这个问题是不明确的。它的意思既可以是：“功利主义一般而论是否会谴责如此行事的人？”也可以是：“这个人的行为是否应当与他承认其正确的原则相矛盾？”第一个问法的答案是，他不应该这样做。对于第二个问法，答案是他应该这样做。

对第二种回答的解释和说明将有助于对第一种回答的解释，一个人，如果对所有相关问题做了通盘考虑之后，最终还是认为，对天下人有害的行为符合他的利益，那么毫无疑问他会那样做。但是让我们考虑一下，他这样看待自己的利益，表明他有一种什么精神状态？一个人经过冷静的深思熟虑之后认为，为继承财产而干一桩绝不会败露的杀人案，这符合他的利益。这表明，首先，他已经全然不顾一切宗教约束；其次，他已经丧尽天良和自尊；再次，他毫无怜悯之心。他的行为证明，他并不担心法律的惩罚和触犯众怒，因为按上述假定，他不必面对这些事情。所以，他有杀人的动机，却没有放弃这种行为的动机。

但是，动机仅仅是义务和责任的另一种名称，是用中立的说法代
222 替褒义的说法。因此我们这样说就是十分正确的：按这个人的观点和他所遵守的原则，他犯下杀人罪是应当的，是他的义务，是他受到的唯一约束注定要他做的。但是正是这一事实，解释了这种行为为何会在功利主义者头脑中普遍引起痛恨和谴责，并为他们的以下说法提供了正当依据：在一般场合下，人们都不应该为了自己的利益干坏事，因为在所有一般场合下，“应该”一词不是指行为不端者可能承认的行为准则，而是指人类普遍承认的行为准则。“你不可以杀人”意味着如果你杀人，你会受到天谴，如果你被人抓住，他会吊死你，就算他抓不到你，也会恨你，你自己会痛恨自己，你会被悔恨和自责折磨一辈子。如果一个人没有任何责任感，如果他的精神状态是上述考虑对他没有任何约束力，那就只能说，下面这种情况是再正常不过了：世人把他视为公敌，一有机会就会像对待疯狗一样敲碎他的脑袋，也

正是由于这样，他才没有丝毫责任感，把人们联结在一起任何纽带对他没有任何约束力，只要有眼前利益作祟，他就应该坑蒙拐骗，杀人越货。

认为这种结论不道德，这就等于说，分析道德就是毁灭道德，细数它的约束力就是取消这种约束力；这也等于说，一个重物被吊在四根绳子上，如果承认切断每一根绳子重物会掉下来，就等于切断了绳子。毫无疑问，假如取消所有的宗教、法律、善心、良心及对舆论的敬重，那么人们为何要从善避恶，就没有任何明确的理由了；但是这种“假如”中包含的可能性太渺茫了，其实可以不去理它。

这促使我们对一个相信道德直觉的人就“我为何不应该作恶”这一问题的回答进行思考。答案只能是，人具有一种难以泯灭的责任感或义务感，它是一种本能，一种对禁止我们作恶的天性的或强或弱的直觉感知能力。有人反驳说，这根本就不是一个答案。如果没有说明各种动机的平衡支持人们从善，这种答案毫无意义。在大部分时间和大多数地方，绝大多数人都有责任感，这是没有争议的。根据功利
223 主义原则，它是主要的道德约束力之一，在所有一般情况下它就是主要道德约束力；但是，就像所有其他动机一样，它的力量根据环境而变化，而且任何人只要对这个问题稍加思考，就一定能看到，即使它有宗教、良心、法律和舆论的全部支持，它仍然经常十分脆弱，无法阻止人们的各种不义。

如果把这些约束力全部取消，那会是什么状况？那就只会剩下对某些特定行为的非理性的、本能的畏惧，而人们在某些动机的推动下

会忍不住要那样做，它们在实践中往往十分强烈，不但能压倒本能，而且能压倒对惩罚、身败名裂和自责的恐惧。如果一个人既不怕上帝，也不关心人，但有敏感的良心，那么我们有什么理由说，他不应该让它变得迟钝呢？就算承认良心属于我们人性中更高级的一个层次，不管它是什么，也说明不了任何事情。良心无疑是一种行为动机，但它也仅仅是一种动机而已；如果把它视为动机，它肯定会与其他动机相互竞争，因此对于“我为什么要做个好人”的问题，只能给出功利主义的回答。

对于相信合宜原则的人和相信道德直觉的人之间的争论，以上的考察揭示了他们的真正分歧之所在，以及它会波及多大范围。除非相信道德直觉的人走得足够远，以明确的形式、用清晰的可以理解的语言肯定特定道德原则的存在，它们能够被立刻应用于人类行为，能够被某种特殊的精神功能理解为绝对不变的基本真理，否则他们就没有确认功利主义者所要否认的任何事情。如今很可能没有人会做出这样的确认。

此外，正如边沁指出的，道德直觉的原则，或他所谓的同情与反感的原则，由其性质所定，根本不可能在其应用中形成任何明确的结果。它没有提出任何使争论者能够遵循的外在标准，采用它的必然结果是，所有的道德争执将永无停止的一天。

用十分清晰、无须借助比喻的语言去表述与道德有关的命题是根
224 本不可能的，而且我们会发现，若想解释那些难免被用到的词语，为建构在它们之上的命题归纳出确切的含义，绝对需要求助于功利原

则。道德直觉，或任何不足以用明确语言表述一个确定命题的直觉，只不过是那些无以言表的感觉的一个好听的名称而已，功利主义就像其他人一样承认这种感觉，他们的理论体系也试图去命名、分类和梳理这些感觉。举例来说，即使我们的道德直觉告诉我们杀人不对，这也没什么用处，除非它还告诉我们它不曾告诉任何人的事情，那就是:“杀人罪”一词的含义是什么，如何区分属于杀人罪的杀人行为和不属于这种罪的杀人行为。如果我们说，道德直觉只告诉我们仁爱之心是善，残忍之心是恶，这不过是把难题往后推了一步；因为无论道德直觉还是别的什么，都不能使我们对残忍或仁爱给出别的定义，只能把它们定义为一种与引起痛苦有关的精神态度，大体上说，在既定的环境下，这种态度会产生最大幸福，并且它是随着时代的不同而不同的。

在反驳功利主义时，时常有人提出以下看法：幸福是一个难辨其所指的模糊观念。信哉斯言！凶悍的中亚游牧部落，无知的孟加拉农民，文雅的现代欧洲人，一丝不挂的中非原始人，对于他们来说幸福有着十分不同的含义，更不用说环境相似的不同个人也会形成的不同幸福观。但这证明了什么呢？这只不过证明了，道德不是确定的，而是变化的，根本不存在绝对的、一成不变的道德，因此几乎不可能有道德直觉这种东西；这是个一目了然的事实，是这类思考得出的最终结论。让一定数量的人聚在一起，让他们彼此交往，他们会交谈、争斗、吃喝、繁衍生息、观察思考，一言以蔽之，他们会形成一个社会，不管他们粗鄙还是优雅。经验证明，他们会多少形成一种明确的幸福观，他们也会形成一种导致幸福之损益的行为准则观；他们将用不同的赏罚措施，在他们中间实施这些行为准则；这些赏罚和准则，将对个人行为产生因环境不同而不同的影响。

225 此外，各民族之间、各国之间虽有重大差别，但人与人之间实质性的相似之处还是非常大的，通过考察即可发现，在所有道德体系中，重大的、最主要的原则其实十分相似。研究道德的唯一有益或可靠的方式，就是思考、理解和对照这些不同的体系，从被选定考察的特定体系中，努力发现它所特有的规则在多大程度上真正有利于它所特有的理想的实现，抱有这种理想的社会的现有知识状态，在多大程度上与这种理想相吻合，以及在既定时间和地点，那些影响个人生活的赏罚手段是什么。

此外，所有这一切必须服从于一种观点，对于它的重要性再怎么估计也不过分，尽管当今流行的许多思想故意对它视而不见。这个观点就是，在既定的社会中形成的幸福观——也就是说，人类生活普遍而永恒的目标——必定在很大程度上依赖于他们自己的世界观和人生观，这种观念的任何重大变化，都将导致全部道德观发生相应的变化。眼前的生活是不是我们所要追求和提供的生活，是不是有理由假设，它只是更漫长很可能也更广阔的生活的一个阶段，进一步说，我们生活于其中的宇宙是否只是一架僵死的机器，它是否处在某种力量的引导之下，而我们都分享着它的意识和意志品质——这些问题困扰着所有的道德哲学。

假设有两个人，一个信上帝和来世的存在，另一个不信，如果认为他们对幸福、对获得幸福的手段、对个人增进其他人幸福的动机，会形成同样的看法，乃是十分离谱的梦想，无论理论还是实践都无法与它相容。你不妨清晰地证明并让天下人都知道这一点：宗教仅仅是一种错觉；不管我们的所爱、所惧、所恨是什么，我们不必拿上帝或魔鬼当回事儿；对我们所能形成的一切道德观念应当进行彻底改造，这是如同朗朗乾坤一般清楚的事情。即便如此，道德还是会以这样或
226 那样的形式存在下去。

在古罗马时代，那些很少或几乎没有宗教信仰的人中间，也有大量的道德观，但它的整体特征不同于建立在基督教基础上的道德观。哪一种道德体系最好，这个问题主要取决于下面的问题：是异教哲学家还是基督教传道士对事实作出了正确的评价。如果以为基督教关于来世奖惩的伟大教义没落之后，它的道德观依然可以存在下去，这就像下面的想法一样荒谬：房客对他租用一年的房产的感觉，与拥有该房产绝对继承权的人对它的感觉是一样的。如果有人认为，撇开是否存在来世的奖惩这个问题不谈，也可以对基督教和异教道德的优劣进行比较，这就像下面的说法一样荒谬：不必考虑一块地产给它的主人带来的利益的性质和范围，也能向他说明他应当如何对待这块地产。我们是否应该相信上帝和来世的问题，是有关事实和证据的问题，功利主义理论的真实性由此得到了证明，因为我们已经说过，一种行为
227 的正当性，归根到底取决于人们对事实问题所能形成的结论。

附录二　第二版前言

本书有幸受到众多批评，我就利用再版的机会，对最重要的两位评论者，约翰·莫利先生和弗雷德里克·哈里森先生作一些回应。密尔先生不幸去世，使我无法确定他是否认为拙著值得关注；但是，假如密尔先生认为值得对它说点儿什么，那么莫利先生在《双周评论》（*Fortnightly Review*）发表的一篇文章，[92]也许最接近于密尔先生在自由这个问题上对我作出的回应。的确，我能够像莫利先生本人那样自信地说，一些最有资格谈论密尔先生的思想、理解其原则的人，都会同意这篇文章是对相关问题的公正而恰当的陈述。

哈里森先生的评论文章的价值，部分在于那是他自己的观点，部分在于他的出发点与莫利先生完全不同。一个人从激进角度、另一个人则从实证主义角度对我的观点进行了批评。

莫利先生的文章首先陈述了密尔先生的学说，并把它与弥尔顿的《论出版自由》（*Areopagitica*）和洛克论宽容的信联系起来。对此我只能说，莫利先生对密尔先生的学说的表述与我没有太大的不同。的确，他承认："这一学说中有争议的两点，是最不挑剔的眼光也能看到的。"第一点是："这种学说似乎会限制不同意见的表达。"然而他
229 认为，密尔先生著作中的一段话已经对此做了令人满意的回答，我在本书第8—11页已经详细提及。虽然莫利先生没有注意到我在这里和其他地方的论证，我也没有必要对它们作出补充。

莫利先生指出的“第二个弱点”是，在密尔先生的“只与自己相关的”行动不应受到干涉、“自卫”是对行动自由进行正当干涉的唯一理由这些主张中，使用的“自卫”和“只与自己相关”这些概念极其含糊。莫利先生说：“能够把任何观点或任何严肃的行动看作真正完全只与自己有关吗？辩论的这些核心要素在《论自由》中似乎没有得到充分的论述。”

莫利先生就这个问题的论述导致了以下结果：他指责我既没有承认也没有否认只跟自己相关的行为与跟他人相关的行为之间的区别；我没有“以明确的、可以理解的方式，阐明我对整个自由学说赖以存在的行为分析的认识”；他的意见是，我没有这样做，是因为我“相信自我是万物的中心，我们根本没有与自我无关的动机”，我不敢说任何行为都不能被视为完全只与自己有关，他补充说，后者是孔德的学说。

至于上述区分本身，他认为：“甚至那些看起来仅仅与自己有关的行为，也会给其他人带来间接的、消极的后果。”但是他又说：“你必须对这种‘间接的、有距离的论证’作出限制，就像洛克也曾有过类似的要求一样；而且，设立这种限制是对密尔先生的简单原则的自然补充。”他将这种区分称为“常识性区分”，他认为，我们必须继续谈论只与自己相关的行为和不是只与自己相关的行为，尽管它们并不构成界限分明的两种类型，就像我们谈论光、热和运动的区别，并不在乎物质守恒定律一样。

我原本以为，在“自由学说在道德中的应用”这一章，尤其是在第86和第91—97页，我已经足够清晰地说明和强调了我的观点；但是我似乎失败了，所以我将重新阐述这些观点，而且我要比过去更
230 加着重于解释我对密尔先生的行为划分的看法。

首先，我认为，试图区分只与自己相关的行为和与他人相关行为，就像试图区分发生于某时的行为和发生于某地的行为一样。所有行为的发生都是既有时间又有地点的，同样，我们所做的任何事情都同时影响到或可能影响到我们自己和他人。因此我认为，这种区分（顺便提一下，这种区分并不常见）是十分荒谬和没有根据的。

至于莫利先生所说的"间接的、有距离的论证"，如果他能证明，他所谓的"只与自己有关的特定行为"只会十分间接地影响到他人，那么我将承认它的说服力。语言无疑是不完美的，如果过于严格地看待区分，我们就永远无法建立任何区分。密尔先生的自由原则主要适用于只与自己有关的行为，这类行为有哪些重要的事例呢？它们是形成和发表有关政治、道德和宗教问题的意见，以及可以、能够或意图为这些事情设立规范的行为。这些行为既关系到自己，也关系到世人。路德是绝对不会用他在维腾贝格发表他的论纲❶或他的婚姻生活仅仅是与自己有关的行为这种理由来为他这些行为辩护的。密尔先生写下《论自由》一书，几乎不可能只是为了证明打扰你的邻居或干涉他的饮食不对。

至于我对"整个自由学说赖以存在的行为分析"的看法，我想

❶马丁·路德1517年在维滕贝格发表反对教会出售赎罪券的《九十五条论纲》，此事为欧洲宗教改革运动的先声。——译者注

我在上面提到的章节中已经说得相当清楚，但是这里我尽量言简意赅地再说一遍。

有些行为、观点、思想和感情，人们基于各种原因称之为善，还有一些人们出于其他原因称之为恶。人们通常希望促进和鼓励前者、阻止后者。为了达到这一目的，他们必须使用许诺和强制的手段。我认为，在任何特定情况下，这样做是否合宜，要取决于事情的背景、被阻止行为的性质以及所采用的阻止手段的性质；像密尔先生那样试图确立普遍原则是徒劳的，其原因我在本书的不同地方已经做过详细
231 解释。我不晓得如何才能更清晰地表达这一观点。人们在判断道德上的善恶、真假时经常犯错误；不同的人有着相互冲突的幸福观；冲突是不可避免的；大部分人十分欠缺怀疑精神，过分地喜欢管闲事和迫害他人；有关自由和宽容的常识是有益的，尽管它们是错误的。我已经一再表示同意这些观点。至于说我有意含糊其词，因为我担心与自己的原则——人人都以自我为中心，一切动机都是利己动机——自相矛盾，对于这种意见，我只能说，这样的批评表明我的评论家认为我的观点不值得研究。人人都以自我为中心，一切动机必定影响行动者本人，这些原则与下面的信念是完全一致的：人们十分紧密地联系在一起，几乎不可能只想到自己，不考虑与他人的关系，使他人快乐或痛苦是我们最普遍、最强烈的动机之一。在我们的行为、思想、感情和言论中，爱、友情、仇恨和敌意在不同程度上相互交织在一起。

我认为，这就是莫利先生的最重要的批评，尽管他以不同的方式一再声明，我误解了密尔先生。我似乎“没有看到，密尔先生著作的宗旨和目的，是根据功利主义原则说明在某一类特定情况下——即

只与自己有关的行为——以及在发展到一定程度的社会中，强制一向是坏事。”

对于密尔先生的这一“宗旨和目的”，我看得像莫利先生本人一样清楚。我这本书试图表明，他并没有实现他的目的，这个目的赖以存在的基本区分（只与自己有关的行为的区分）根本就不是区分，“发展到一定程度的社会”这句限制语，实际上承认了与它所证明的理论之间的矛盾。

这里值得提一下莫利先生的少数观点，还有一些我已在注释中提到。他指责我“故意不承认，自由的积极特征是我草率地予以反对的理论的本质”。他说，密尔先生“认为自由不是单纯的否定，文明
232 史的不同领域有大量的证据表明，自由发挥了很多积极的进步影响”。

在我看来，这段话和其他一些言论表明，莫利先生是在漫不经心地读我的作品。我不理解他所谓的“自由”是指什么，他是否同意或假定密尔先生同意我在第 8 页和其他一些地方对该词作出的解释。

对自由的这种定义正是我这本书的基础，它与密尔先生本人在《逻辑体系》[93]第二卷“论自由与必然”一章中表达的观点完全一致。自由是一个褒义词；如果用一个中性词——例如“放任”或“允许”——来代替它，那么显然无法用它来指谓任何事情，除非你知道是谁被谁允许做什么。我倒想请教莫利先生，他是否赋予了自由一词任何绝对的含义，如果是这样，这种含义又是什么？如果他仅仅赋予它“放任”或“允许”这类关系性的含义，那么我就要问一句，

除非他对他提及的那一类自由给予具体说明，不然他怎么能够对它作出任何肯定呢？

自由当然可以有积极的作用。允许人人随便偷东西，有些人肯定会去偷，但这并不表明自由本身是一件明确的事情，有它自身的属性，就像煤和水一样。

我的一位批评家[94]十分理解我，他对我的理解是，我认为“自由意志论不是一种学说，仅仅是一堆难以想象的混乱观念”，可是他却给自由下了一个十分奇怪的定义：“如果行为是出自理性人自己深
233 思熟虑的思考，它就是自由的。”如此说来，倘若劫匪给了一个人深思熟虑地作出选择——“要钱还是要命”——的时间，于是他把钱包交给了劫匪，他便是自由的了。我所获得的这种意见其实是洛克的，他说过，“意志是否自由”的问题，就像问“人的美德是不是正方形一样”，既令人莫名其妙，“也毫无意义”。[95]

莫利先生只有一个一般化的论述值得给予注意。他说，密尔先生的《论自由》是“有史以来最具有贵族气质的著作之一”，他引用了不同的段落，表明密尔先生对他的很多同胞的观点和理解力极尽轻蔑之能事。然后他说：“密尔先生有一个主张：对于一个并非不证自明的问题，一百个人中间只有一人能够作出判断。他利用这一主张的方式可圈可点。他认为，这正是要让全体一百个人尽最大可能享有思想、表达和言论自由的原因，因为其他任何条件都无法确保那百分之一的人以及你所需要的判断将会出现，或使他有机会让没有判断能力的人实际听到他的声音。”

“斯蒂芬先生则另有高论。他宣称，‘一千个人里边有一个人确实就自己的宗教和道德律令作出了个人选择，这种说法肯定是无聊的幻想；而且我怀疑这样的说法是否也是夸大其词：一百万人中也许有一人能对这些众所周知或已经有了合理猜想的问题作出实质性的补充。’”

“Argal”❶（真怪，莫利先生居然知道一点“argal”的意思），“当心不要接受毫无意义的自由原则，它将使这百万分之一的人拥有最大可能的机会去作出实质性补充；用你的立法的全部力量、舆论和社会情感，阻碍、冻结和恫吓所有离心离德的现象吧，这种现象肯定会使一百万人中所有其他人服从那一个人和他的实质性补充。如果斯蒂芬先生的作品意不在此，它就没有任何意义，他与密尔先生自由原则的辩论不过是令人生厌的文字游戏。”

最后一句话暴露出莫利先生的怀疑：我的书没有表明他认为应该
234 表明的意义。不过，随他去吧。密尔先生的学说与我的学说的真正分歧就在这里。我们都同意，少数人聪明，多数人愚蠢，但是密尔先生否认聪明的少数人为愚蠢的多数人的利益而强迫他们是正当的，我则认为在特定条件下他们这样做是正当的。莫利先生认为，密尔先生的原则将保护少数人免受多数人的强制，而我的原则将使他们易于受到这种强制。我的回答是，在我看来聪明的少数是愚蠢的多数的理所当然的主人，他们若是因为担心强制被错误地用来反对他们自己，便彻

❶“argal”是拉丁语“ergo”（因此）的讹体，一般用于表示荒谬的推理，这里有讥讽的意味。——译者注

底否认强制的权利，则是卑贱和懦弱的。从某种意义上说，马要比骑手更强壮，但是如果有人因为担心人被马骑在下面，便主张马和人应该完全相互独立，那么他一定是个可怜虫。在许多方面一个智者要比一百万个笨蛋更强大。在一百万个人中间，有一个人拥有超凡的智力、人格的力量和同情的力量，那么更有可能的是他去强制那一百万人，而不是他们去强制他，并且我肯定他在特定情况下拥有这样做的权利。密尔先生十分害怕一个人（他没有允许自己承担受强制的职责）受到多数人的强制，于是订立了一条原则以限制一个人对其同胞发挥作用的方式，而这种原则对大多数人丝毫不起作用。

与莫利先生的批评相比，弗雷德里克·哈里森先生的批评具有更普遍的意义，对我也格外有价值，因为这些批评在一定程度上使我看到，我这本书的哪些内容对于像他这样思考的人来说难以理解。这些批评见于《双周评论》发表的另一篇文章，题为“反人道的宗教”。从各方面来看，这都是一篇很有特点的文章。我在注释中已经指出了其中一些奇怪的误解。这里我只谈其中的两三个要点。

哈里森先生认为，我创造了一种令人恐怖的新宗教形式，他称为“反人道的宗教”或“斯蒂芬主义”。这种信条的核心似乎是对地狱的信仰。他说，我在用我的“新版‘边沁’宣扬地狱说”，我“向那
235 些不再信地狱的灵魂描绘了一幅恐怖的图画”，我似乎认为“只要我们有个地狱就成，无论是什么地狱”，我好像在说，“将遭受永恒诅咒的最后希望给我们吧，你可以拿走《圣经》、福音书、教义和约法”，以及其他很多类似的话。对所有这一切，我的回答是，在我的书中，没有一个字暗示或表明我相信地狱，也就是说，我相信某种为

坏人死后保留的遭受无限折磨的地方或状态。事实上，我不相信这种学说，因为我没有看到足够的证据。哈里森先生在一段话里其实也承认这一点，这似乎使我刚才引用的那些话全成了胡说八道。他说，我坚信“来世”是“道德的唯一约束力”[96]——这种说法完全违背事实；[97]然后他又说：“斯蒂芬先生似乎认为，只要你有一个地狱就成，无论什么地狱。这当然是要点所在。基督教徒也许会说，‘我们有得到神启的天堂和地狱，这是十分确定的，是神学体系的一部分……可是你的地狱，’他会对斯蒂芬说，‘只是一种模糊的可能性，你没有告诉我们任何与之相关的事情。对你而言它是一种可能的状态，作为道德学者和政治家的你希望人们相信它，可是你一点也没有告诉我们与它有关的情况。’对此他（是有别于基督徒的哈里森先生）补充说，就算有地狱，你对它又知道些什么呢？你如何了解它的情况呢？你似乎不信天堂里仙乐飘飘，或地狱里铁栅煎人的学说。你求助于什么样的希望和畏惧呢？你的天堂和地狱是超验的感觉状态，还是仅指人间的大喜大悲？如果是后者，又是哪一类喜、哪一类悲呢？它对不同的人发挥什么影响，完全取决于你的回答。”

他又做了许多说明，在此我就不一一提及了，然后他说：“斯蒂芬的书中贯穿着一种奇怪的诡辩，他似乎把来世的生活完全等同于道德奖惩。这两种观念是截然不同的，需要完全不同的证据。”他补充说：“为了抚慰受苦的人，宗教必须表明以何种明确的方式消除苦难。为了控制欲望，宗教必须表明如何对欲望施以特定的惩罚。不然来世
236 说几乎可以鼓励利己者的自信。不假外求的巨人，将感到大脑和神经可使他们顺利度过今生，他们相信自己会被来世接纳。”

我引用这些文字，并不是想用我与哈里森先生的意气之争去烦扰读者，但我还是忍不住要指出，如果我这本书表明我不信“地狱铁栅煎人的学说”，那么对我发出这一通不得要领的指责就是不公正的，除非它的意思是说我确实相信这种东西。不过，像我一样对哈里森先生的事业充满兴趣和个人关注的人，对于他不断发出的那些气焰汹汹的言论，与其说会被其灼伤，不如说会引以为乐。我引用这些话的目的，是要给出一些必要的解释。这些话表明，有哈里森先生这等才具的人，都会完全误解本书的宗旨及其包含的理论，看来我肯定没有做到浅显易懂地表明自己的意思。

首先，说我妄想成为新宗教的创始者，是十分不公正的。我这本书里没有任何宗教。从任何意义上说，它都不是一次或一系列布道。它没有表达我本人对宗教问题的观点，除了一个有条件的观点，即我们的道德观的性质取决于且必定取决于我们可能形成的世界观；如果遵照存在上帝和来世的假定，某种行为方式——从最广泛的意义上说——是明智的，如果没有上帝和来世，则另一种行为方式——从最广泛的意义上说——是明智的。我没有试图让人相信上帝和来世。我从未说过，我“作为道德学者和政治家，希望人们相信”这些教义。我根本不想提出“抚慰受苦人”或“控制欲望”的问题。这里有一个前提性的问题，是否确实存在对受苦人的抚慰？控制欲望的理由何在？我认为，这取决于来世和上帝是否存在的事实问题。这里我无法展开说明，眼下我的目标是反驳那些当今受到普遍大力宣扬的观点，

237 即道德是或者说能够独立于我们对这些问题的看法，我还要说明两点：一是，审慎的美德（按一般人的理解）取决于是否有来世的问

题，二是，美德——理解为使人成为人的行为方式——的性质是什么的问题，也取决于这一个问题。

这很可能是一种人们不太熟悉的理论。我不由自主地假定，这就是我在很大程度上被人误解的原因。这种误解也许在一定程度上是由于本书的形式，它是以反驳和否定作为主调，直接表达我本人的观点的机会相对较少。为了充分表达我的观点，就必须讨论人性，讨论限制和引导它的力量，即道德、法律和宗教。考虑到时间等因素，我无力承担如此重大的事业，只能满足于一项卑微的任务，即揭露那些有关自由、平等、博爱的流行谬论，并在这个过程中偶尔顾及这个问题中肯定的一面。这造成了本书有着不完善和否定的特征，使我面对这样的指责：对于那些我只有暗示而没有充分讨论的问题，我不适当地保持沉默。这无疑是一个重大缺陷，可是要想避免这一缺陷，我只能采用相反的、更严重的缺陷——就某些我的判断力有所不及的问题，发表一些我尚未准备好适当的表述方式和辩护词的意见。执是之故，我只能忍受这种缺陷，不过我要稍加申述，以便说明哈里森先生完全误解了我的意图。

正如我已经说过的，在我看来，有关天堂和地狱的教义，没有任何充分的证据给予支持。但是，今生不是我们生活的全部，我们的个人意识在我们死后仍会以某种形式存在，我认为这种观点极有可能是对的。至于更深层的问题，如果有来世，那么它是一种什么状态？我只能像大家一样坦承自己的无知。然而我认为，尽管我们对此事一无所知，但我们有一些作出合理猜测的基础。如果有来世，那就自然可以假定，死后依然存在的东西，便是生命中最持久的、受人生无常影响最小的东西。也就是说，精神、自我意识、良心或我们对自己的认识，以及一般而言各种能力和感觉，就我们的判断所及，与构成我们
238 肉体的那些川流不息的物质毫不相关。我搞不明白，当人的肉体已经化为尘埃时，他怎么还会害怕忍受肉体的痛苦，或希望享受肉体的快感呢？但是，只要还能从任何可以理解的意义上说一个人是他自己，他就必定或多或少记得自己的过去并作出判断，我们能够想象的用于这一目的的唯一标准，是我们已经学会的标准。

接下来的问题是，如果一个理性人考虑到今生不是全部、只是一个更大事物的一部分这种可能性，他会培养什么样的思维习惯、感觉和能力呢？他会根据他是一个永恒的存在、他的天性中相对不受人生各种变故影响的那一部分便是死后仍将存在的部分的假设，培养一些最有利于自己的感情和能力。

另一方面，我看不出他有什么理由假定，在幸福的分配和对善恶的奖惩上，来世普遍不同于今生。我也无法理解，假设现在这个世界的创造者是个理性的创造者，那么为何应该假定他没有赋予现世的道德善恶以突出位置，却会在另一个世界这样做呢？现世的道德固然重要，但它远不是唯一重要的。人生的许多苦与乐都与道德上的善恶无关。例如，发挥思想能力、满足各种形式的好奇心所带来的欢乐，是很少有其他事情能与之相比的。“眼看，看不饱，耳听，听不足。”❶除非滥用语言，否则是不能把这种行为称为道德或不道德的。

---

❶语出《旧约·传道书》1：8。——译者注

所以，今生不是全部、它只是更大事物的一部分这一假定之所以重要，不仅仅是因为，甚至主要不是因为它能提升道德区分的重要性，或是因为只要同意这一假定，它可以解决许多人从他们所谓的（我认为这样说并不正确）现世的错误和不公（据我所知，它们在其他地方也会一再出现）中看到的道德难题，而是因为它提供了一个理由，使我们可以赋予我们人性中的某些因素以更大的价值，它们虽
239 然是一些永恒而深刻的因素，但往往比另一些短暂的因素更脆弱；而如果今生就是全部，我们是不会这样做的。如果一个少年十分确定他会死于二十岁，他就会相应地安排自己的生活，不去追求那些在他生命后期对他没有价值的东西。另一方面，如果人的平均寿命是一千岁，优秀的品质，养成勤勉的习惯和合理品位的价值就会大为增加。发现欺诈或谎言的机会也会大增。早年去世就会比现在更加不幸。我们的利益和活动的整个范围将大为扩展。但是，尽管如此，道德和其他事物的相对价值，以及幸福手段在人类中的分布状态，从原则上说不会受到影响，尽管在细节上会有很大差别。

在我看来，彻底否定来世观，就像确信死于二十岁一样。无论在多大程度上同意来世的可能性，都像是扩展了我们现世的时限。我无法想象，一个人怎么能够说这种教义与人类行为无关。我不时想到，那些亲切和蔼又能干的人，他们让自己相信他们确实这么认为，其实只是想让面对一种无法挽回的损失的人类相信，他们这种损失毫无意义，以此来抚慰他们。

人们自然会问，你如此看重的那种可能性，它有什么价值呢？我不能自不量力赋予它算术上的价值，但是我大体上可以说，在我看来，如

今人们普遍低估了各种可能性以及为合理猜测提供机会的不完善知识的价值。在只有一支烛光的房间里，如果透过缝隙射入一缕阳光，这算不上一件大事，但对于只知有四壁的囚徒来说，它或许意味着一个崭新的世界。即便是用石灰光灯❶去代替那支唯一的蜡烛去照亮房间，也不应贬低它的真正价值，尽管这也许不太引人关注。为那些自认为注定要死的人打开一线生机，你便用如火的热情代替了绝望的喘息。同样，只要人们对自己的永恒性抱有合理的希望，人生的色彩、品格尤其是它的价值，
240 与缺乏这种希望相比，会呈现出截然不同的景象。

在我看来，这种希望主要依赖每个人在不同的时间、地点、年龄和健康状态等情况下对自己特有的永恒性的体验。若是把它看作小事一桩，那我就要问了，针在纸牌上的转动，一小片纸被琥珀所吸附，死青蛙的腿在抽搐，这些事情难道没有暗示着最伟大的自然力量？我认为，人人都能直接感受到、决定着并渗透进人类一举一动的事实，绝对不可能没有任何意义，没有指向任何事物，除它本身之外没有作出任何暗示。

无论如何，当科学家成功地使我们确信，我们仅仅存在于正在消逝的此刻，我们现在的意识，无论它针对的是未来还是过去，就是我们的全部，造成这种意识的各种力量——如勒南❷先生所说——不再相互作用时，它也会绝对地归于死亡，这时我们通常所说的宗教就走

❶在金属圆筒内加热氧化钙（石灰）使之发光的灯具，发明于19世纪20年代，常用作舞台灯光。——译者注

❷勒南（Ernest Renan，1823—1892）：19世纪法国著名历史学家和政论家。——译者注

到了尽头了，我们必须全盘重建道德。我根本没有说过，在这种情况下，理性的人（至少在中世纪）会突然陷入绝望的纵欲或另一些狂暴的恶行，但是我认为，这时将无法为那些赋予遥远的事物比当下或眼前的事物更大的价值的人进行合理的辩护。如果接受来世的假定，那些克己献身、自我牺牲的人，是否比那些算计来世的利己主义道德家更值得赞赏，我在这里无意一探究竟，但是如果根本不存在来世，那么在我看来，及时行乐的人就要比不这样做的人更合理。我完全不晓得如何能够证明这种人是错误的。

在引起我这一番评论的那篇文章的末尾，哈里森先生也想顺应这一结论。按他的看法："使人类生活恢复元气的地方，也许最终可以在人类的集体力量中找到；也许，创建一种实用宗教的基础，就是愉快地接受集体的力量，自觉地与它结合在一起。"他接着说："制度、观念和道德的历史，不断使我们深切感受到人类的能量所取得的巨大的集体进步，把人类的精神凝结为一个更加清晰的整体，形成最终塑
241 造社会和人类生活的主导力量。"他说，神学家把这种事称为"上帝在人类的历史中落实其意图的用心"；哲学家称为"把矛盾纳入更高级的统一法则的理智的演进"；历史学家称为"各个时代的有序发展和文明的定律"；政治家则称为"人类的进步"。至于我，我把它称为文字堆砌，既可以说它意味着一切，也可以说它毫无意义，全看你怎么选择了。哈里森先生则另有高论。他说，人性"拥有有机的存在，散发着人生的光芒"。"在人类的大趋势中，善独自融入其中，那些为人类之善的总量作出贡献的思想、感情或行为也会融入其中。"（我必须做大量的删节，因为哈里森先生的文笔太汪洋恣意

了。)“这不是假设,不是理论,不是或然性。它就在那儿,它的作用和影响能够得到可靠的证明,就像超出了视野的英国人民和其他任何有机整体一样。”另一方面,“它并不包含过去的一切,因为无数的人生只是为它增添了疾病和肿瘤。它也不包含现在的一切,因为有无数人不过是分泌物和寄生物意义上的有机生命”。

这些话在我听来就像一位女士的语言,她失去了自己的亲骨肉,便精心打扮一个布娃娃,并宣称它更好,因为不必担心它会死去。“人”作为表示过去、现在和将来的全人类的抽象名词,就像其他抽象名词一样,无疑是可以理解的,尽管它也像很多抽象名词一样几乎没有多少意义,但是,如果把这个人用疾病、肿瘤、分泌物和寄生物这些字眼所表达的意思弃之不顾,只接受他所谓的善,拒斥人们所谓的恶,那么正如我所说,“人”就仅仅是那个大写的“我”了。对于它的每一位崇拜者而言,它是对他本人及其思想的美化。姑且以哈里森先生本人的话为例,“英国人民”是一个明确的概念。它指生活在一块领土上的居民,他们拥有各种制度,用他们共同的能力采取一些行动;但是只要放弃这个可以理解的概念,只要我们被告知,有一个抽象而先验的英国,它代表并融合了实际的英国的全部的善,并非每一个生在英国的人都是真正的英国人,英国那些所谓的“无数生命”只为英国人民带来了疾病和肿瘤,那么“英国人民”这个称呼就不
242 再有任何明确的意义了。

哈里森先生以相当可观的篇幅强调一种宗教之美,笼罩在它上面的那片彩云便是上帝。他说,它向我们展示了“一切真正的生命的不朽本质。它展示了人、心灵以及道德力量的总和如何会永存不朽,

以及在强大的生命中如何最为真实和积极地继续它们的使命，融入其中而又不将其吞并”。他顺便提到，这似乎不是一件很重要的事情，“或许它不是一种感性或自觉的生活，但它并不因此而不是真实的生活，因为所有那些使灵魂变得伟大的因素会不断以新的、更壮丽的方式发挥作用”。最后，他写下了一段纪念密尔先生的颂词，发了一通密尔先生不必再劳作、他的工作在追随着密尔——即他的影响仍将继续——的慷慨陈词之后，用一段令人击节的话作为结束语：“我们至少有权利说，‘死啊，你得胜的权势在哪里？死啊，你的毒钩在哪里？’❶”

对一个人面对挚友死去时，任何真正有力量抚慰他的想法，不管它看上去多么空洞，报之以嘲笑未免刻薄。但在一个人去世后，他的作品仍可以被阅读，他的观点仍然发挥影响，我无法理解这种事如何能够在他死后抚慰那些真正关心他的人。如果已故作者的著作在生前没人读，他的去世以某种方式扩大了他的影响，那么死后影响更大代替了生前影响较小，也许能起到一些抚慰的作用。死的真正毒钩、死的得胜，存在于事实上并不是这样，存在于一个人去世时他便消失了，某种无法代替的东西消失了。他的思想记录、他的行为的影响或许仍在，但是如果他继续活着，那么它们不仅有益，而且他可以对它们进行改进。然而，随着他的离去，它们在某种意义上也死了，它们无法得到进一步的改善了。

---

❶语见《新约·哥林多前书》15：55。按本文的脉络，这句话当理解为“死啊，你的毒钩有什么用？你得胜的权势有什么用？”——译者注

此外，如果一个人适合于称为人的话，他便不仅仅是他的思想、语言和行为。如果对一个失去丈夫的寡妇说，死亡已经失去了它的毒钩，因为你可以读他的旧信或他的遗著（如果他是一位作者的话），这无异于残忍的玩笑。我不认为哈里森先生能够写下残忍的文字，但他的葬礼演说从本质上讲是一种玩笑。它不能抚慰渴望得到抚慰的人。朋友的死亡根本不会有抚慰的作用。它对生者的毒钩在于它造成了令人绝望的分离，在于它破坏了没有任何东西能够代替的共同的利
243 益、感情和记忆所构成的世界。它造成的痛苦的数量取决于生者的性情，但它或多或少使他们的余生变得乏味，就像失去了一条胳膊或一个器官一样。

时间的流逝无疑会使我们习惯并接受一切，但是我不相信有什么东西能够钝化死亡的毒钩，或能限制死亡的得胜，除非有某种对来世的信仰；出于显而易见的原因，它确实能让人稍感满足。对这种事的普遍观点绝没有抚慰作用，而较为理性的观点必然是含糊的。它们的价值不在于引起对死后的恐惧，也不在于为明确的苦难提供明确的希望或抚慰，而在于一个事实，即它们赋予人生尤其是生命中最永恒的东西某种程度的尊严，如果把今生今世来人间走了一遭视为我们生存的全部，那么是很难把这种尊严赋予这短暂而不确定的一生的。

哈里森先生说，在灵魂完全失去有意识的存在之后，它会以新的、更壮丽的方式继续发挥作用，在我看来这种语言就像虚华的装饰物一样空洞无聊。或许这样说会更符合他的意图：我们的肉体没有真正死去，因为构成肉体的物质还在世界的各个角落，成了云中的甘露、地上的青草、吃草的牛羊，以及比我们这些以吃牛羊为生的人更

出色、更智慧的人。你尽可以用这些想象自娱自乐，然而死亡就是死亡，如果它的背后空无一物，它便几乎同绝望联系在了一起，因为它是一切希望和向往的终点。无论在哪里，只要个人的意识终结了，生存便也终结了。一个人要么是他自己，要么他根本不存在。

哈里森先生的文章中还有一点值得注意。他完全误解了“论世俗权力和宗教权力的区分”这一章的目的，自然也就曲解了我对这个问题的观点。对于他的曲解，只要我认为有必要，都在受到曲解的段落用注释做了说明，这里我只想用几句话做一总结。哈里森先生认为，我是在传授“物质力量和精神力量具有本质上的同一性”这种“怪论”，目的在于确立这样的结论:“国家应该成为教会”，“它不应该是教皇兼国王（Pope－king），而只应该是国王兼教皇（King－pope）”。如果哈里森先生认真读过这一章，他就会看到，我根本没
244 有说过这样的话。

我像任何人一样，充分承认世俗权力和宗教权力的区分。我说的是，一种权力依靠世俗约束力，另一种权力依靠宗教约束力，我认为，当哈里森用“地狱”一词来代替这种表述时，他对我是极不公正的。我所说的宗教制裁，是指全部的希望和畏惧，是指来世的前景所激起的各种感觉。

我否认实证主义者的正确性，他们根本不相信宗教制裁，他们不接受精神和物质的区分，不使用“精神”一词，而我认为，由于没有它，他们的理论变得毫无意义。

此外，我没有否认而是肯定了说服和强制的区别。我否认的是这

种区别等同于世俗权力和宗教权力的区别。顺便提一下，我的确说过，说服和强制是相互交织在一起的，就像其他许多并不相同的事情一样，但是我的全部论证都表明，我承认，这一区分就像哈里森先生试图从本书的其他部分证明的那样，使我陷入了自相矛盾。然而，这种承认对我的论证来讲是不必要的，哈里森先生认为表达了整章主旨的段落，完全可以从本书中删除，这并不影响它的主要立场。这一章是一个细心阐述的论证，不把它作为一个整体给予同样细心的考虑，就很难对它作出回应。

但是我不想纠缠在这些问题上。重要的是指出，不只我的论证本身，而且阐述这一论证的目的以及它在一般讨论中的位置，哈里森先生统统没有理解。他假定我希望“用国王兼教皇代替教皇兼国王”，并且宣扬“国家应当掌握对公众的道德和宗教指导权”。我丝毫不希望看到这种事情。我像哈里森先生一样，不相信议会不犯错误，我本应想到不易于被指责为盲目赞赏法典的人寥寥无几。这一章的目的，
245 以及全书的主要目的之一，是要说明所有从理论上为政府权力设定界限的努力必然失败，来自具体经验的方法是在政治上能够获得大量益处的唯一方法。所以我才试图说明，密尔先生的自由原则不过是装扮成逻辑模样的花言巧语，以整个人生领域是“精神的”、国家是“世俗的”为理由，警告国家远离这个领域的原则，不过是文字游戏。我根本不想说，议会应当制定宗教信条，并用刑事惩罚强制人们接受它。我同样不想让议会决定数学争论。我要说的是，统治一个伟大的民族，如果没有或多或少直接而经常地顾及道德和宗教感情，是不可能令人满意的；当这种感情呈现在议员或其他世俗统治者面前时，他

们不应该以它们有着精神的性质为由拒绝承认，就像他们在必要时不应当害怕在数学或科学争论上表明立场一样。我不希望看到议会介入亚他那修信经❶的辩论，就像不希望看到议会介入有关光的性质的理论之争一样，但是在我看来，以亨利八世或德国当朝皇帝的立法侵犯了精神领域为由而对其进行谴责是荒谬的，就像以 1752 年改变历法❷的法案作者侵犯了数学领域为由对其进行谴责一样。简言之，我心里所想的不是由政府建立官方的信条，而是一般性地承认这样一条原则：如果不考虑人性中最重要的部分，不管教士还是立法者都无法对人们进行统治。

比如说，假设需要决定下面这样一个十分简单的问题：在制定法律时，应该本着“货物出门概不退换”的原则，还是应该强迫卖方向买方明示货物的缺陷？这个问题构成了契约法的一个分支，显然要用法律来解决。同样明显的是，它与道德有着清楚的关联，以这种或那种方式解决它，将对国民的道德产生可以观察到的影响。在这个事例中，统治权的行使必须顾及道德。

我可以无休止地罗列这类事例，但是我将只举出其中最醒目的两
246 项——战争和死刑。如果道德不关注故意处死一个人或有可能毁灭一个国家、彻底改变其思想和制度的战争这种重要的事情，那么我看不

❶亚他那修信经（Athanasian Creed）为基督教三大信经之一（另两种是尼西亚信经和使徒信经），据传由亚他那修神甫在 4 世纪中叶所创，但来源多有争议。——译者注

❷1750 年英格兰议会通过法案，规定从 1752 年起实行与欧洲大陆“乔治历”相同的历法制度。——译者注

出道德还有什么价值。在我看来，决定这些问题的人，如果他们认为自己的身份不允许他们考虑那些作为人类生活根基的宗教和道德大原则——不管是不是把它们称为精神的——那就难以指望他们能作出正确的决定。

如果我对哈里森先生的理解是正确的，他是用“精神的”一词指（他说孔德就是这个意思）“有别于物质生活的精神、道德和宗教生活”。且不说哈里森先生对人的物质性和精神性的区分所做的解释，我要声明，他所抨击的那一章的目的和要点，是要阐明人类生活的所有重要部门，尤其是可以被冠以法律和政府之名的一切，都与“人的精神、道德和宗教生活”密切相关，如果不始终如一地顾及它们，它们就不可能继续下去，就像切断与大脑的联系，或大脑本身失去经由神经传送的神秘力量——不管它是什么——肌肉或骨骼就不可能再有任何运动一样。简言之，一切政治、法律和道德问题，都被有着宗教根源的问题——什么？哪里？为什么？——所包围。世俗的立法者、不单纯是生意人的律师，就像教士一样需要信条。

人人或多或少都希望去规范或人为地影响人类生活的各个分支。人人都有自己的行为手段和目标。不同的教士和不同的平民在这些问题上采纳的不同学说是否正确，他们掌握的手段是否有效，可议之处甚多，但是他们各自采用的方案的价值和力量，说到底要依靠它们包含着多大的可能性或正确性。它们的成功取决于他们在多大程度上理解他们所掌握的手段的性质。试图肢解人类的生活，把这一块划归教士管、那一块划归立法者管，是十分无聊的做法。法律和宗教戒律都影响着人类的全部生活，尽管方式不同。

我要更加充分地解释这一原则，因为在我看来它极为重要，却不
247 断受到忽视。代表各种统治类型的议员、国王和官员的重要手段是法律。正如我在本书许多地方所说，法律直接或间接地影响着人类的所有行为，而且从本质上与所有那些深植于人性中的、通常被称为“精神的”原则联系在一起并受其影响。从这个意义上说，法律像神学一样适用于精神领域，但是它的适用必然受到某些来自于法律本身性质的考虑的限制。比如说，它只能对那些可以精确定义或具体举证的行为加以禁止或命令。（见 97 页）

教士实行统治的重要手段不仅是借助于天堂和地狱、个人的愿望和恐惧，而且借助于各种各样的愿望和畏惧、同情和反感，它们都依赖于并且关系到未知的来世。这些愿望和畏惧、同情和反感对人们的现世行为产生直接的影响，就像法律对他们的影响一样，从这种意义上说，宗教和法律都是世俗的。它与法律的不同之处在于环境，即它的终极基础是它的劝说对象的情感。这些情感是由外在于宗教和法律的因素决定的。不同的人、不同的地方、不同的年代，这些因素的力量也各不相同。教士采用的手段也不同于立法者的手段，一方面，在它完全发挥作用的地方，它更微妙，也更强大，另一方面，它在所有情况下更不明确，适用范围更不具有普遍性。

把法律和宗教比作外科和内科，也许算不上奇谈怪论。外科和内科治疗影响着同一个对象，即人的整个身体和它各个部位。在特定情况下，在有必要时，任何人都需要做外科手术，无论是最强壮最健康的，还是最虚弱的，而且一旦采用手术，就会产生十分类似的结果。失去一只手的人，无论他是年长还是年幼、强壮还是虚弱、健康还是

有病，在失去一只手这件事上是一样的，承担的损失也是一样的。另一方面，内科治疗是以某种身体状态作为前提，它的疗效在某些情况下比外科更大，但它更不明确，因人而异。那些试图将人类生活划分为精神和世俗两个领域的人，在我看来，他们所犯的错误与下面这种说法是一样的：内科治疗对肌肉无效，外科手术与神经无关。哈里森
248 先生对我的批评真是高明，他居然指责我要取消内外科之分；因为我指出了人体是每一个人的整体这一事实，或者因为我不重视（这是假定的）内科，他便推断说，我主张对患了感冒或有可能感染肺结核的人，一概要实施外科手术。

为了进一步说明问题所在，我们姑且出于论证的需要，假定永恒惩罚说——他在这件事上对我极尽讽刺吃苦之能事，而且我必须说，还十分粗俗——已被无可争议地证明为正确，并且得到了全人类心悦诚服的接受。这肯定会对法律和宗教产生最直接、最强大的影响。这类事例无以计数，在此仅举一例：它会对法律领域的死刑问题产生直接而重要的影响，它显然会决定宗教布道的整个特征。

另一方面，假设人们已经无可怀疑地确证，人入棺材之后绝无来世，全人类也相信这是千真万确的事。这会对法律和道德产生同样直接而强大的影响。赋予人的生命，尤其是病人、不幸的人和多余孩子的生命的价值立刻就会被夸大。立法者就得重新考虑杀人罪尤其是杀婴罪的法律；教士们不得不一体归顺哈里森先生的信条，不然就得彻底放弃自己的行当。

最后，我想简单评论一下哈里森先生为解释和证明把人生划分为

世俗领域和精神领域的重要性所做的努力。他说:“人是由行为、思想和感觉构成的；生命也表现为物质、精神和道德各个方面。社会形成之后，它们产生各种影响，为人的这些物质、精神和道德能力提供某些原则。规范人类物质生活的力量必然是物质力量，因为它所要联合的力量从本质上说是肌肉的力量，而肌肉的力量说到底必须用肌肉联合在一起的优势加以征服，而对联合的肌肉力量的任何支配权都含有劣势。这就是我们所说的国家的本质，它是其他任何统治的条件，
249 所以它最先出现。在半开化的社会，国家利用这种肌肉的优势，不仅规范社会的物质关系，而且规范精神和道德活动。”

他接着表示，“最终诉诸肌肉力量”的适用范围相当有限。正当的法律只能用于禁止。然后他补充说:“组织和激励人类各种非物质力量的方式十分不同。肌肉力量无法控制它们，无论是思想还是感情、情绪还是技艺。规范感情和思想的力量可以正当地采用积极的要求。它们必须树立理想的标准，制定伟大的原则，并表现出不容妥协的一贯性。”“所以人们造就了宗教导师、道德家和哲学家。”他进一步补充说:“当然，社会是由这些因素共同组成的，人生的几乎所有行为都是它们结合在一起的产物。但是表现这些不同力量的器官或核心是截然不同的，就像大脑和心脏都是人体的一部分，二者却截然不同一样。这些社会权力的构成要素，就像身体的器官一样，在不同的条件下以不同的方式发挥作用。”然后他列举了当立法者和哲学家侵犯彼此的领地、采用与目标不相符的法律和说教时产生的罪恶。

哈里森先生的国家代表“肌肉力量”的观点，在我看来十分怪诞。我首先会想到的是，肌肉没有任何力量，除非它与神经和大脑联

系在一起，而后者也是思想和感觉的器官，因为思想和感觉可以归因于生理构造，如果哈里森先生否认这一点，那倒成了怪事。其次我还会想到，即使最粗犷、力气最大的英雄，也不会比英国首相更缺少思想和道德。《伊里亚特》中的勇士肯定既不缺智力，也不缺道德，尽管他们的智力和道德品质所适用的目标或受其规范的原则，不同于我们的目标和原则。从原始人打磨出燧石斧那一天起，智力、感觉和行为就再也分不开了。我们甚至无法想象它们能单独存在。

不过，暂且抛开这些不谈，如果哈里森先生得知，我不仅同意他
250 的大部分观点，而且在他要予以驳斥的那一章说过同样的话，他一定会惊讶不已。我所引用的那些话表明，哈里森先生是用精神和世俗来表示理论和实践，按他的看法，实干家和哲学家要各司其职，不可相混，否则会带来恶果。我在本书第 78 页也说过同样的话，但做了一些限制，并且指出，如果这就是实证主义者用他们所说的世俗权力和精神权力的区分所要表达的观点，他们就是用最不恰当的语言讲出了一个陈腐的常识，并且似乎是为了一个间接的目的。哈里森先生似乎没有读过这段话，要么就是他忘记了。

对于他的言论，我只想再对其中一段给予点评。这段话如下：“如今，反对官方宗教的呼声如此高涨，我们却奇怪地发现，像斯蒂芬先生这样一位务实的人，居然还在为官方宗教和国家道德这类谬说辩护。”我从来没有为一般所谓的官方宗教辩护。我为之辩护的主张是，宗教和道德以无数的方式直接与政治和法律问题相关，这些问题以这样那样的方式得到解决，取决于人们对宗教和道德的看法。因此我认为，一旦时机出现，政治家不应当惧怕考虑何种宗教是正确的、

何种道德学说有坚实的基础这些问题。一句话，我反对如今被很多人接受的教条：政治家既为政治家，就必须把所有的宗教，至少是所有常见的宗教形态，一概当作享有被视为正确的平等权利。例如，在爱尔兰的教育这个问题上，根据这一教条，议会没有任何道德权利去考虑它是否应当信奉罗马天主教会。

至于任何国家是否应当建立或维持一种官方宗教，它或多或少拥有针对个人的权力，在我看来这是一个因时因地而有所不同的问题，不可能确立任何一般原则。

哈里森先生竟然会反对国家道德，这委实令我诧异。国际法除了是国家道德一个分支之外，还能是什么呢？哈里森及其友人在数年前
251 发表的所谓“国际政策”的全部实证主义文集，如果不是热心的宣传家对这个蒙昧国家的许多罪恶作出的一系列警醒世人的论说，还能是什么呢？如果有个可怜的罪人，他的牧师对他说，你不但违反了十诫，你还十分傲慢地确信存在需要违反的十诫，这对他而言的确有点儿难堪。你不道德也就罢了，你竟然还宣称自己有良知。

至于对我这本书的其他批评，我无话可说，如果莫利先生和哈里森先生不具有某种意义上的代表性，那么我也不应当对他们的批评加
252 以评说。

文献举要

1. 斯蒂芬的著作

Essays by a Barrister. London: Smith, Elder & Co., 1862.

Defence of the Rev. Rowland Williams, D. D., in the Arches Court of Canterbury. London: Smith, Elder & Co., 1862.

A General View of the Criminal Law. London: Macmillan & Co., 1863;2nd ed., 1890.

Liberty, Equality, Fraternity. London: Smith, Elder & Co., 1873; 2nd ed.,1874.

A Digest of the Law of Evidence. London: Macmillan and Co., 1874;4th ed., 1893.

A Digest of the Criminal Law. London: Macmillan & Co., 1877; 5th ed., 1894.

A Digest of the Law of Criminal Procedure in Indictable Offences. London: Macmillan, 1883.

A History of the Criminal Law of England. 3 vols. London: Macmillan and Co., 1883.

The Story of Nuncomar and the Impeachment of Sir Elijah Impey. 2 vols. London: Macmillan & Co., 1885.

Horae Sabbaticae. 3 vols. London: Macmillan & Co., 1892.

2. 研究文献

Colaiaco, J. A. *James Fitzjames Stephen and the Crisis of Victorian Thought*. New York: St. Martin's Press, 1983.

Collini, Stefan. *Public Moralists: Political Thought and Intellectual Life in Britain 1850 – 1930* . Oxford: Clarendon Press, 1991.

Cranston, Maurice. *Political Dialogues*. New York: Basic Books, Inc., 1968.

Kirk, Russell. *The Conservative Mind: From Burke to Santayana*. Chicago: Henry Regnery & Co., 1953.

Lippincott, B. E. *Victorian Critics of Democracy*. Minneapolis: University of

Minnesota Press, 1938.

Radzinowicz, Leon. *Sir James Fitzjames Stephen (1829– 1894) and His Contribution to the Development of Criminal Law.* Seldon Society Lecture. London: Seldon Society, 1957.

Roach, John. "Liberalism and the Victorian Intelligentsia." *The Cambridge Historical Journal* 13(1957): 58 –81.

Smith, K. J. M. *James Fitzjames Stephen: Portrait of a Victorian Rationalist.* Cambridge: Cambridge University Press, 1988.

Stephen, Leslie. *The Life of Sir James Fitzjames Stephen.* New York: G. P. Putnam's Sons, 1895.

White, R. J., ed., Introduction to *Liberty*, *Equality*, *Fraternity*, by James Fitzjames Stephen. Cambridge: Cambridge University Press, 1967.

注　释

原　序

［1］关于斯蒂芬家族在反奴隶制运动中的作用，更多的论述见 Frank J. Klingberg, *The Anti – Slavery Movement in England* (New Haven: Yale University Press, 1926)。

［2］序言中提到的斯蒂芬著作，见本书“文献举要”。

［3］转引自 Leslie Stephen, *The Life of Sir James Fitzjames Stephen* (New York: G. P. Putnam's Sons, 1895, p. 116) 中有关个人生平的一份残篇。斯蒂芬还在一篇生动的评论中说:“在他那个时代的所有人当中，［霍布斯］最重视把一切问题当作事实问题、不因花言巧语误入歧途。”见 *Horae Sabbaticae*, vol. 2, p. 63。

［4］*Horae Sabbaticae*, vol. 2, p. 20.

[5] 转引自 Leslie Stephen, *The Life of Sir James Fitzjames Stephen*, p. 415。

[6] 参见 Isaiah Berlin, "The Purpose of Philosophy", in *Concepts and Categories* (New York: Viking Press, 1978), pp. 9 - 10。

[7]《自由·平等·博爱》, 第126—127页。另外三处对水和自由的类比, 见第14、23、125页。(译者按: 沃纳序言的注释中提到本书, 即《自由·平等·博爱》一书的页码, 为方便读者直接查阅, 均改为本中文版的页码。斯蒂芬正文及注释中提到的本书页码, 则保留原状。)

[8] 同上, 第129页。

[9] 同上, 第118页。

[10] 同上, 第13页。

[11] 同上, 第8页。

[12] 同上, 第36页。

[13] 同上, 第127页。

[14] 同上, 第112、114页。

[15] 同上, 第168页。

[16] 同上, 第167—168页。

[17] 斯蒂芬在《霍布斯的政府论》中写道:"如果我们牢牢记住, 选举权不是一个自由问题, 而是一个政治权力分配的问题, 便可以在很大程度上澄清与扩大选举权相关的种种问题。" 见 *Horae Sabbaticae*, vol. 2, p. 12。

［18］《自由·平等·博爱》，第 127 页。

［19］同上，第 149 页。

［20］同上，第 154 页。

［21］同上，第 184—185 页。

［22］同上，第 197—198 页。

［23］"Liberalism", in *Cornhill Magazine*, 5（1862）: 71.

原编者说明

［24］John Stuart Mill, *On Liberty with the Subjection of Women and Chapters on Socialism*, ed. Stefan Collini, Cambridge Texts in the History of Political Thought（Cambridge: Cambridge University Press, 1989）.

［25］John Stuart Mill, *Collected Works of John Stuart Mill*, ed. J. M. Robson, 33 vols（Toronto: University of Toronto Press, 1963 – 1991）, vol. 10, *Essays on Ethics, Religion, and Society*［*Utilitarianism*］（1969）, vol. 18, *Essays on Politics and Society*［*On Liberty*］（1977）, vol. 21, *Essays on Equality, Law, and Education*［*The Subjection of Women*］（1984）.

第一章　自由概说

［26］莫利先生说:"斯蒂芬先生希望证明社会强制在许多情况下可以使

人变好，而他为此提出的证明却是在这些情况下不存在强制不会使人变好。当然，后一主张不能等同于前一主张，就像证明一种治病方式无效不等于证明了其他方式也无效一样。”莫利先生对这段话的理解是有疏漏的。在这里和下面的几页，我认为一切有组织的宗教，一切道德体系，一切政治制度，都是不同的强制形式，它们的目标大大超出了自卫，并且它们带来很多益处。当然，如果密尔先生或他的门徒能够证明，宗教、法律和道德事实上带来的害处大于好处，他们便驳倒了我。但是举证责任肯定在他们那一方。第一，我说（从肯定的角度），法律、道德和宗教是有益的这个事实证明了强制是有益的；第二，（从否定的角度看）经验表明不存在强制不是好事。而莫利先生却指责我是用第一条证明第二条。事实上每一条我都是独立证明的——第一条是在这里，第二条是在第23页。

[27] 莫利先生说:“对此可以提出一个问题作为回答：我们怎么会知道有些事情也许要比这好得多呢？我们知道我们利用有效的不宽容得到了什么，但我们永远不可能知道我们因此而失去的那些可能的益处。”

可以肯定地说，这种“也许”之事超出了合理思考的范围。如果我证明（莫利先生也没打算否定它）使人们的生活确实得到改进的人是最具有强制力的人，我便证明了自己的观点。说什么假如世界史是另一个样子那会怎样，就像问如果人有翅膀会是什么情况一样。

[28] 吉本有一段名言准确说出了我的意思:“对最聪明、最高尚的罗马异教徒也不知道或不相信神的真理给予谴责，似乎有悖于当代的理性和人道精神。但是，在信仰上更为坚定不逾的原始教会，却毫不迟疑地对大多数人类施以永久的拷打……这种不见于古代世界的严酷感情，似乎

激励着一种残忍的精神变成了爱与和谐的体系，在现世受到罗马异教徒压迫的基督教徒，往往因为怨恨和精神上的高傲，憧憬于他们未来得胜的前景。”他接着引用了德尔图良❶的著名话语。然后说：“轻率的多神论信徒受到了新的出乎预料的恐怖打击，他的教士和哲学家都无法为他提供任何保护，经常在永久拷打的震慑下屈服。他的恐惧也许有助于他的信仰和理性的进步，假如他能说服自己猜测基督教也许是对的，那就不难让他相信这是他能够接受的最安全最明智的一派。”［Edward Gibbon，*The History of the Decline and Fall of the Roman Empire*，ed. J. B. Bury，7 vols（London：Methuen，1910），vol. 2，Chapter 15，sec. 2，pp. 26－28. 斯蒂芬对吉本《罗马帝国衰亡史》的评论见 *Horae Sabbaticae*，vol. 2，pp. 387－401。——编者注］米尔曼博士在评论这段话时谴责了“那个凶残的非洲人”和他的“非基督教的狂热”。我并不喜欢这个人，可是，假如基督教没有进行威胁，没有利用恫吓，就不可能有那些大主教了。宗教不是建立在温柔和仁慈上。我永远忘不了塔列朗❷对有基督教泛爱论者的演说：“先生们，耶稣基督要建立宗教时，他必须被钉上十字架，被烧死，第三日再从死亡中复活。如果各位想让人类有信仰，就去做同样的事情吧。”

［29］这段话有点说过了头，因为莫利先生的批评表明他没有理解它。他似乎认为，我这里的意思是，革命中的一切不宽容和狂热都是正确的。我只是想表明，革命证明了密尔先生区分出的只与自己有关的行为完全

❶德尔图良（Tertulian，150—230）：将基督教拉丁化的早期重要神学家。——译者注
❷塔列朗（Talleyrand，1754—1838）：法国政治家，以机智圆滑、擅长见风使舵著称。——译者注

不具备他赋予它的价值，虽然在某些情况下，作为一项实用的原则，无论在革命时代还是其他时代它都是有用的。

[30] 莫利先生针对这段话评论说："为何要这样说呢？密尔先生的主张是，虽然有些人更聪明，虽然更聪明的人会希望笨人过得好，可是即使如此，让文明社会的成员受聪明人强制的坏处，还是大于让笨人享有自由的坏处。斯蒂芬先生所说的密尔先生赞成的事情，是建立在有关这个问题上的一个假设上——即，无论自由本身是不是（文明社会的）社会生活中一个十分有价值的要素，为了自由，我们应当满足于让笨人在与他们自己有关的事上走自己的路。"

莫利先生只引用了我的一部分论证，这一部分论证是："你同意，对于孩子和'落后社会状态'中的人，可以为了他们的利益对他们进行强制。你会让查理曼强迫撒克逊人，让阿克巴强迫印度人。那么，有教养的人为何就不能强迫无知的人呢？根据密尔先生的原则，今天的无知农民或小店主，与受到阿克巴强迫的印度的王公贵族相比，更不适合于成为强迫的对象，这符合常识吗？"

第二章　论思想和辩论的自由

[31]《论自由》这一段的开头实际上是这样的："不仅如此，而且，第四……"——编者注

[32] 莫利先生说："人们的感觉难道没有使他们相信，地球是平的，太阳绕着地球转？"

不，人们并不相信这种事情。他们的感觉使他们相信的是太阳早晨在东边、中午在南边、傍晚在西边这种现象。他们用同样的方式相信同样的事实。这种现象是否可以用太阳的运动或地球的运动来解释，是一个他们的感觉不能告诉他们任何东西的问题。莫利先生又说:“也许可以说，在哥白尼之前，他们可以合理地相信，他们认为太阳绕着地球转是正确的。这种信念并不正确，但它是一个合理的信念。他们肯定会一直抱着这种错误的、得不到纠正的合理信念，直到有一天哥白尼能够自由地反驳他们。”我说他们不会这样了吗？我说过哥白尼的自由不是好事吗？根本没有。我只说过，迫害并不必然包含无谬性主张，而密尔先生也是这样认为的。莫利先生没有对否定一个命题和否定一个支持它的论证加以区分。

[33] On “Social Macadamisation”, by L. S., in *Fraser's Magazine* for August 1872. [“L. S.” 指 Leslie Stephen，斯蒂芬的弟弟。——编者注]

[34] John Calvin, *Institutes of the Christian Religion*, 2 vols, ed. J. T. McNeil and trans. F. L. Battles (Philadelphia: Westminster Press, 1960), 1:251. ——编者注

[35] Ibid., p. 255. ——编者注

[36]莫利先生就此评论说:“密尔先生经过深思熟虑后认为多样性是好事，因为它是新思想、新实践、新观点——其中一些肯定包含着能使生活技艺获得改进的萌芽——的出现和发展的基本条件。把这说成‘崇拜纯粹的多样性’，表明他没有能力理解与这种现象有关的学说的本质。它显然没有这种崇拜。密尔先生推崇多样性，根本不是推崇单纯的多样性，而是因为它在最大程度上为新形式的善提供了展示自身、获得永久

性地位的机会。他看重斯蒂芬先生极其厌恶的怪癖，是因为他认识到，所有新的真理和新的生活方式，由其性质所定，对于那些习惯了传统观点和古老生活方式的人来说都是怪癖；因为他发现，人类在道德和精神上的主要进步所要依靠的那些人，绝大部分都被同代人视为怪人，经常（根据斯蒂芬先生的原则）以他们的怪癖为由残酷地对待他们，而这种怪癖恰恰是人类摆脱谬论或不完善的出路。并非所有的新事物都是进步的，但是所有的进步都是新事物，因此，只有为怪癖提供公平的发言权，为没有对他人造成肯定的、可确认的伤害的积极表现提供自由的空间，你才能够为进步提供保障。”

在我看来，这种说法就像“真钞票是有价值的，所以应该鼓励造假币”一样。将纯粹的多样性视为最大程度上为新形式的善提供了展示自身以及获得永久性地位的机会，实际上是假定人们对任何多样性或变革的利弊的判断力不值得信任。在我看来这是完全错误的。其实，就像密尔先生作品中其他地方所描述的那样，他假定善恶的普通标准是完全错误的，因此如果人们对他们所鼓励或抵制的多样性作出判断，由此带来的弊端要远远大于益处，也正因为如此，在现在这种不利的状态下，最好的办法就是鼓励一切多样性。这种观点是完全可以理解的，尽管我并不认同它。

至于怪癖，语言的惯用法限定了这个词的含义，即怪异的举止。我想，任何人都不会因为密尔先生对妇女的特殊观点而把他称为“怪人”。如果他穿奇装异服，或者作息时间与我们完全不同，或者沉湎于奇思异想，他也许会被当作怪人。正如莫利先生所说，我“极为厌恶的”怪癖只不过是一种掩饰。我认为，很难说世界的伟大改革者受到迫害是因为

"怪癖"。他们受到迫害是因为他们的学说不受欢迎，不管这种不欢迎的态度是正确还是错误。密尔先生的观点与我的观点的差别在于，他在直觉上假定，这种态度无论如何都是错误的。我则认为应该具体情况具体分析。

[37] 1850 年第 21 号法案。通常称为——虽然不是十分准确——"地方法"。——编者注

[38] 我为这一节补上了最后一段话，并纠正了前一页不确切的用词，因为莫利先生似乎认为我想要说的是，信仰的统一是有益的，这与所信的事情是否正确无关。莫利先生又说："随着越来越多的人逐渐接受了观察和解释经验的共同方法，其结果无疑是宗教信念也逐渐趋于统一。但是这种统一的所有结果也许并不能证明它有益于进步，而且完全不清楚……宗教信念的统一是否会推动进步，除非你用同样的人同样感兴趣的、同样有分歧的主题去取代这种统一将终止的讨论。"这确实符合密尔先生的思想主调，而且我必须承认，对没有什么事情可以辩论的那一天会到来抱有一种神经质的担心，在我看来是合情合理的，就像"担心构成悦耳音乐的七个音符和半音符的组合有可能被耗尽"一样，密尔先生告诉我们，"他一生中曾为此感到极为痛苦"。[John Stuart Mill, *Collected Works of John Stuart Mill*, ed. J. Robson, 33 vols (Toronto: University of Toronto Press, 1963－1991), vol. 1, *Autobiography* (1981), p. 149. ——编者注]

[39]《新约·约翰福音》3：8。——编者注

[40] 斯蒂芬所利用的这个重要说法，在密尔先生的作品中找不到直接的使用。提及相关内容之处，见《论自由》，57/260—261 和 81/281。——编者注

[41] 也许有必要说一下，我并不是参照我国的实际状况说这些话的。只有当我们现在正见证其发端的宗教信仰的重大变化向纵深发展，有了超乎预期的更为明确的特征，比如说在未来一代人的时间内，我所想到的这些问题才会出现。在我国和其他一些国家，下一步似乎有可能采用他们所谓的自由宗教原则。这是一种无聊的权宜，而且我认为它不可能像过去的原则那样持久。

[42] 密尔先生有关他从父亲那里接受教育的记述表明，詹姆士·密尔无论如何都不能在为儿子选择宗教问题上推脱责任。然而，这些记述并未回答儿子是否为此而感谢父亲的问题。[John Stuart Mill, *Collected Works of John Stuart Mill*, ed. J. Robson, 33 vols (Toronto: University of Toronto Press, 1963 – 1991), vol. 1, *Autobiography* (1981), pp. 41, 43, 47, 49. ——编者注]

[43] 有一条法律（9 Will. III. c. 35）对“主张或坚持认为神不止一个，或否认基督教的真理性，或否认《新约》《旧约》作为《圣经》的神圣权威”的人进行严厉惩罚；亵渎上帝的行为违反普通法。我相信在现代绝不会实施这种法律，它应该被废止。惩罚亵渎上帝的行为的普通法有其古怪的来历，这里我就不细说了。奇怪的是，那项法律并不惩罚无神论信仰。

[44] 在第一版中我使用的是“真实性”一词，但是莫利先生反对它，他的理由是“建立在对各种合宜性进行平衡的基础上的论证，正如人类经验所示，是真实的”。毫无疑问，“决定性”一词要比“真实性”更好地表达了我的意思。在第一版中我没有使用它，仅仅是因为前面几行和后面几行我都用了“决定性”一词。

[45] John Stuart Mill, *Collected Works of John Stuart Mill*, ed. J. Robson, 33 vols (Toronto: University of Toronto Press, 1963 - 1991), vol. 1, *Autobiography* (1981), p. 147. ——编者注

[46] 在这一点上，我认为我和密尔先生之间没有多少真正的分歧。我持这种看法的理由，是密尔先生自传中一段令人难忘的话，讲述他父亲对自己不赞成其观点的人的感情。我重点标出了其中一些话，在这里他极力在他父亲的观点与不宽容之间划清界限。至于这种感情是否比一张用来抵挡熊熊烈火的锡箔纸更结实，我把这一问题留给人们的生活经验去评判。

“他（詹姆士·密尔先生）对许多知识上的错误或他视为错误的观点的厌恶，在某种程度上呈现出道德情感的特征。这仅仅是说，他在某种程度上——一度很常见，但现在十分少有了——把自己的感情注入观点；如果一个人感情和观点都很丰富，他不这样做反而让人觉得难以理解。只有不关心各种意见的人，才会把它与不宽容混为一谈。认为自己的观点极为重要、对立的观点极为有害，深切关心普遍利益的人，必定厌恶那些把他视为正确的观点当作错误、把他视为错误的观点当作正确的人，然而他是把这种人作为**一个抽象的类别**看待，不需要因此而对对手的良好品质视而不见，或是根据一种普遍假设而不是他们完整的人格对个人进行评价。我承认，最热诚的但并不比别人更少犯错误的人，倾向于根据对不应受到厌恶的观点的解释而对某人心生厌恶；**但是如果他本人没有做任何不利于他们的事，也没有纵容别人这样做，那么他就并非不宽容**：真诚地意识到所有观点享有平等的自由对于人类的重要性，由此而产生的忍耐是唯一值得称赞的宽容，或者对于道德境界最高的头

脑来说，是唯一可能的宽容。”［John Stuart Mill，*Collected Works of John Stuart Mill*，ed. J. Robson，33 vols（Toronto：University of Toronto Press，1963－1991），vol. 1，*Autobiography*（1981），pp. 51，53. ——编者注］

［47］关于斯蒂芬和霍布斯的关系，参见序言。——编者注

［48］第一版中这句话是“任何理性的人都不可能怀疑”。我对它作出修改，是为了回应莫利先生下面这一段典型的批评：“从个人角度讲，我与斯蒂芬先生看法相同，但是，我也许应当三思这种观点的分量，然后才会觉得自己有资格说，不可以把吉本、伏尔泰、达朗贝、孔多塞、詹姆士·密尔和格罗特先生称为理性人。斯蒂芬先生是在滥用他的‘理性人’和‘合理的人’。这种称号其实顶多只能用于一代人中间的大多数男人，他们愉快地运用‘气量狭小的心胸，他们却把它称为他们的判断力’。”我的意图确实仅限于“不可以把任何人称为理性人”。莫利先生总抱着警觉的态度看待非基督教世界的权利，从最没有恶意的评论当中也能看到对它们暗含的侮辱。他对这句略有夸大的话发了一通小脾气，这使我想到了他的一个把戏，即在印刷“上帝”（God）一词时用小写的“g”代替大写的“G”❶ 作为他反对人们对这一主题的通常看法的一种印刷上的暗示。我想，因小见大，果然不假。

［49］“罗马人，请记住！用王权去统治人们。这就是你的技艺。用法律确保和平，用仁慈去宽恕卑贱者，用战争去征服狂妄者。”见 Virgil，*Aeneid*，trans. H. R. Fairclough，2 vols，Loeb Classical Library（Cambridge：Harvard University Press，1935），vol. 1，bk. 6，lines 851－53。——编

---

❶God 一般专指基督教的上帝，god 则可以指任何神明。——译者注

者注

［50］针对这一段话，哈里森先生评论说，“正如斯蒂芬先生洋洋自得的表白一样，它的统治者（指印度帝国的统治者）感到自己坐在火山口上，”——并且为了应付别人的异议，他辩解说，他这一说法从实质上或至少从建设性的角度看，是正确的。

［51］莫利先生认为我没有理解密尔先生。“密尔先生在一段斯蒂芬似乎没有注意到的话中，为这个问题明确设置了适当的限制条件：‘当表达意见的环境对有害行为进行积极审查时，即使意见也难以幸免。’”我认为，莫利先生在这里误解了我的观点，或者更确切地说，他认为不值得去理解。所引用的密尔先生这句话，其实仅仅是表达下述观点的一种方式：你可以为教唆犯罪披上表达意见的形式。无疑你可以这样做。你也可以为它披上陈述事实的形式，就像亚哈随鲁的廷臣那样，当哈曼受到羞辱时，他很随意地说：“来看啊，哈曼竖起了木架。”❶ 我对彼拉多这事的看法是，仅仅宣扬主要影响信念和个人行为的宗教，在某些情况下会扰乱现存的社会秩序。现存社会秩序的代表在这种情况下进行宗教迫害，在我看来，他们是对是错，主要取决于受迫害的信仰和实行迫害的社会秩序之间的相对价值。彼拉多认为在犹太地区发生的事情直接或间接地威胁到社会秩序，我们无从得知他这样想是对是错，但他有义务尽力维护社会秩序。这就直接否定了密尔先生论述言论自由的整个一章。

［52］第一版中这种表达是模糊的，用语也过于空泛。我要感谢《旁观者》（*Spectator*）的一位批评者指出了这一点，尽管我不认为他的批评是

❶事见《旧约·以斯帖记》7——译者注

正确的。

[53] 斯蒂芬对现代法国的一般政治思想尤其是德·迈斯特的政治思想很有兴趣。斯蒂芬对德·迈斯特一些作品的评论，见 *Horae Sabbaticae*，vol. 3，pp. 250 – 324。——编者注

第三章 论世俗权力和宗教权力的区分

[54] 斯蒂芬在《论世俗权力和宗教权力》一文中，也论述过世俗权力和宗教权力之间的关系。见 *Horae Sabbaticae*，vol. 3，pp. 343 – 358。——编者注

[55] 我将提供一个理由作为例证。在孔德的《实证主义概说》（布里奇斯博士的译本）一书中有以下极为重要的论述："所以，重大的问题在于通过人为的努力提升社会感情，使自私的感情在自然状态下就能达到那一位置。"（第 98 页）在我看来，这似乎是说，物理学的大目标是改变万有引力定律。这本书中还有一些讨论精神权力和世俗权力的关系的话，但我没有看到对"精神"和"世俗"的定义，见第 81—84，122—127，144—148，378—385 页。[Auguste Comte，*A General View of Positivism*，trans. J. H. Bridges（London：Trübner，1865）. ——编者注]

这一段以及随后几页是我这本书中唯一提到孔德的地方，尽管在第 3 页也提到过他的名字。可是哈里森先生却说，我在他的印象中"表现出引用的狂热"，我的书既是对密尔先生的回应，也是对孔德先生的回应。他说，如果我读过孔德先生的作品，我会发现自己同意他的很多观

点；但是“很遗憾，斯蒂芬先生在对孔德先生大加挞伐之前，他只是通过谈话和评论对他有一知半解”。他把我说成是“像一位著名的散文家，以令人好笑的无知去谈论实证主义”（茹尔丹不是也在谈论散文，并且没有意识到它就像麦考利爵士笔下的新泽西人一样陈腐吗?），并且以这样一句话作结:“没有人强迫你研究孔德，但也没有人强迫你去评论他。”

我素不喜欢以传闻来批评别人，所以谨慎地避免谈到孔德，只有这一个孤立的主题除外，但是我对他的观点的了解绝不像哈里森先生所设想的那样。我几乎不可能阅读近年来有关他的全部论述，但是读过他本人对自己的教义的概述之后，我并没有觉得我们俩的观点在任何一点上有哈里森先生所提到的相似性，反倒是在其他方面有广泛的分歧。但是，哈里森对孔德的敏感，就像莫利先生对“理性人”的敏感一样。他从我几乎没有提到孔德的段落中，也嗅出了亵渎他的先知的恶意。见*Post*，p. 192。

[56] 哈里森先生说，“‘精神’这个词并没有神秘性，孔德当然可以在使用它时闭口不提地狱。在他看来，精神包含着与人类的智力、道德和宗教生活有关的、有别于物质的一切。”在我看来，“精神”这个词却包含着神秘性——正是这种神秘性使人们能够戴上他们没有资格佩戴的宗教面具。如果孔德没有滥用这个词，那么哈里森先生和孔德几乎不可能肯定这种荒谬的学说：一种制定有关契约、罪行、婚姻、个人自由和遗产的法律，宣布和平还是战争，行使生杀大权，组织公共教育的权力，却与人的精神或道德生活毫无关系。不使用“精神”这个词，却要表述我这里所讨论的区分，你将发现是不可能的，这种不可能性为我所说过的话提供了证明。

[57] 斯蒂芬这里说的是洛克的《人类理解论》(John Locke, *Essay concerning Human Understanding*) 第一卷。他评论过此书，并赞扬洛克对天赋观念说的批评。见 Stephen, *Horae Sabbaticae*, vol. 2, p. 114。——编者注

[58] 哈里森先生据此对我进行指责，说我否认说服和强制之间有任何差别。对这一章的部分内容进行了不着边际的讽刺之后，他总结道:“然而大多数人都会同意，日常语言对说服和强制、法律的力量和劝说的力量、政府行为和舆论的影响进行区分是正确的。当然，斯蒂芬先生，就像其他许多明事理的人一样，当他不打算证明孔德是个傻瓜的时候，也非常明白地作出这种区分。”我在这里已经十分小心地避免说说服和强制不能相互区分，我所说的是，它们的确是有区别的，它们之间的区别不同于宗教权力和世俗权力的区别，因为无论是立法者还是教士，都需要运用说服和强制，而且这涉及同样的事情。毫无疑问，我说过它们在某一点上会交叉，就像光、热和运动一样，但这是个次要观点。

[59] 哈里森先生是这样描述这一段的:“当敏感的心灵被告知，‘他’(指造物主) 创造了人，仅仅为了让他们受到威胁或诱惑时，则必定受到伤害……因为现世的人生问题就是非此即彼的选择，而斯蒂芬就是全知全能的上帝的代理。”我在哪里说过上帝是所有宗教的创造者，或他创造人“仅仅是为了让他们受到威胁或诱惑”? 我在哪里暗示过，上帝为——或人们应当为——普通人对这种或那种信仰的有名无实的忠诚附加上很多道德意义?

[60] 哈里森先生发现我这本书中的有些段落谈论起来很便利，但这段话不在此列。他对各种主题有很多论述，但是他从未回答一个简单的问

题，你将怎样对待尘世间的普通人？

第四章　自由学说在道德中的应用

［61］莫利先生评价说："我斗胆向斯蒂芬先生提两个问题。一、勾引妇女是不是一种只与自己有关的做法？［原文如此］二、传播那些旨在点燃青少年欲望的小册子，是不是一种只会伤害传播者的行为？"根据密尔先生的原则（尽管不是我的原则），我必须对这两个问题中的每一个作出肯定的回答。第一个问题，根据密尔先生的原则，勾引妇女，如果没有暴力和欺诈，便是一种显然只与自己有关的行为。男人的行为与男人有关，女人的行为和女人有关。在我引用的那段话里，密尔先生清晰地论证了宽容通奸的正当性，其理由是，社会作为社会，不应当决定那些只关系到个人的事情的对与错。他怀疑这一原则是否可以延及妓院；但是诱奸显然是比通奸更个人化的事情。至于第二个问题，根据密尔先生的原则，答案是肯定的，尽管根据我的原则是否定的。他对意见和辩论自由的全部论证，都是为了证明"人类自由的适当范围"包括"在实践、思想、科学、道德或神学等所有主题上意见和情感的绝对自由"（《论自由》，15/225），而"表达和发表意见的自由也许要归在另一项原则之下，因为它属于个人行为中涉及他人的部分，但是它和思想自由本身几乎同样重要，所依据的理由也大体相同，因此在实践中不能把它同思想自由分开"（《论自由》，15/225—226）。

指出这些引文之后，我将继续引用莫利先生的话："对这些问题的回答表明［斯蒂芬的］说明完全不得要领。”换句话说，他将对每一问题作出否定的回答。到底是我还是莫利先生误解了密尔先生?

莫利先生接着举出了威尔克斯❶和麦德门汉姆修道院圣方济各会士的例子。他说:“这些浪荡子是最粗野和可耻的一群人。但是他们符合自由原则所确立的条件，没有人想过要干涉他们。”他接着提到了威尔克斯的《论妇女》，并问道:“斯蒂芬先生是否认为，威尔克斯应该因为莫须有的罪名，也就是说，因为他在自己的私宅里私下给朋友看了他的淫秽作品而受到正当的惩罚?”我的回答是，我没有看到对惩罚圣方济各会士或威尔克斯有任何异议，除非是第 88—89 页 和第 94—96 页提到那种的异议。这种行为没有受到惩罚的唯一理由是，没有任何治安或公共当局被授权可以侵入私人空间和窥视私人文件。这就像保护夫妻双方在婚姻期间通信秘密的证据原则一样。它的缺陷是正义有时得不到伸张，好处则在于对婚姻生活的秘密在一定程度上受到了保护，而且好处（我认为正当地）压倒了缺陷。

［62］莫利先生说:“但是这种抗议的形式绝不止两种。赞成密尔先生原则的人可以对放荡的公爵说三种话”（接着他做了具体说明）。莫利先生再一次完全误解了我。这个例子的目的是要揭示密尔先生对可以指责某人和不可以指责某人的情况——如果他的恶行对明确的人造成了明确的伤害，你可以指责他，不然就不可以——的区分是无效的。因此，对公爵进行指责的实质是他的恶劣榜样伤害了另一个人。用法庭辩论的语言来说，这一陈述值得商榷，除非它证明了具体的伤害。我认为这是无效

---

❶威尔克斯（John Wilkes，1725—1797）：英国政治家，以行为放荡、敢于抨击政府著称。——译者注

的。应该指出，莫利先生对这一论证未发一言，而我举出的例子是从属于这一论证的。

[63] 莫利先生就此说道："有大量十分冗长的论证致力于证明实际的法律的确在许多问题上假定道德善恶标准的存在，这与密尔先生的基本原则截然对立。对此首先可以说，某一类法律的实际存在与密尔先生的主张完全无关，他的主张是如果这类法律不存在，情况会更好。其次，密尔先生从未说过政府不应该持有'民众普遍愿意维持、在许多情况下愿意落实的道德善恶标准'，持这种观点对他的学说也没有实质性意义。他仅仅区分出了一类事情，执行刑法标准的权利或义务不能扩展到这类事情——只与个人有关的事情。"

关于第一点，指出如下一点并非毫无意义：密尔先生的观点不符合大多数国家从经验中得出的实践性结论。我的读者也会怀疑，对他们在生活中遵守的那么多制度进行谴责的原则，是否能够是正确的。

关于第二点，密尔先生明确地说："社会，作为社会，不应当决定那些只关系到个人的事情的对错。"（《论自由》，99/296）我认为，这相当于否认社会应该有道德标准，因为按我的理解，道德标准就是把某些事情判断为错误，不管它们与谁有关。它们与当事人有关还是也与其他人有关，只能是两可之事。可是莫利先生认为，密尔先生的观点是，社会可以而且应该有道德标准，但不应把它实施于只与个人有关的行动。我认为，而且试图通过这一章来证明，考虑到"舆论的道德的强制"，上述说法是既不可能也不可取的，至于法律强制是否可能和可取的问题，取决于对法律本质的思考，不管是民法还是刑法。无论我是对是错，我看不出自己没有理解密尔先生，或是我与他没有矛盾。

[64] 莫利先生在谈到这一段和前一段时说:“斯蒂芬先生……证明了他的对手从未说过的主张自相矛盾，例如他提到了一些司法案例，它们包含着法律对道德的承认。”我认为莫利先生曲解了我的论证，在我看来它是浅显易懂的。这一论证就是：法律能够而且确实在案件中以特定的方式通过强制起着扬善抑恶的作用，法律的干预利大于弊。对这一主张的反驳应该是，在特定情况下法律的干预弊大于利。当然，如果密尔先生的普遍原则是正确的，从中必定可以得出这个结论。因此，我否认了它，也就否定了从我所反驳的原则中必然得出的推论。

[65] 帕斯卡尔在《外省通信》(*Provincial Letters*)中批评西班牙决疑论者门多萨(Antonio Mendoza，1589—1669)倾向于建立一种宽松的道德体系。见 *Provincial Letters*，translated by A. J. Krailsheimer for Penguin Books (London，1967)，pp. 97 – 98 (Letters V and VI)。——编者注

[66] Alfred Lord Tennyson，“Of Old Sat Freedom on the Heights”，in *The Works of Tennyson*，ed. Hallam，Lord Tennyson，The Ebersley Edition，9 vols (New York：AMS Press，1970)，1：241. ——编者注

[67] 对于这段话，以及直到第 116 页的内容，莫利先生评论说，你承认过去的制度不适合现状，却又不谴责过去；我似乎认为把古老的纪律形态彻底打碎的自由常识尚未获得发展之前，“古老的形式并没有因其内在的腐朽而瓦解”。他认为斯蒂芬先生“是走极端的思想家之一，他用几何学方式解决社会问题”。

这简直是颠倒黑白。我在这段话中抱怨的恰恰是，人们通常从胜利和欲望的意义上使用“自由”一词，这让人觉得一切限制都是压迫性的。冷静地讲清楚特定制度的优劣，以及它们与现状相适应的程度，总

是一件好事；但是就我的经验所及，我要说，向公众发言时一用到“自由”一词，十有八九有情绪上的夸张，会把所有的限制当作限制、把所有的历史当作历史来谴责。这一节的主旨，是要说明这种语言是空洞无聊的，莫利先生所谓的历史方法，即不带感情色彩讨论每一种具体限制的目的和影响，才是唯一正确的方法。

[68] 斯蒂芬先生指的是巴克尔的《英国文明史》（*History of Civilization in England*），见 *Edinburgh Review* vol. 107（1858）and vol. 114（1861）。

[69] 著名的法哲学家富勒（Lon L. Fuller，1902—1978）认为这一章在理解自由本质方面具有极高的价值并加以引用。见“Means and Ends”, in *The Principles of Social Order*：*Selected Essays of Lon L. Fuller*，ed. Kenneth I. Winston（Durham，NC：Duke University Press，1981），p. 59。——编者注

第五章 平 等

[70] Dumont's *Traités de Législation*，vol. i，pp. 180 – 191，ed. 1830.［这部作品最初由杜蒙特（Etienne Dumont）根据一份英文手稿加以编辑并译成法文，最早的英文版是 Jeremy Bentham，*Theory of Legislation*，trans. R. Hildreth（London：Trübner，1864）。斯蒂芬为英文版写过评论，见 *Horae Sabbaticae*，vol. 3，pp. 210 – 29。——编者注］

[71] 至于功利主义者应该考虑谁的幸福这一问题，见 *Post*，chap. VI，pp. 164 – 65。

[72] 我猜想，正是针对这段一直延续到第140页的话，哈里斯先生说："你谈论婚姻的时候，一定要采用佩特鲁齐奥驯服悍妇的口气。"❶

[73]《论自由》接近书末的一段话明确表达了离婚应按双方的意愿给予允许的观点。(《论自由》，103/300)

[74] Henry Sumner Maine，*Ancient Law*，10th ed.（London：John Murray，1882），p. 165. ——编者注

[75] 福西特❷女士写过一本评论这一章的小册子。她认为自己已经对此做了回答，她说明了行使这种权利的男性不仅会举止残忍，而且会因这举止而将自己暴露在社会惩罚面前。这话没错，但与我的观点不相干。我认为这是福西特女士的评论中唯一值得留意的言论，我提到它仅仅是要表明她对论证的理解力。

[76] 对这个问题的清晰评论，见 Stephen，"Hobbes on Government"，in *Horae Sabbaticae*，vol. 2，p. 12。——编者注

[77] 莫利先生把这段话与我前面的主张联系在一起："在我看来，密尔先生后期作品中的一个重大缺陷就是，他对人性的估计过于乐观。"他问道，"在这些相互矛盾的主张中"，我的"立场是什么"？这两种说法并不矛盾。密尔先生"对人性的估计过于乐观"（指抽象和未来的人性），然而，对人类现状又持比较消极的观点，例如对他眼前的现实世界的人。也许是他的思维习惯导致他这样思考。

---

❶这里指莎士比亚喜剧《驯悍记》中的故事。——译者注

❷福西特（Millicent Fawcett，1847—1929）：英国女权主义者，争取妇女选举权运动的领袖。——译者注

第六章 博 爱

[78] 见 “Barère”, in *The Works of Lord Macaulay*, The Twentieth Century Edition, 20 vols in 10, 6:182-302。——编者注

[79] 针对这一段，哈里森先生评价我这本书说:“此书的基调似乎是，除了地狱之外根本不存在任何普遍的道德。”

[80] David Hume, *Enquiry concerning the Principles of Morals*, in *Enquiries concerning the Human Understanding and concerning the Principles of Morals*, 3rd ed., ed. L. A. Selby-Bigge, and revised by P. H. Nidditch (Oxford: Clarendon Press, 1975), p. 278. ——编者注

[81] Alexander Pope, *Essay on Man*, in *Poetical Works*, ed. Herbert Davis (Oxford: Oxford University Press, 1978), Fourth Epistle, p. 279. ——编者注

[82] 弥尔顿诗作《长期国会时期良知的新威力》的最后一行，见 *John Milton*, *Complete Poems and Major Prose*, ed. M. Y. Hughes (New York: The Odyssey Press, 1957), p. 145。——编者注

[83] 在这一章的某些地方，哈里森先生为他下面的评论找到了理由——“当然，一个人没有大喊‘我是自我中心主义者’或‘我是个厌世者’，就可以表现出博爱。”毫无疑问，他极其友好地补充说:“所有的英国人（我担心，知道或关心这事的英国人寥寥无几）都知道，这只是

他表达善良的本性和强烈责任感的一种方式。”这些怪论唯一可以应用的就是正文中的这段话。它们正确吗?

[84] John Stuart Mill, *Collected Works of John Stuart Mill*, ed. J. M. Robson, 33 vols (Toronto: University of Toronto Press, 1963 – 1991), vol. 9, *An Examination of Sir William Hamilton's Philosophy* (1979), pp. 193 – 94. ——编者注

[85] 哈里森先生从这里看到了孔德。我所想到的则完全是另一个人，他在每一个方面都与孔德不同，完全是另一个人。

[86] 哈里森先生看到这段话后，就我这本书评论道:“美德存在于对它的实践之中。”“（功利主义）要受到永罚。”“斯蒂芬先生对来世苦刑的形式不置一词。我们看到他摇头晃脑地让我们自己推断——那可不是什么舒服的事。”这能算是公平或正确的评论吗?

[87] 针对这一段，哈里森先生评论说:“诚然，这是一种十分有益的性格，有可能取得成功，往往令人肃然起敬。但这并不是一种十分可爱的性格。它倾向于严厉和自私。不错，是有这样的民族，这样的民族过得不错，世界也需要这样的民族。从某种意义上说，世界——至少是现实世界（哈里森先生与我的主要分歧在于我认为是否有来世是个重要的问题）可以说是属于他们的。”但是，所有的宗教尤其是所有形式的基督教的目的，都是要证明这与永恒的实在多么不一致。它们极力要让这些不易管束的个人跪倒在宗教理想面前，警告这些蛮横的巨人，他们的胜利长不了，人性从根本上说是一种软弱的东西。又说了许多诸如此类的话之后，哈里森先生作出如下总结:“假如你最后把按照功利原则尽可能让自己过得好这种内容塞进宗教，那么你生活的成败也会受它的左右，

被你当作约束力的立法者和来世丝毫不会使你的生活更纯洁、更高尚或更仁慈，而只会对其中的自私和庸俗增加约束，因为自私和庸俗就是它的本质。”我完全同意，法律的约束不会影响到受约束者的性格，然而问题是，那个现世的理性创造者所惩罚和赞扬的——倘若没有这样的创造者，那么现世的内在法则所支持的——是什么样的精神习性或习惯，是哪一类型的性格呢？我说这是一个事实问题，它必须由经验决定，而哈里森先生和我本人对经验的看法似乎没有很大不同。分歧在于，他似乎从这段话中得出结论，事实是错误的，宗教应该掷出有利于他所喜欢的性格类型的骰子，让这个世界及其创造者走正道。我认为，为了我们的道德和其他一些事务，我们必须观察事实。我认为，只要这种道德能存续，它就是个不错的世界，它的建立在永恒性假设之上的那一部分，是来世信仰所给予的最好的希望。

在该文的另一部分，哈里森先生提到了杀害梅奥勋爵的人，他评论说："那个可怜的彭加比令人惊奇地满足了”我的“宗教条件。世界上几乎没有人比他更强烈地感到，某个神明或来世实实在在地存在着。当他挥动刀子的时候，幻觉的力量使他看到天堂的门敞开接纳了他，而这种幻觉欧洲人是不可能有的。”在评价这个人的行为时，至关重要的问题当然是对他的定罪是否正确。假设伊斯兰教是正确的，它确实惩罚我们所说的邪恶的杀人罪（只能公平地说，杰出的伊斯兰教徒会愤怒地断然否认这一点），他在安达曼被执行绞刑时天堂之门打开了接纳这位刺客，那么他的行为是错误的吗？或者，如果他错了，他为什么不应当犯错呢？这依赖于与穆罕默德有关的证据。至于一般的杀人或具体的杀人是不是一种邪恶的罪行——它只会损害这个世界或其他任何按类似原则构建的世界——我很乐意将这个问题留给人们的经验来回答。这个世界是个不适合杀人犯存在的地方，我对此深信不疑，如果存在另一个世界，它与这个世界完全相同，那么带着这种印记进入那个世界的人，其处境会非常不妙，他不仅不会受到伊斯兰天堂中的美女的欢迎，他还会找理由，希望自己没有犯杀人罪。如果没有杀人，那该多好啊。

［88］George Berkeley，*The Works of George Berkeley*，*Bishop of Cloyne*，ed. T. E. Jessop，9 vols（London：Thomas Nelson and Sons，1949 – 57），vol. 3，*Alciphron*：*or the Minute Philosopher*（1950），p. 131（3rd dial.，sec. 12）．——编者注

［89］图洛克❶院长在1874年1月的《当代评论》上发表了一篇奇怪的文章，题为“教条式的极端”，表示不赞成这段话。他并没有否定它的真实性。摘录这篇文章的两段话，就足以表明他的观点的价值：“真正的宗教思想在本质上总是不确定的。‘云遮雾障’——如果你乐意使用这个说法——就是它的本质。”他又说：“不完善或有部分谬论，是基督教教义极为重要的组成部分。”按这种说法，奥古斯丁、加尔文、诺克斯、波舒哀（Bossuet）、贝拉尔米内（Bellarmine）、韦斯利（Wesley）、怀特菲尔德（Whitefield）、费奈隆（Fénélon）等人根本没有宗教思想，除非它们是云遮雾障的思想，而且《新约》的作者也没有多少宗教思想。把“云遮雾障”这样的字眼用于“登山宝训”和神谕，是很不适当的。宗教思想似乎始于英格兰人和苏格兰人承担起一项充满希望的使命，坐下来努力为教义注入哲学之时。谬论是基督教教义的本质这一伟大真理，

---

❶图洛克（John Tulloch，1823—1886）：苏格兰教育家和神学家，时任圣安德鲁斯大学玛丽学院院长。——译者注

是图洛克院长本人最令人惊奇的新发现，毫无疑问它将极大地增加这些教义的价值。

第七章 结 语

[90] John Henry Cardinal Newman（1801 – 90），*The Grammar of Assent*（Notre Dame：University of Notre Dame Press，1979）. See pp. 135 – 208，especially. 斯蒂芬评论过纽曼这本书，见“On Certitude in Religious Assent”，*Fraser's Magazine*，N. S. V(1872)。——编者注

[91]“你们当刚强壮胆，不要害怕，也不要畏惧他们。”（《旧约·申命记》31：6）这是摩西对约书亚的吩咐。——编者注

附录二 第二版前言

[92]“Mr. Mill's Doctrine of Liberty”，*Fortnightly Review*，Aug. 1，1873.

[93] Fifth edit. pp. 413 – 21. [John Stuart Mill，*Collected Works of John Stuart Mill*，ed. J. M. Robson，33 vols（Toronto：University of Toronto Press，1963 – 1991），vol. 8，*A System of Logic*：*Ratiocinative and Inductive*(1973)，pp. 836 – 43. ——编者注] 我可以指出，在这本书的第 536 页，密尔先生赐我以殊荣，以十分赞赏的态度引用了我 1861 年发表的两篇讨论“历史研究”的文章，其中我曾对这一理论做了阐述。[密尔先生在

《五谷山杂志》第3、4期提到斯蒂芬的第二篇文章:“按我的判断，最近关于这一主题的争论当中，这是最合理、最有哲学眼光的一篇……” Ibid., p. 941. ——编者注]

[94] *The Spectator*, June 14, 1873. 对于这种批评我只想说，就基本概念而言，他和我是在用不同的语言写作。

[95] *Essay*, Book II. ch. xxi. s. 14. [John Locke, *An Essay concerning Human Understanding*, in *The Clarendon Edition of the Works of John Locke*, ed. P. H. Nidditch (Oxford: Clarendon Press, 1975), p. 240. ——编者注]

[96] *Fortnightly Review*, June 1873, pp. 677 –99.

[97] 让我以一段话为例，它见于第223—224页:“责任感……是主要的道德约束力之一，在所有一般情况下它就是主要道德约束力。”另一段话见第224页等处，我列举了道德的主要四种主要约束。